U0877612

新时代理论研究文丛

中国式现代化江苏新实践研究丛书

中国式现代化江苏新实践研究丛书

中国式现代化江苏新实践

环境美

黄贤金　朱德明　刘伟京　姜海　毛熙彦　等　著

江苏人民出版社

图书在版编目(CIP)数据

中国式现代化江苏新实践. 环境美 / 黄贤金等著.
-- 南京 : 江苏人民出版社, 2024. 5
(中国式现代化江苏新实践研究丛书/曲福田总主编)
ISBN 978-7-214-28977-3

Ⅰ. ①中… Ⅱ. ①曲… ②黄… Ⅲ. ①现代化建设-研究-江苏 Ⅳ. ①D675.3

中国国家版本馆CIP数据核字(2024)第024712号

书　　名	中国式现代化江苏新实践·环境美
著　　者	黄贤金　等
责任编辑	薛耀华
装帧设计	朱赢椿工作室
责任监制	王　娟
出版发行	江苏人民出版社
地　　址	南京市湖南路1号A楼,邮编:210009
照　　排	江苏凤凰制版有限公司
印　　刷	江苏凤凰数码印务有限公司
开　　本	718毫米×1000毫米　1/16
印　　张	21.5　插页2
字　　数	308千字
版　　次	2024年5月第1版
印　　次	2024年5月第1次印刷
标准书号	ISBN 978-7-214-28977-3
定　　价	90.00元

总序

现代化是从工业革命以来由制度创新、科技进步、思想变迁特别是产业革命所驱动的经济社会等各领域所发生的根本性、系统性变革，是由传统社会向现代社会转变的过程。自20世纪50年代以来，现代化进程中的悖论在于：实践上，现代化是不可抗拒的世界性潮流，但同时高筑壁垒，广大发展中国家追求现代化障碍重重、道阻且长；理论上，尽管流派众多，但都难以超越“西方中心论”藩篱，不能为广大发展中国家提供保持其独立性、民族性的现代化方案。这在客观上要求现代化理论实现创新突破，以更好指导人类现代化新实践。

以中国共产党成立为标志，中国追求现代化有了前所未有的历史自觉和精神主动。中国特色社会主义进入新时代，中国共产党成功推进和拓展了中国式现代化，初步构建中国式现代化的理论体系。中国式现代化是人类历史上人口规模巨大的现代化，坚持以人民为中心，追求共同富裕、物质文明和精神文明相协调、人与自然和谐共生，走和平发展道路。新型政党的组织领导、社会主义的制度性质、对民族文化的坚守和自信，让中国式现代化展现出非凡的气象和格局，开创了人类文明新形态。

“中国现代化建设之所以伟大，就在于艰难，不能走老路，又要达到发达国家的水平”[①]。大国现代化的重要特征是其内部差异性、不平衡性，这就决定了有条件的地区率先探索的必要性与可能性。在中国，与秦汉的“郡”、隋唐的“州”、宋代的“路”、元明清的“（行）省”等称谓大致对应的“省”一级，集行政单元、经济单元、文化单元、人口单元、地理单元等众多功能于一体，自古以来就是大一统国家体系中的重要枢纽。在中国这样的大国建设现代化，链接中央与基层的省域实践具有推进地方发展与治理创新、探索现代化多样路径、承担国家特殊使命等独特作用，尤其具有战略性、全局性。

江苏自然禀赋优越、人文底蕴深厚、经济基础厚实，在中国经济和人文地理版图上都具有十分重要的地位，在改革开放中领风气之先。2014 年 12 月，习近平总书记要求江苏“努力建设经济强、百姓富、环境美、社会文明程度高的新江苏”。“强富美高”是习近平总书记着眼中国特色、时代特征和江苏特点为新时代江苏擘画的宏伟蓝图，是中国式现代化的江苏省域表达，指引江苏高水平全面建成小康社会，更引领江苏现代化建设的未来[②]，具有深刻的理论意义和实践价值。2023 年，习近平总书记要求江苏在推进中国式现代化中走在前、做示范，奋力推进中国式现代化江苏新实践，谱写“强富美高”新江苏现代化建设新篇章。2024 年，

---

①《习近平关于中国式现代化论述摘编》，中央文献出版社 2023 年版，第 65 页。

② 信长星：《在推进中国式现代化中走在前做示范　谱写“强富美高”新江苏现代化建设新篇章》，《学习时报》2023 年 9 月 1 日。

习近平总书记着眼国家现代化全局，要求江苏成为发展新质生产力的重要阵地。由此可见，习近平总书记始终以“强富美高”为江苏现代化谋篇布局，并不断赋予其新内涵，要求江苏在现代化建设上勇于探索、争做示范。

进入新时代，在习近平新时代中国特色社会主义思想的指引下，江苏广大干部群众踔厉奋发，奋勇争先，把“强富美高”新江苏美好蓝图一步步变为现实，呈现出中国式现代化省域实践的全新景象；与此同时，在这一重要的历史变革中不断探索现代化省域实践的成功经验和一般规律。在“经济强”上，经济增长迈入高收入阶段，发展方式全面转向创新驱动，走出了以发展新质生产力打开量的更大增长空间的高质量发展之路；在“百姓富”上，居民生活进入殷实富足阶段，区域城乡协调均衡成为鲜明特征，正以促进效率对公平的包容迈向全体人民共同富裕的现代化；在“环境美”上，高水平保护与高质量发展呈现良性互动，以追求生态财富持续增长，有效推动着人与自然和谐共生的现代化；在“社会文明程度高”上，充分展现了人的全面发展的生动场景，探索了在人文与经济、传统与现代的融合中推进物质文明和精神文明相协调的现代化新经验。新时代以来，江苏现代化进程的演进特征和规律启示，充分说明了“强富美高”与中国式现代化的本质特征高度契合，是中国式现代化生动的、富有标识性的省域表达。江苏的成功实践及其探索性、创造性和示范性充分证明了中国式现代化理论科学思想的伟力。

20 世纪 80 年代以来，伴随着我国现代化研究的快速起步，大量西方现代化理论开始被引入。但西方理论很难解释我国经济快速发展与社会长期稳定“两大奇迹”，这就迫切需要“我国哲学社会科学应该以我们正在做的事情为中心，从我国改革发展的实践中挖掘新材料、发现新问题、提出新观点、构建新理论”①。江苏始终处于我国改革开放和现代化建设的前沿，是现代化理论与实践研究的“富矿”。江苏社科工作者，有责任有义务担负起深化中国式现代化研究这份沉甸甸的学术使命，在研究解决事关全局性、根本性、关键性的重大问题上拿出真本事、取得好成果。

中国式现代化的理论与实践研究是一个不断展开的、开放式的学术领域，对现代化省域实践的研究是一个极富价值又亟待深化的学术空间，中国式现代化何以行、何以兴的很多制胜密码就蕴藏其间。如果说苏南模式和新苏南模式的提出科学解释了我国先发地区经济率先起飞和发展方式率先转型的奥秘所在，那么中国式现代化江苏新实践研究，不仅有助于揭示由中国式现代化本质要求所决定的、传统社会向现代社会转型省域实践的一般特征，即由制度创新、技术进步推动经济高质量发展的一般规律和以共同富裕、绿色发展与人的全面发展等为内涵的社会转型的基本特征，也有助于进一步弄清发展实体经济、促进开放创新、追求生态财富、推动人文经济学实践、激励基层创新等命题对中国式现代化省域实践的特殊价值。

“中国式现代化江苏新实践研究丛书”以“强富美高”新江苏建设历程为依据、以揭示过程本质特征为标准、以提出一般性规律为价值，运用多学科理论与方法研究江苏省域现代化的历史逻

①《习近平在哲学社会科学工作座谈会上的讲话》，《人民日报》2016年5月19日。

辑、理论逻辑和实践逻辑，总结江苏发展模式演进的新特征、现代化建设的新规律。致广大而尽精微，这不仅有助于理解中国式现代化何以拥有为世界提供“另一种现代性”的文明伟力，也努力为中国式现代化建设提供江苏样本、凝炼省域经验。瞻望前程，在中国式现代化这一新时代总命题下，江苏“强富美高”现代化实景必定越发“气韵生动”“气象万千”，我们的研究则如棱镜般折射出当代江苏的斑斓色彩与当代中国的澎湃活力。诚挚希望广大社科界的同仁和我们一道来描摹现代中国、学术中国的美丽画卷。

曲福田

目录

导 论

第一节
人与自然和谐共生：中国式现代化的必然选择

党的二十大报告明确指出，中国式现代化是人与自然和谐共生的现代化。中国式现代化的本质要求之一是促进人与自然和谐共生。新中国成立以来，中国共产党立足社会主义初级阶段基本国情，在领导中国人民摆脱贫穷、发展经济、建设现代化的历史进程中，深刻把握人类社会发展规律，持续关注人与自然关系，着眼不同历史时期社会主要矛盾发展变化，总结我国发展实践，借鉴国外发展经验，从提出“对自然不能只讲索取不讲投入、只讲利用不讲建设”到认识到“人与自然和谐共生”，从可持续发展、科学发展观到完整、准确、全面贯彻新发展理念，都表明我国环境保护和生态文明建设作为一种执政理念和实践形态，贯穿于中国共产党带领全国各族人民实现全面建成小康社会的奋斗目标过程中，贯穿于实现中华民族伟大复兴美丽中国梦的历史愿景中。① 由于不同发展时期所面临的经济社会发展矛盾不同，对经济社会发展与生态环境保护关系的认知不一样，生态文明建设事业也走过了曲折道路。

20 世纪 50 年代，毛泽东同志发出“绿化祖国”、要使祖国“到处都很美丽”的号召，使绿化祖国战略从新中国成立伊始贯穿于新中国 70 年整个生态文明建设历史进程中。1972 年，我国政府派出代表团参加了联合国人类环境会议，为《人类环境宣言》发出了中国及广大发展中国家的声音。1973 年，第一次全国环境保护会议审议通过了“全面规划、合理布局、综合利用、化害为利、依靠群众、大家动手、保护环境、造福人民”的环境保护工作 32 字方针，并在《关于环境保护和改善环境的若干规定

① 黄承梁：《中国共产党领导新中国 70 年生态文明建设历程》，《党的文献》2019 年第 10 期。

（试行草案）》和《中华人民共和国环境保护法（试行）》中以法律形式予以明确，指明了环境保护工作的重点和方向，在相当一段时期内对环境保护工作起到了积极促进作用。① 1974 年 5 月正式成立国务院环境保护领导小组。1979 年，第五届全国人大常委会第六次会议将每年的 3 月 12 日确定为植树节。需要指出，由于所处的生产力发展阶段不一样，以增加粮食产量为目标的过度开荒、“大跃进”阶段的建设行为等导致了较为突出的生态环境问题。

改革开放之初，国家战略重心向以经济建设为中心转移。党的十一届三中全会之后，中央提出了“发展是硬道理”，强调在发展经济的同时，要注意人口、资源、环境协调发展，注意环境保护。20 世纪 70 年代末到 80 年代初，我国逐步建立了生态环境保护制度，奠定了环境保护法制化、制度化和体系化的基础。1981 年，党中央在《关于在国民经济调整时期加强环境保护工作的决定》中明确指出：“环境和自然资源，是人民赖以生存的基本条件，是发展生产、繁荣经济的物质源泉。管理好我国的环境，合理地开发和利用自然资源，是现代化建设的一项基本任务。”1982 年，《宪法》在原有环境保护条款基础上，增加了国家改善生活环境和生态环境、保障自然资源合理利用、加强植树造林和保护林木等规定。1983 年，国务院召开第二次全国环境保护会议，明确保护环境是我国的一项基本国策，提出了经济建设、城乡建设、环境建设要同步规划、同步实施、同步发展，实现经济效益、社会效益、环境效益相统一，即“三同步”“三统一”的环境与发展战略方针。

20 世纪 90 年代，伴随着经济全球化发展，全球的资源、生态和环境问题也前所未有的突出。世界各国普遍认识到，在现代化建设中，发展不只是经济数量指标的增长，也不是单一速度的追求，必须谋求可持续发展。1992 年 6 月，联合国环境与发展大会上，我国向世界承诺走可持续发

---

① 高世楫、王海芹、李维明：《改革开放 40 年生态文明体制改革历程与取向观察》，《改革》2018 年第 8 期。

展道路。1994 年通过了《中国 21 世纪议程》，将可持续发展贯穿于经济发展、资源利用等各个方面。1995 年党的十四届五中全会将“经济建设和人口、资源、环境的关系”定为社会主义现代化建设中需要正确处理的 12 个重大关系之一。[①] 我国积极顺应历史潮流和人类社会发展趋势，明确我国经济社会发展要走可持续发展的道路，明确要求加强环境生态和资源保护，要求必须把贯彻实施可持续发展战略始终作为一件大事来抓，坚定不移地走生产发展、生活富裕和生态良好的文明发展之路。[②]

进入新世纪新阶段，我国生态环境保护融入经济社会发展大局。党的十六大以来，党中央总结中国发展实际，适应中国发展要求，提出了科学发展观这一重大战略导向，强调建设资源节约型、环境友好型社会。党的十七大首次明确提出“生态文明”这一概念，并将资源节约型社会和环境友好型社会的建设确立为生态文明建设的总目标。强调要坚持生产发展、生活富裕、生态良好的文明发展道路，建设资源节约型、环境友好型社会，实现速度和结构质量相统一，经济发展与人口资源环境相协调，使人民在良好生态环境中生产生活，实现经济社会永续发展。[③]

从毛泽东同志要求保护生态环境、提高资源使用效益，到邓小平同志强调走人与自然协调发展的道路，到江泽民同志提出在现代化建设中必须实施可持续发展战略，再到胡锦涛同志要求贯彻落实科学发展观，中国共产党对生态环境保护的认识和理念不断深化。[④] 由于快速的工业化、城市化发展，一段时期内我国生态环境问题十分突出。虽然广泛地开展了生态环境保护制度建设，以及推进环保模范城市、生态示范区和可持续发展试验区建设，但生态环境问题仍没有出现根本性好转。

党的十八大以来，习近平生态文明思想谱就了中国特色社会主义生态

---

① 高世楫、王海芹、李维明：《改革开放 40 年生态文明体制改革历程与取向观察》，《改革》2018 年第 8 期。

② 黄承梁：《中国共产党领导新中国 70 年生态文明建设历程》，《党的文献》2019 年第 10 期。

③ 李满元：《建设资源节约型和环境友好型社会必须坚持科学发展观》，《中共山西省委党校学报》2008 年第 6 期。

④ 黄承梁：《中国共产党领导新中国 70 年生态文明建设历程》，《党的文献》2019 年第 10 期。

文明的时代篇章。2012 年，党的十八大把生态文明建设提升到更高的战略层面，首次确立了经济建设、政治建设、文化建设、社会建设和生态文明建设“五体一位”的中国特色社会主义事业总体布局，提出并号召全国人民“努力建设美丽中国”和“努力走向社会主义生态文明新时代”，进一步指明了中国特色社会主义前进的方向和目标。党的十九大明确提出“建设生态文明是中华民族永续发展的千年大计”，指出实现生态文明体制的转型升级，是构建美丽中国的应有之义和必由之路。习近平总书记强调：“必须树立和践行绿水青山就是金山银山的理念，坚持节约资源和保护环境的基本国策，像对待生命一样对待生态环境。”① 可以说，生态文明建设功在当代、利在千秋。1949 年以来生态文明理论建设不断充实发展，从中国“三北”防护林体系建设工程、兴修水利，到绿化祖国、可持续发展，再到将“生态文明”建设写入宪法，70 余年里我们对生态文明建设发展的认识不断深化。

从理论上看，建设美丽中国战略构想的提出，凸显了不断促进人与自然、人与自身和解，最终实现人与自然和谐共生的生态文明理念。从实践上看，建设美丽中国战略构想的提出，对于我们进一步贯彻落实科学发展观，更新和转换发展理念，加快转变经济发展方式和生活方式，加快建设资源节约型、环境友好型社会，提高生态文明水平，具有重大的现实意义。②

生态文明和美丽中国密不可分，生态文明是构建美丽中国的重要内核，而美丽中国的构建，必须立足于生态文明，以“五位一体”的总体布局为行动指南，确保人民安居乐业，经济欣欣向荣，政治清明和谐，生态绿色宜居。③ 全面推进美丽中国建设要深入贯彻习近平生态文明思想，坚

① 习近平：《决胜全面建成小康社会　夺取新时代中国特色社会主义伟大胜利——在中国共产党第十九次全国代表大会上的报告》，人民出版社 2017 年版，第 23—24 页。

② 王晓广：《生态文明视域下的美丽中国建设》，《北京师范大学学报（社会科学版）》2013 年第 2 期。

③ 张媛媛、宋进斗：《改革开放以来我国生态文明建设的发展脉络、主要特征和经验启示》，《决策与信息》2022 年第 6 期。

持以人民为中心，牢固树立和践行绿水青山就是金山银山的理念，正确处理好高质量发展和高水平保护、重点攻坚和协同治理、自然恢复和人工修复、外部约束和内生动力、“双碳”承诺和自主行动的关系，把建设美丽中国摆在强国建设、民族复兴的突出位置，推动城乡人居环境明显改善、美丽中国建设取得显著成效，以高品质生态环境支撑高质量发展，加快推进人与自然和谐共生的现代化。

第二节

“环境美”：建设美丽中国促进人与自然和谐共生

美丽中国是人与自然和谐的空间图景，是生态文明建设的目标所在。① 2012 年 11 月，党的十八大报告首次提出要把美丽中国作为执政理念，并把生态文明建设放在了突出地位。2015 年 10 月，党的十八届五中全会将“美丽中国”纳入国家国民经济和社会发展“十三五”规划。2017 年 10 月，党的十九大报告强调，加快生态文明体制改革，建设美丽中国。建设美丽中国是落实联合国 2030 年可持续发展目标的中国实践和国家样板，是推进人与自然和谐发展、守住“绿水青山”、赢得“金山银山”的重要手段。

2023 年 12 月，《中共中央　国务院关于全面推进美丽中国建设的意见》提出美丽中国建设的主要目标是：到 2027 年，绿色低碳发展深入推进，主要污染物排放总量持续减少，生态环境质量持续提升，国土空间开发保护格局得到优化，生态系统服务功能不断增强，城乡人居环境明显改善，国家生态安全有效保障，生态环境治理体系更加健全，形成一批实践样板，美丽中国建设成效显著。到 2035 年，广泛形成绿色生产生活方式，

① 黄贤金：《美丽中国与国土空间用途管制》，《中国地质大学学报（社会科学版）》2018 年第 6 期。

碳排放达峰后稳中有降，生态环境根本好转，国土空间开发保护新格局全面形成，生态系统多样性稳定性持续性显著提升，国家生态安全更加稳固，生态环境治理体系和治理能力现代化基本实现，美丽中国目标基本实现。展望本世纪中叶，生态文明全面提升，绿色发展方式和生活方式全面形成，重点领域实现深度脱碳，生态环境健康优美，生态环境治理体系和治理能力现代化全面实现，美丽中国全面建成。[①]

习近平总书记强调，要“以更高标准打几个漂亮的标志性战役”[②]。这个标准，就是实现生态环境质量改善由量变到质变的更高标准，就是不断满足人民群众优美生态环境需要的更高标准，就是建设美丽中国、促进人与自然和谐共生的更高标准。[③]

理论上来看，人与自然的和谐共生包括：人与地的和谐共生，即人类对自然环境的开发、利用、保护并举，不超越资源环境承载力；地与地的和谐共生，即实现城乡统筹发展、陆海统筹发展、自然资源和环境等要素的统筹协同，不顾此失彼，同时强调空间的公平性，不以一个地方自然环境的牺牲换取另一个地方的发展；人与人的和谐共生，即在自然环境开发利用过程中，同时实现人的全面、协调发展。[④]

环境，作为人类赖以生存和发展的各种自然条件与社会因素的总和，其美既包含自然环境之美，也包括社会环境之美，还包括自然与社会相互作用所呈现的环境之美。从审美角度来看，“环境美”是指人对自身所生活的广在环境与具体环境的自觉美化结果，包括广在“环境美”和具体“环境美”。广在“环境美”是指一个国家、一个城乡市镇、一个自然景点等的建设美化程度；具体“环境美”是指具体单位、具体家庭与具体工

① 《中共中央　国务院关于全国推进美丽中国建设的意见》，中国政府网，2024 年 1 月 11 日，www. gov. cn/gongbao/2024/issue _ 11126/202401/content _ 6928805. html。

② 习近平：《推进生态文明建设需要处理好几个重大关系》，《求是》2023 年第 22 期。

③ 孙金龙：《全面落实美丽中国建设重大部署　不断开创生态环境保护工作新局面》，《环境保护》2023 年第 20 期。

④ 方创琳、王振波、刘海猛：《美丽中国建设的理论基础与评估方案探索》，《地理学报》2019 年第 4 期。

作、学习、娱乐、休息、停留等场所的建设美化程度。因此，“环境美”是以物质文明为基础、以精神文明为灵魂的全面体现，活动在环境中的人的文明程度，是“环境美”得以实现的关键。[①]

而“强富美高”新江苏所包含的“环境美”，主要是指以生态“环境美”建设为核心的人与自然和谐共生的过程，具体包括污染治理、环境质量提升以及以生态为核心的国土环境全面改善提升等。全国“环境美”建设实践，可以分为污染攻坚战、环境质量根本性好转和美丽中国建设三大阶段。2014 年，“环境美”新江苏的提出，主要是针对江苏经济社会发展与环境问题的突出矛盾的。面对这一突出矛盾，“如果不根本转变经济增长方式，高增长必然带来资源消耗和污染物排放总量的剧增，造成严重的环境问题，制约经济社会的持续发展”[②]。因此，“环境美”的核心在于建立协调经济发展与环境之间矛盾的生态环境保护体制机制，从而为实现人与自然和谐共生的现代化奠定坚实的制度基础。

以“环境美”支撑底蕴秀美。“环境美”、环境友好，是“底蕴秀美”的保障，更是经济社会可持续发展的根基所在。[③] 尊重自然，重视自然生态系统的保护与修复，注重长江、黄河、淮河、太湖、古运河等流域以及海洋生态系统的保护，严格控制过度开发，科学开展沿海生态修复；顺应自然，优化生态环境保护格局，不断增强对全球气候变化、城市温室效应的适应性和应对性；保护自然，严格落实生态红线、耕地保护红线，乃至海洋生物保护线等红线管理，规范自然保护地监管制度，深入打造人与自然和谐共生的绿色生态家园，积极回应人民群众对生态文明建设的所想、所盼、所急。

以“环境美”支撑城乡宜居。城乡空间是人类实现美好生活的空间所在，“环境美”是城乡宜居的重要支撑。城市发展需要考虑环境容量限制，着力转变盲目“摊大饼”、空间粗放且对资源环境胁迫性大的建设方式，

---

① 王向峰：《文艺美学辞典》，辽宁大学出版社 1987 年版，第 96—97 页。

② 习近平：《生态兴则文明兴》，《求是》2003 年第 13 期。

③ 黄贤金、曹晨：《美丽省域：内涵、特征及建设路径》，《现代经济探讨》2020 年第 10 期。

注重提升城市创新能力，持续增强城市环境承载能力；着力提升城市环境质量，努力打造美丽宜居、富有活力、各具特色的现代化城市；[①] 着力塑造城市特色风貌，构建与城市“底蕴”、乡村发展相融合的发展格局。建设美丽宜居新乡村，是实现城乡融合发展的重要内容，应避免城市污染转移并加强乡村生态环境治理，科学引导、优化村庄布局，增强乡村聚落与自然环境的协同性、融合性；开展农村生活环境综合治理，恢复和提升乡村生活、生态环境的面貌和质量，保障农村居民拥有更好的居住环境和生活品质。

以“环境美”支撑国土空间格局优化。“环境美”是国土空间格局优化的标志，“环境美”建设也是推进国土空间优化的重要策略。为此，应针对人多地少的实际情况，严格管控国土开发的“天花板”，全面落实国土空间用途管制制度；优化国土空间布局，探索建立自然资源产权以及国土空间开发权市场制度，在资源环境可持续承载的前提下，促进优势地区的要素集聚，提高自然资源要素及国土空间配置效率；统筹陆海发展，构建沿海高品质城镇发展带，不断增强沿海地区在对内开放、对外开放方面的吸引力和辐射力。

以“环境美”支撑美好生活。“环境美”是以人为中心的，成就“生活和美”、提升人民群众获得感是“环境美”建设的根本目的。为此，需要构筑体现自然伦理特征、彰显健康保障的新型公共卫生体系，不断增强居住、娱购、生产以及生态等环境条件对公共卫生安全要求的适应性；构筑以适应人口老龄化发展、低能量食物摄入等为特征的高品质生活空间，不断增强适老型公共设施、生态环境的资金投入力度；构筑以人类发展指数为核心的“生活和美”评价指标，不仅让健康、教育、收入等成为美好生活评价内容，也与国际接轨，更好地突出人类发展指数建设成就，努力建设成为美丽中国先行区，打造绿色低碳发展新高地。

以“环境美”支撑“文化醇美”。生态环境文化是持续推进“环境美”

① 周岚：《美丽宜居城市建设试点的江苏实践》，《群众》2020 年第 10 期。

建设的“助推器”。为此，应唱响地方特色文化之音，尤其是结合以生态文明为引导的“环境美”建设，积极打造凸显各省地域文化与特色的旅游文化品牌；塑造绿色文化，绿色文化是绿色发展方式和生活方式形成的内在动力；确立自然价值、自然资本理念，推进形成绿色生产、绿色社会、绿色社区、绿色生态的建设或发展方式；延伸文化美丽的价值，文化是美丽中国价值的“乘数”，应积极发挥“文化醇美”的叠加效应。

第三节

践行“环境美”的时代要求

一、 践行“环境美”是人与自然和谐共生的必然选择

人与自然和谐共生是中国式现代化的重要特征和本质要求之一，是中国式现代化在理论层面超越西方传统现代化理论、在实践层面创新传统工业化与城镇化发展模式的关键内容，揭示了新时代现代化的新内涵。[①] 基于传统现代化理论的发展模式，虽然逐步认识到生态环境对社会发展的制约，但是对技术进步应对生态环境约束的能力过分乐观，仍不可避免会陷入“先污染、后治理”的发展逻辑。

基于传统现代化理论的发展模式将生态环境视为社会发展的外生变量，认为生态环境与社会发展之间是此消彼长的零和博弈，忽视了二者互为表里、相辅相成的实质。此外，基于传统现代化理论的发展模式单纯地将“生态环境”问题视为“生产问题”，[②] 完全忽略了流通、消费、利用、处置等其他环节对生态环境的需求与影响，忽视了经济社会与生态环境同样具有系统性的事实。为此，人与自然和谐共生的现代化建设，绝不可能

① 方世南：《建设人与自然和谐共生的现代化》，《理论视野》2018 年第 2 期。

② M. S. Carolan, “Ecological Modernization Theory: What About Consumption?”, *Society & Natural Resources*, 2004, 17 (3), pp. 247 - 260.

走西方传统现代化建设的老路，[①] 需要探索新的发展模式。

“环境美”是习近平总书记为江苏擘画“强富美高”新江苏宏伟蓝图的重要发展目标之一，包含自然生态之美、绿色发展之美、城乡宜居之美、水韵人文之美、区域善治之美等五个方面。“环境美”践行了习近平生态文明思想的实践要求，本质上体现了经济、社会、环境协调统一，生产、生活、生态融合发展的实践逻辑，是人与自然和谐共生的生动注脚。

“环境美”体现了保护的基础性。“环境美”强调要为现代化建设夯实生态根基，既表现在切实减少经济社会发展对生态环境的影响，提升生态环境的可持续性；也表现在防范化解生态环境风险，提升生态环境对经济社会发展的承载能力，以高水平保护促进高质量发展、创造高品质生活。

“环境美”突出了绿色发展的根本性。“环境美”将绿色发展作为解决生态环境问题的根本方略。在加快调整产业、能源、交通、用地结构等方面积极部署，加快推动生产方式、生活方式、思维方式和价值观念的全方位变革。围绕推动发展方式绿色低碳转型，积极稳妥推进碳达峰碳中和，在提升发展含金量的同时增加含绿量、降低含碳量。

“环境美”把握了保护与发展的平衡性。“环境美”重视生态环境的一体化保护和系统治理，坚持在发展中保护、在保护中发展，以系统观念统筹推进，强调持续提升生态环境治理体系和治理能力现代化水平，努力实现生态环境高水平保护和经济社会高质量发展协同并进。

整体而言，“环境美”的切入点是解决生态环境问题，关键点是以高品质生态环境支撑高质量发展，根本点是满足人民群众日益增长的优美生态环境需要。“环境美”生动诠释了人与自然和谐共生的特征，揭示了建设人与自然和谐共生现代化是一项生产、生态、生活“三生融合”的系统工程。从这一意义上看，“环境美”是江苏答好人与自然和谐共生现代化“时代之问”的必然选择。

---

① 洪银兴：《以新发展理念引领中国式现代化》，《经济日报》2023 年 11 月 16 日。

二、践行“环境美”要完整准确全面贯彻新发展理念

党的十八届五中全会提出“破解发展难题，厚植发展优势，必须牢固树立并切实贯彻创新、协调、绿色、开放、共享的发展理念”。习近平总书记指出，“新发展理念是一个系统的理论体系，回答了关于发展的目的、动力、方式、路径等一系列理论和实践问题，阐明了我们党关于发展的政治立场、价值导向、发展模式、发展道路等重大政治问题。全党必须完整、准确、全面贯彻新发展理念”①。正确认识新发展理念在建设人与自然和谐共生现代化领域中的作用，充分把握新发展理念的内在要求，是践行“环境美”的根本前提。

践行“环境美”需要充分把握新发展理念的整体性。绿色发展是新发展理念的重要组成部分，注重的是解决人与自然和谐问题。但是，新发展理念同时强调这五大方面是一个整体，不能只顾一点不及其余，而应使其协同发力、形成合力。习近平总书记在主持十九届中共中央政治局第二十七次集体学习时指出，“创新是引领发展的第一动力，协调是持续健康发展的内在要求，绿色是永续发展的必要条件和人民对美好生活追求的重要体现，开放是国家繁荣发展的必由之路，共享是中国特色社会主义的本质要求”②。在践行“环境美”的过程中把握新发展理念的整体性，有助于正确认识人与自然、发展与保护、局部与全局、当代与后代之间的关系，形成并坚持系统观念。

践行“环境美”应当科学认识新发展理念的动态性。发展是一个不断变化的过程。随着发展环境和条件的变化，新发展理念的内涵和要求不会一成不变。新发展理念科学分析了世界经济长周期和我国发展阶段性特征及其相互作用，着力破解发展难题、厚植发展优势、补齐发展短板，是指引新常态下经济社会发展的“行动路标”。③ 我国是在人口规模巨大、产业

① 习近平：《全党必须完整、准确、全面贯彻新发展理念》，《求是》2022 年第 16 期。
② 习近平：《全党必须完整、准确、全面贯彻新发展理念》，《求是》2022 年第 16 期。
③ 黄坤明：《深刻认识新发展理念的重大理论意义和实践意义》，《光明日报》2016 年 7 月 25 日。

结构和能源结构转型任务依然很重、污染物和碳排放总量仍居高位、环保历史欠账尚未还清、全球环境治理形势更趋复杂化的情况下，建设人与自然和谐共生的现代化。生态文明建设处于压力叠加、负重前行的关键期。牢固树立并坚决贯彻新发展理念，有助于准确把握深刻而复杂的形势变化，更好地认识“环境美”建设所处的发展阶段和方向，抓住突出矛盾和主要问题。

整体而言，新发展理念是把握新发展阶段、构建新发展格局的理论先导，具有战略性、纲领性、引领性。新发展理念为全球可持续发展提供了“中国道路”“中国方案”“中国智慧”，具有独特的时代价值和旺盛的生命力。[①]“环境美”是人与自然和谐共生现代化建设的省域实践，肩负着“走在前、做示范”的重大使命，要为建设生态文明打造省域样板。从这一意义上看，充分认识新发展理念“指挥棒”和“红绿灯”的作用是践行“环境美”的必然要求。

三、 践行“环境美”为统筹发展与安全提供保障

统筹发展和安全，以新安全格局保障新发展格局，在当今世界百年未有之大变局的背景下具有极端重要的意义。习近平总书记在党史学习教育动员大会上的讲话中指出：“当前，我国发展面临前所未有的风险挑战，既有国内的也有国际的，既有政治、经济、文化、社会等领域的也有来自自然界的，既有传统的也有非传统的；‘黑天鹅’、‘灰犀牛’还会不期而至。”[②] 从国际层面看，全球生态环境问题政治化趋势增强，应对生态环境领域的国际博弈任务艰巨。[③] 从国内层面看，生态环境保护结构性、根源性、趋势性压力尚未根本缓解，仍存在亟待解决的生态安全问题。由此可见，统筹高水平安全与高质量发展的关系亦是“环境美”的题中应有之义。

安全是发展的前提。统筹发展和安全，需要贯彻总体国家安全观，充

① 张占斌：《以新发展理念引领现代化建设》，《经济日报》2023 年 9 月 19 日。
② 习近平：《在党史学习教育动员大会上的讲话》，《求是》2021 年第 7 期。
③ 黄润秋：《全面加强生态环境保护　谱写新时代生态文明建设新篇章》，《学习时报》2023 年 9 月 8 日。

分把握安全对于发展的基础作用，将防范化解风险摆在更加突出的位置，守牢美丽中国建设的安全底线。常态化管控生态环境风险，提升风险研判评估、监测预警、应急应对和处置能力，保障我们赖以生存发展的自然环境和条件不受威胁和破坏。

发展是安全的保障。统筹发展和安全，需要正确认识发展对于安全的保障作用，不断提升应对风险的能力。就生态安全而言，加快推动生态环境质量根本性好转是“根”，全面推进经济社会发展绿色化、低碳化是“本”，应从根源上切实降低经济社会发展对生态环境的扰动程度，提升生态环境的可持续性及其对经济社会发展的承载能力。

整体而言，立足于环境容量有限、生态系统敏感的现实国情、地情，党和国家把生态文明建设作为关系中华民族永续发展的根本大计，建设人与自然和谐共生的现代化。随着我国经济社会发展进入新发展阶段，构建新安全格局、保障新发展格局是现阶段我国经济社会发展的理论逻辑、历史逻辑、现实逻辑，也对“环境美”的建设实践提出了时代要求和行动指南。相应的，“环境美”在坚持系统观念的基础上，彰显出前瞻性思考、全局性谋划、战略性布局、整体性推进的实践逻辑。

第四节
“环境美”：江苏现代化建设的鲜明底色

2014 年习近平总书记到江苏考察，擘画了“强富美高”新江苏建设宏伟蓝图，赋予了建设美丽江苏的重大使命。为全面贯彻习近平总书记对江苏工作重要讲话重要指示精神，坚决扛起美丽中国建设的江苏责任，江苏始终肩负着为全国发展探路的使命，积极探索美丽江苏建设的新路径，绿色已成为江苏高质量发展的鲜明底色。党的十八大以来，江苏坚持生态优先、绿色发展，深入实施可持续发展战略，推动长江经济带高质量发展，协同推进降碳、减污、扩绿、增长，锚定“环境美”，让“美丽江苏”图景充分展现，建设美丽中国省域范例。

一、展现自然生态之美

党的十八大以来，江苏深入贯彻习近平生态文明思想和习近平总书记对江苏工作重要讲话重要指示精神，坚决扛起生态环境保护的政治责任，深入打好污染防治攻坚战，有力推动全省生态环境质量实现由严重透支到明显好转的历史性转变，[①] 自然生态愈发向好，绿水青山触手可及。全省生态环境质量创有监测记录以来最好水平，在国家污染防治攻坚战成效考核中连续三年获“优秀”等级，蓝天、碧水、净土保卫战持续深入。截至2023年年底，全省 $PM_{2.5}$ 平均浓度优良指数同比上升3.1%、优良天数比率同比提升0.6个百分点；国家考核优良水体比例同比提高1.4个百分点。生态修复系统推进，生态系统格局更加稳定。建成31个国家生态文明建设示范区、8个“绿水青山就是金山银山”实践创新基地，数量居全国前列。67个生态安全缓冲区推动生态效益向经济效益的转化。

二、打造绿色发展之美

美丽江苏建设，离不开绿色产业支撑。江苏坚持完整、准确、全面贯彻新发展理念，全力推动绿色低碳发展，制定化工钢铁煤电行业转型升级实施意见，实施重化产业安全环保整治提升行动，开展化工企业关停、转移、升级、重组“四个一批”[②] 专项行动。[③] 率先构建生态环境损害赔偿“1+7+1”制度体系，[④] 案例数和赔偿总额居全国前列；率先实施与减污

---

① 王天琦：《书写新时代美丽江苏建设新篇章》，《群众》2022年第10期。

② “四个一批”指关停一批、转移一批、升级一批和重组一批。

③ 吴琼：《精绘山水人城和谐相融新画卷》，《新华日报》2022年7月27日。

④ 江苏生态环境损害赔偿“1+7+1”制度体系：两个“1”分别指《江苏省生态环境损害赔偿制度改革实施方案》和《江苏省高级人民法院关于生态环境损害赔偿诉讼案件的审理指南》，“7”是指《江苏省生态环境损害事件报告办法（试行）》《江苏省生态环境损害鉴定评估管理办法（试行）》《江苏省生态环境损害赔偿磋商办法（试行）》《江苏省生态环境损害赔偿起诉规则（试行）》《江苏省生态环境损害赔偿资金管理办法（试行）》《江苏省生态环境损害修复管理办法（试行）》《江苏省生态环境损害赔偿信息公开办法（试行）》等系列配套文件。

降碳成效挂钩的财政政策，有效激发治污减排内生动力；率先制定绿色发展领军企业计划，坚决兑现各项激励政策；率先推行工业园区限值限量管理，腾出环境容量用于支持优质重大项目建设。① 2020 年以来，江苏在全国率先开展“绿岛”建设，按照“集约建设、共享治污”的理念，累计建成 154 个项目，惠及 3 万多家中小企业，这一做法被写入国务院《“十四五”节能减排综合工作方案》。②

三、 绘就城乡宜居之美

党的二十大报告指出，打造宜居、韧性、智慧城市。这是以习近平同志为核心的党中央深刻把握城市发展规律，对新时代新阶段城市工作作出的重大战略部署。③ 江苏深入贯彻落实习近平新时代中国特色社会主义思想，立足省情，顺应城镇化发展科学规律，积极开展美丽宜居城市建设，提升城市规划设计水平，完善城市功能、提高城市品质，健全现代城市治理体系。同时，积极推动实施城市更新行动，进一步优化存量、提升品质、完善结构，回应人民群众对美好生活的向往。全面推进美丽田园乡村建设，持续提升农村人居环境质量。大力开展农村人居环境整治提升行动，十年间累计建成绿美村庄近 1 万个，持续推动广大乡村实现从局部美到全域美、从外在美到内在美、从一时美到持久美、从观感美到机制美的美丽蝶变。④ 目前，江苏拥有 9 个国家生态园林城市，成功推荐 15 个城市获得“中国人居环境奖”，山清水秀、天蓝地绿的城乡宜居美景让“向往的生活”照进现实。⑤

四、 描摹水韵人文之美

江苏是全国唯一同时拥有大江大河大湖大海的省份，不仅拥有 400 多

---

① 许海燕：《生态优先，努力建成美丽中国省域范例》，《新华日报》2023 年 9 月 13 日。

② 许海燕、王静：《锚定“环境美”，“美丽江苏”图景充分展现——生态优先，建设美丽中国省域范例》，《新华日报》2023 年 3 月 8 日。

③ 王蒙徽：《打造宜居韧性智慧城市》，《人民日报》2022 年 12 月 29 日。

④ 朱凌青：《江苏农村生活垃圾集中收运率超过 99%》，《农民日报》2022 年 8 月 8 日。

⑤ 吴琼：《精绘山水人城和谐相融新画卷》，《新华日报》2022 年 7 月 27 日。

公里长的长江、近 1 000 公里的海岸线，还拥有全国五大淡水湖中的两大淡水湖——太湖和洪泽湖，以及淮河和京杭大运河。江苏因水而兴、因水而盛，更因水而美、因水而灵动。江苏以实际行动守护一江清水，全面推进长江生态保护修复，长江江苏段生态环境质量出现转折性好转，长江干流江苏段水质稳定保持Ⅱ类，72.6 公里生产岸线转为生活、生态岸线，再现水清岸绿、江豚游弋的喜人景象。太湖治理更见成效，截至 2023 年 9 月，累计打捞蓝藻 38.8 万吨，[①] 清淤 200 万方，蓝藻水华发生强度为近年来较低水平。洪泽湖、大运河生态岸线占比稳定上升。此外，江苏着力塑造“水韵江苏”人文工程，擦亮大运河文化品牌，积极建设长江国家文化公园（江苏段）等，让水韵人文之美在流动的江水中展现江苏的“诗与远方”。

五、 彰显区域善治之美

党的十八大以来，以习近平同志为核心的党中央准确把握国内外发展环境的深刻变化，不断推进社会治理制度和实践创新。江苏不断提升社会治理能力，切实增进人民福祉；完善基层社会治理体系，提升基层治理现代化水平；持续创新环境经济政策，深化生态保护补偿制度改革，健全生态产品价值实现机制；深化生态文明改革创新，通过强化法治保障、完善经济政策、加强科技支撑，推动生态环境治理体系和治理能力现代化。

虽然“环境美”建设业已取得阶段性成效，但《中共中央　国务院关于全面推进美丽中国建设的意见》进一步提出了全领域转型、全方位提升、全地域建设、全社会行动的美丽中国建设要求。2023 年召开的全国生态环境保护大会和江苏省生态环境大会，进一步明确了面向人与自然和谐共生现代化的美丽中国以及美丽江苏的建设目标，从而为在探索生态环境治理现代化背景下持续推进“环境美”建设提供了新的发展方向和目标导向。

① 王文坚、李军、黄凤等：《从“五个美丽故事”中，读懂“绿色江苏”密码》，《扬子晚报》2023 年 9 月 19 日。

第一章
“环境美”的理论内涵与实践要求

“环境美”是人与自然和谐共生的具体体现。本章基于马克思主义生态自然观、“天人合一”的传统思想文化、可持续发展科学理念以及习近平生态文明思想来阐释“环境美”的理论基础，论述“环境美”的核心内涵，阐述面向人与自然和谐共生现代化的“环境美”的实践要求。2023 年召开的全国生态环境保护大会明确提出，2023—2028 年是美丽中国建设的重要时期，要“推动城乡人居环境明显改善、美丽中国建设取得显著成效，以高品质生态环境支撑高质量发展，加快推进人与自然和谐共生的现代化”。江苏应牢牢把握“走在前、做示范”的要求，全面推进人与自然和谐共生现代化，充分彰显自然生态之美、绿色发展之美、城乡宜居之美、水韵人文之美、区域善治之美，为谱写“强富美高”新江苏现代化建设夯实生态根基。

第一节
“环境美”的理论基础

“环境美”是以习近平生态文明思想为指导，遵循可持续发展理念，体现马克思主义生态自然观与中华优秀传统文化中的天人合一思想的创新结合，是实现人与自然和谐共生现代化的实践探索。因此，其离不开马克思主义生态自然观的引领、中华优秀传统生态文化的传承、可持续发展科学理念的奠基，以及习近平生态文明思想的指导。

一、 马克思主义生态自然观

中国式现代化是以马克思主义为引领的社会主义现代化，人与自然和谐共生是中国式现代化的本质特征之一。绿水青山是“环境美”的生动写照，绿水青山理念是马克思主义生态自然观的当代体现，[①] 因此马克思主

① 赵建军、杨博：《“绿水青山就是金山银山”的哲学意蕴与时代价值》，《自然辩证法研究》2015 年第 12 期。

义生态自然观是践行“环境美”的首要理论基础。在纪念马克思诞辰 200 周年大会上，习近平总书记强调，要学习和实践马克思主义关于人与自然关系的思想。[①] 马克思主义生态自然观的核心在于准确把握了人与自然关系，提出人的现代化发展需要良好自然环境，通过全面社会变革实现人与自然的双重解放。

（一）马克思主义人与自然关系思想

马克思主义肯定自然的优先地位，强调人从属于自然。首先，马克思指出人的第一属性是自然性。马克思认为“人是自然存在物”[②]，人的生命力只是自然界的一部分。他将解码人类历史的第一个前提确定为“人必须能够生活”[③]，即人必须维持吃喝住穿等基本生存需要，可见人的社会属性以自然属性为前提。其次，马克思强调自然的优先地位。他提出，“人的劳动是对象性劳动，没有自然界劳动就不能存在，工人就什么也不能创造”[④]，人通过对象性劳动从自然中获取生产生活资料，才能实现自身的现代化发展。

马克思主义肯定人的实践能动性，强调人改变自然。马克思强调要从人的实践方面去理解对象，“环境的改变和人的活动相一致”[⑤]，这里的“对象”包括了自然客体，“环境”包括了自然环境。马克思认为人类可以有意识地按照不同尺度和需要进行能动性生产，天然自然界不断变为“人化的自然界”，尤其是当前的自然界已经成为工业和社会状况的产物，是历史的产物。[⑥] 恩格斯也指出，“动物对自然环境的作用在自然界面前只等于零，只有人能够给自然界打上自己的烙印”[⑦]。值得注意的是，马克思、恩格斯都注意到了资本主义工业化大生产对自然环境的破坏作用。

---

①《习近平在纪念马克思诞辰 200 周年大会上的讲话》，《人民日报》2018 年 5 月 5 日。

②《马克思恩格斯文集》第 1 卷，人民出版社 2009 年版，第 209 页。

③《马克思恩格斯文集》第 1 卷，人民出版社 2009 年版，第 531 页。

④《马克思恩格斯文集》第 1 卷，人民出版社 2009 年版，第 258 页。

⑤《马克思恩格斯文集》第 1 卷，人民出版社 2009 年版，第 500 页。

⑥《马克思恩格斯文集》第 1 卷，人民出版社 2009 年版，第 528 页。

⑦ 恩格斯：《自然辩证法》，人民出版社 2018 年版，第 22 页。

马克思主义肯定自然条件的约束性，强调人受制于自然。工业革命以来人们总是沉浸在战胜自然的物质享乐中，马克思则敏锐地意识到“人的生产劳动有自然制约性”[①]，即受自然环境和自然规律制约，这也是唯物史观强调的人类历史活动总是受客观条件制约，这个客观条件一方面指生产关系等社会条件，另一方面就是指资源环境等自然条件。恩格斯也明确指出，“人改造自然的能力只是表现为认识和运用自然规律，人决不能在此之外去支配自然，否则就会遭到自然界的报复”[②]。

（二）人的现代化生活需要美好环境

马克思主义将社会历史看作一个发展进步的过程，认为人的现代化生活需要良好的自然环境。工业生产极大提高了生产力，所以马克思说工业革命不到一百年产生的物质财富比历史上加起来还要多，但是这种进步也带来了环境问题。1849 年后马克思一直定居在英国，作为工业革命的发源地，此时的英国正经历着严重的环境恶化。马克思指出，资本主义生产方式“剥削地球的躯体、内脏、空气，从而剥削生命的维持和发展的权利”[③]，也就是说对自然环境的破坏最终会危及人类自身生活。恩格斯则专门实地调查了英国工人的生活环境，他说 250 万人的肺和 25 万个火炉挤在一起，污浊的空气大多在工人居住区，这种住宅区拥挤且生活垃圾和污水任意排放，食物也是劣质的，众多居民精神萎靡、疾病频发、生命力减退。可见，在马克思和恩格斯看来，人的现代化发展不仅需要丰富的物质基础，还需要美好的生活环境。

马克思主义的这一观点体现了当时的社会愿望。例如，1855 年英国著名科学家法拉第游览泰晤士河后难忍其污染状况，专门致信《泰晤士报》，指出河面气味非常糟糕，整条河流就是一条货真价实的臭水沟。作为工厂主的英国思想家欧文也指出，“在工业城市里，劳动人民所处的环境非常

---

① 《马克思恩格斯文集》第 3 卷，人民出版社 2009 年版，第 428 页。
② 恩格斯：《自然辩证法》，人民出版社 2018 年版，第 313—314 页。
③ 《马克思恩格斯文集》第 7 卷，人民出版社 2009 年版，第 875 页。

肮脏，呼吸着烟雾和尘埃，举目四望很少能看到使人赏心悦目的景物”①。在诸多19世纪英国文学家（如雪莱、拜伦、狄更斯等）的笔下，工业生产带来的环境恶化也是地狱般的存在。法国历史学家保尔·芒图也在书中描述说，“丑陋、黝黑、烟雾包围着城市，尤其是曼彻斯特、伯明翰等工业地区都是名副其实的‘黑乡’”②。根据相关医疗记载，空气和水污染也是当时英国霍乱、结核等疾病流行的根源。

（三）在社会现代化变革中解放自然

马克思主义是关于社会发展规律的科学理论，在社会历史中认识自然是马克思主义生态自然观的一大优势。生态环境问题是随着资本主义工业化大生产而出现的，所以他在寻求人类解放的同时也关注到了自然解放问题。

自然进入社会史是理解自然解放的逻辑起点。马克思将社会历史的第一个起点定位为人要从事现实的物质生产生活，其实也就确立了自然进入社会史的逻辑起点。因为自然是人的劳动对象，是一切物质财富的原始源泉，所以自然界对人来说就成为一个生成过程，③ 正式融入了社会历史进程。自然解放问题源于人类对自然的剥削，马克思称之为人与自然关系的异化，而自然剥削的根源在于追求剩余价值，在于资本主义生产关系的固有缺陷，即人与人之间的剥削。从此，人与自然的关系就需要从人与人关系的角度加以审视。

社会现代化变革是实现自然解放的现实路径。马克思指出，“共产主义才是人和自然界之间、人和人之间矛盾的真正解决”④。因为只有实现了对资本主义的超越，才能使社会生产摆脱资本利益的驱动，消灭人与人之间的剥削，根据人的合理需求合理安排生产。按照马克思的话说就是，

① 《欧文选集》第1卷，柯象峰、何光来、秦果显译，商务印书馆1984年版，第229页。
② 保尔·芒图：《十八世纪产业革命——英国近代大工业初期的概况》，杨人楩、陈希秦、吴绪译，商务印书馆1983年版，第294页。
③ 《马克思恩格斯文集》第1卷，人民出版社2009年版，第193页。
④ 《马克思恩格斯文集》第1卷，人民出版社2009年版，第185页。

“联合起来的生产者将合理地调节他们和自然之间的物质变换，靠消耗最小的力量在最适合于人类本性的条件下来进行这种物质变换，此时才是人同自然界完成了本质的统一，是自然界的真正复活，是人实现了自然主义和自然界实现了人道主义”[①]。恩格斯也曾指出，“资本主义生产只考虑经济效益而忽视自然后果，因此要实现人与自然关系的调节，需要对这种生产方式以及整个社会制度实行完全的变革”[②]。

二、 中华优秀传统生态文化

中华优秀传统文化是中华民族的文化根脉，是中国人民的思想和精神内核。中国共产党继提出将马克思主义基本原理与中国实际相结合后，又提出马克思主义与中华优秀传统文化相结合，推动中华优秀传统文化的创造性转化和创新性发展，建设中华民族现代文明。2018 年习近平总书记在全国生态环境保护大会上指出，“中华民族向来尊重自然、热爱自然，延绵 5 000 多年的中华文明孕育着丰富的生态文化”[③]。可见，追求良好生态环境是中华民族的内在基因，“环境美”的中国式现代化建设传承于中华优秀传统生态文化。

（一）天人合一的整体世界观

天人合一是中华优秀传统生态文化的核心理念，是中国古代思想家对人与自然关系的整体性认识，是尊重自然、顺应自然、保护自然的世界观的基础。

天人合一强调人与自然的物质一体。“天”是一个简化表达，它在古籍中有“天地”“自然”“万物”“物质本原”等含义。《周易·序卦》中就说，“有天地，然后万物生焉”，此时天是产生万物的本原，万物指自然界中的各种事物，这就包含了“人、自然、天地”一体的思想。儒家《论

---

① 《马克思恩格斯文集》第 1 卷，人民出版社 2009 年版，第 187 页。
② 恩格斯：《自然辩证法》，人民出版社 2018 年版，第 315 页。
③ 《习近平：坚决打好污染防治攻坚战　推动生态文明建设迈上新台阶》，《人民日报》2018 年 5 月 20 日。

语》中说，“天何言哉？四时行焉，百物生焉，天何言哉？”此处的“天”可以理解为自然环境孕育万物生长。老子在《道德经》中说，“道生一，一生二，二生三，三生万物”。“道”是一个更抽象的概念，可以将其理解为万物的本原，天、人、自然都是万物的一种，它们有共同的本原。庄子在《齐物论》中的说法有助于具体理解这一点，即“天地与我并生，而万物与我为一”。

天人合一强调人与自然的心灵一体。撇开天人感应学说的唯心主义元素，可以将人与自然的心灵一体理解为内在秩序的统一，强调通过内心的善实现人与自然的和谐统一。《周易》的重要应用就是通过领悟自然变化来感应人的内心想法，调节人的现实活动，追求美好结果，这表明人与自然在心灵上是感通的。《系辞传》中的，“无思也，无为也，寂然不动，感而遂通”，也传达出了这层意思。《中庸》写道，“能尽人之性，则能尽物之性；能尽物之性，则可以赞天地之化育，则可以与天地参矣”，表示人通过内心修养，就可以实现与自然万物的性情相通。孟子也提出“尽其心者，知其性也；知其性则知天矣”等观点。宋代理学家程颐也说，“天、地、人，只一道也”，“道与性一也”等。朱熹在“天地万物本吾一体”的基础上提出，“吾之心正，则天地之心亦正矣，吾之气顺，则天地之气亦顺矣”，以此强调人与自然的心气是相通的。

天人合一强调人的活动遵循自然规律。长期的农业耕作使中国古人认识到顺应自然规律的重要性。《易经》中说“财成天地之道，辅相天地之宜”，就强调要在尊重自然法则、遵循客观规律的基础上达到天人和谐的境界，使大自然更好地造福人类。《道德经》中说“人法地，地法天，天法道，道法自然”，也就是说人要遵从自然法则行事。《孟子》中的“不违农时，谷不可胜食也；斧斤以时入山林，材木不可胜用也”，《荀子》中的“草木荣华滋硕之时，则斧斤不入山林，不夭其生，不绝其长也”，《齐民要术》中的“顺天时，量地利，则用力少而成功多”等等，这些也都表明了这一思想。此外，古人的居住条件也十分注重自然环境，众多典籍中经常谈及城市、村落、房屋选址涉及的自然环境因素，这些都表达了根据自然条件选择宜居环境的要求。

（二）由人及物的生态伦理观

中华优秀传统文化形成了以“仁爱”为核心的伦理观念，并将其由人际范围推广至自然环境。孔子从人的主体性提出“知者乐水，仁者乐山”，即有智慧和仁爱之心的人才会钟情于山水之美。孟子进一步阐释了仁爱万物的思想，他说“亲亲而仁民，仁民而爱物”，提倡将仁爱同情之心由亲近之人扩大到普通百姓，再扩大到自然万物，将自然环境纳入伦理道德的范围之内。董仲舒发展了孟子“仁民爱物”的思想，认为“质于爱民，以下至于鸟兽昆虫莫不爱。不爱，奚足谓仁?”及至宋代思想家张载提出著名的“民胞物与”命题，将人民视作自己的同胞，把自然万物看成自己的朋友，确立了以仁爱之心对待自然环境的生态伦理观。①

中华优秀传统文化有深厚的万物平等的生态伦理积淀，强调人与自然的平等地位。如果说儒家思想从人的主体性角度强调对自然的仁爱，道家思想则更加注重将人融入自然，试图消除人与自然万物之间的主客体地位的差别。庄子说“以道观之，物无贵贱”，也就是从世界本原的角度看，自然界中的万物与人类都是“道”的产物，人与自然并无贵贱高下之区别，而是具有平等的价值。汉朝思想家严遵在《老子指归》中写道，“不贱为物，不贵为人”，也肯定了老子思想中的人与自然平等的理念。此外，中国古代盛行的佛学思想也极为看重“众生平等”，通过倡导“无我”观念削弱人的自我优越性，教导人要以慈悲之心对待动物和自然界。总之，万物平等的思想进一步提高了自然地位，促使人更加敬畏和保护自然。

中华优秀传统生态文化有效转化为国家管理制度，通过政策法令保护自然环境。如关于自然资源管理的虞衡制度从周朝延续到清代，秦朝的《田律》也是比较完整的关于资源和环境保护的法令。此外，不同时期还有关于城市绿化、防止污染的法令。如“殷之法，刑弃灰于街者”；唐代

① 石路、张慧：《“两个结合”：阐述习近平生态文明思想的新视角》，《河南师范大学学报（哲学社会科学版）》2022 年第 5 期。

把京兆等相关地区划为禁伐区或禁猎区，实际就是自然保护区。中国古代这些关于资源环境的管理制度，为当前实行最严格制度、最严密法治保护生态环境提供了经验借鉴。

三、 可持续发展科学理念

可持续发展是引领当代世界现代化进程的科学理念。当前普遍接受的可持续发展定义源于1987年世界环境与发展委员会发布的《我们共同的未来》研究报告，即既能满足当代人的需要，又不对后代人发展构成威胁的发展，报告还明确指出要实现生态限制范围内的合理发展。① 可持续发展的三大特征是生态持续、经济持续和社会持续，从自然角度来说可持续发展的重要标志是资源永续利用和良好生态环境。② 可持续发展要求统筹好经济、人口、资源、环境的关系，坚持公平性、持续性、共同性三大原则。这一新型发展理念的提出有其现实背景，20世纪中后期全球生态环境危机日益严重，于是国际社会从资源环境角度提出经济社会发展是否具有可持续性的问题。由此可见，可持续发展理念本身就蕴含了鲜明的“环境”向度。

早在1864年，美国地理学家马什就看到了工业活动的环境效应，并提出一个关键问题：自然如果死了，人类文明灭绝还会远吗？第二次世界大战以后随着各国恢复正常的经济社会发展秩序，环境问题重新得到重视。经济学界从资源稀缺和环境约束角度探讨经济可持续增长问题，地球科学界从全球环境变化角度深入揭示人类活动和自然环境的相互作用规律，共同为可持续发展提供科学基础，使可持续发展从最初的美好愿望转变为科学理念。当前，可持续发展已经涉及自然、环境、经济、社会、科技、政治等诸多方面，不同学科围绕这一主题形成了特有的科学范式，可持续发展已经成为深入人心的科学理念，并成为全球公共政策的鲜明主题。

---

① 世界环境与发展委员会：《我们共同的未来》，王之佳、柯金良等译，吉林人民出版社1997年版，第52—53页。

② 洪银兴主编：《可持续发展经济学》，商务印书馆2000年版，第28页。

（一）可持续发展理念的明确提出

20世纪70年代，可持续发展理念逐渐萌发。1972年联合国召开首次以保护环境为主题的国际会议，决定成立联合国环境规划署并发布了《人类环境宣言》，呼吁全世界人民在经济发展中保护和改善自然环境，为造福后代而共同努力，初步提出了可持续发展理念。环境系统与经济增长相互联系、相互作用，但环境系统功能具有客观性，并不一定符合特定条件下人类经济增长的需要，且不以人类意志为转移，这就要求经济增长要适应环境系统客观存在的某些特征。[①] 因此，经济学界较早开始从资源环境角度关注经济增长能否持续。1971年，美国经济学康芒纳在《封闭的循环》[②] 一书中描述了生态危机的现状，指出现代工业技术忽视了自然环境要求，人类只有采取自觉有效的社会行动才能避免经济崩溃。1972年，美国学者梅多斯等在《增长的极限》[③] 一书中提出，人们必须改变工业革命以来对无限增长的追求，将经济发展限制在地球可以承载的限度之内，从而达到一个可持续性的平衡状态。1973年，英国经济学家舒马赫在《小的是美好的》[④] 一书中也指出，工业文明带来的资源环境问题威胁人类生存，必须改变发展理念，他希望缩小经济规模实现可持续发展。

20世纪80年代，可持续发展理念正式明确并迅速普及。1980年联合国环境规划署发布《世界自然资源保护大纲》，提出必须研究自然资源环境与经济社会发展的基本关系，以确保全球的可持续发展。1987年，世界环境与发展委员会发布《我们共同的未来》研究报告，进一步从资源环境等生态角度阐明了走可持续发展道路的紧迫性，并重点介绍了科学家对人类活动和环境变化的研究，指出，"可持续发展要求需要有科学根据的公

① 洪银兴、曲福田等：《可持续发展经济学》，商务印书馆2023年版，第195页。

② 康芒纳：《封闭的循环》，侯文蕙译，吉林人民出版社1997年版。

③ 德内拉·梅多斯、乔根·兰德斯、丹尼斯·梅多斯：《增长的极限》，李涛、王智勇译，机械工业出版社2020年版。

④ 舒马赫：《小的是美好的》，虞鸿钧、郑关林译，商务印书馆1984年版。

共决策”[①]。1992年，联合国环境与发展大会在巴西里约热内卢召开，大力推广“可持续发展”理念，会议通过了《里约环境发展宣言》和《21世纪议程》，签订了《生物多样性公约》《气候变化框架公约》等重要文件，明确了可持续发展的行动蓝图和具体方案，标志着各国政府开始真正践行这一新型发展理念。

（二）可持续发展理念的科学阐释

围绕可持续发展目标，科学界形成了特定的研究范式并取得丰硕成果。有科学家提出“人类生态足迹”的概念，指出人类生态足迹随着工业发展不断扩大，在1980年左右与地球生态承载力达到平衡，随后生态环境已经超负荷运行。[②③] 也有科学家提出“生态系统服务”的概念，指出自然生态系统为人类提供一切福利，但市场经济长期忽略生态价值，因此要重视生态系统服务的经济价值评估，以此统筹经济发展和生态保护的可持续发展。[④] 2001年，《科学》杂志发表了《可持续性科学》一文，将可持续性科学定义为：“在局地、区域和全球尺度上研究自然和社会之间的动态关系，为可持续发展提供理论基础和技术手段的科学。”[⑤] 这标志着可持续发展从理念到科学的转变。2005年，联合国《千年生态系统评估报告》[⑥]将自然对人类的服务功能划分为供给、调节、文化和支持四大类，并指出与气候环境相关的服务功能正在快速丧失，人类社会可持续发展面临挑战。为

---

① 世界环境与发展委员会：《我们共同的未来》，王之佳、柯金良等译，吉林人民出版社1997年版，第426页。

② M. Wackernagel, W. E. Rees, “Perceptual and Structural Barriers to Investing in Natural Capital: Economics from an Ecological Footprint Perspective”, *Ecological Economics*, 1997, 20 (1): pp. 3－24.

③ M. Wackernagel, N. B. Schulz, D. Deumling, et al., “Tracking the Ecological Pvershoot of the Human Economy”, *PNAS*, 2002, 99 (14): pp. 9266－9271.

④ R. Costanza, R. Arge, R. D. Groot, et al., “The Value of the World's Ecosystem Services and Natural Capital”, *Nature*, 1997, 387 (15): pp. 253－260.

⑤ W. Kates Robert, C. William, et al., “Sustainability Science”, *Science*, 2001, 292 (5517): pp. 641－642.

⑥《千年生态系统评估报告集（二）》，赵士洞、赖鹏飞、商界环保协会（香港）译，中国环境科学出版社2007年版。

了解析日益复杂的人与自然关系，科学家提出"人与自然耦合系统"① 的概念来探讨人与自然的相互作用模式、过程及规律。2007 年美国国家科学基金会将人与自然耦合系统动力学正式作为常设项目，重点揭示物质流、能量流、信息流在人与自然界之间的转换过程和机制。近年来又发展出"社会—生态系统"② 的不同理论框架，进而实现定性分析和定量分析的综合，并形成了稳态转换、弹性、脆弱性等核心科学概念，用以深入研究人与自然可持续发展的影响因素。

近年来，有科学家根据关键自然过程评估了地球的生态安全状况，结果表明气候变化、土地利用、氮磷循环、生物多样性四个领域已经突破了安全边界。③ 2021 年联合国政府间气候变化专门委员会（IPCC）发布的《气候变化 2021：自然科学基础》报告也指出，全球平均表面气温比 19 世纪末升高 1.1℃，其中人类活动是主要影响因素，如果全球平均气温再升高 2℃，极端高温将达到农业生产和人体健康的临界耐受阈值。在人类活动影响下，地球的自然系统是否具有足够的弹性和恢复力，能否实现稳态转换还具有很大的不确定性，唯一能够确定的是，人类必须约束自己的行为，加强生态环境保护，才能实现可持续发展。

（三）中国的可持续发展理念与战略

中国坚定不移地走人与自然可持续发展之路。新中国成立之初，我国已经关注到资源环境问题，毛泽东同志非常重视黄土高原水土保持工作，并指示加强绿化，使祖国"到处都很美丽"。相关科学家较早推动开展全国自然综合调查，全面掌握国家自然资源和环境状况。《1956—1967 年科学技术发展远景规划》也指出，只有在全面了解自然条件的基础上才能研

---

① J. G. Liu, T. Dietz, S. R Carpenter, et al., "Complexity of Coupled Human and Natural Systems", *Science*, 2007, 317 (5844): pp. 1513 - 1516.

② E. Ostrom, "A General Framework for Analyzing Sustainability of Social-Ecological Systems", *Science*, 2009, 325: pp. 419 - 422.

③ J. Rockstrom, W. Steffen, K. Noone, et al., "A Safe Operating Space for Humanity", *Nature*, 2009, 461 (7263): pp. 472 - 475.

究经济发展的具体方案。1963 年，竺可桢等 24 位科学家联名向党中央建言，指出经济建设中对自然资源环境的破坏，希望将自然保护作为社会主义建设的基本政策之一。[①] 1970 年前后周恩来总理多次指示国家有关部门要切实采取措施防治环境污染，1973 年召开了全国第一次环境保护会议，迈出了中国环境保护事业的关键性一步。20 世纪 80 年代，钱学森从人类生存环境出发，认为社会主义物质、精神和政治文明建设需要一个客观环境基础，因此他大力提倡社会主义地理建设，包括环境保护、绿化建设、城镇体系、能源交通、气象水利等。[②] 改革开放以后，邓小平同志指出现代化国家要解决好环境污染问题，绿化祖国是造福子孙后代的伟大事业。

20 世纪 90 年代以来，可持续发展明确成为我国社会主义现代化建设的重大战略。1992 年联合国环境与发展大会之后，中国政府提出了中国环境与发展应采取的十大对策，明确指出走可持续发展道路是当代中国以及未来的必然选择。1994 年发布的《中国 21 世纪议程》，提出了可持续发展的总体战略及对策，1996 年发布的《中华人民共和国国民经济和社会发展“九五”计划和 2010 年远景目标纲要》，将可持续发展战略落实在经济社会发展具体规划中。从 1997 年党的十五大到 2022 年党的二十大，我国始终坚持可持续发展战略。当前新发展理念中的“绿色发展”，转变了传统工业文明的发展思维，是可持续发展理念的中国阐释；党的二十大又明确提出“人与自然和谐共生的现代化”这一重大判断，表明中国共产党从生态环境角度对经济社会可持续发展规律的认识达到了新高度、实现了新飞跃。

四、 习近平生态文明思想

党的十八大将生态文明纳入社会主义现代化建设的“五位一体”总体布局，并强调要把生态文明建设放在突出地位，融入经济、政治、文化、社会建设的各方面和全过程。习近平总书记多次强调自己对生态环境看得

① 《竺可桢全集》第 4 卷，上海科技教育出版社 2004 年版，第 153—158 页。
② 钱学森：《现代地理科学系统建设问题》，《地理环境研究》1989 年第 1 期。

很重，[1] 在亲自谋划、部署和推动生态文明建设的伟大实践中作出了一系列重要论述，提出了一系列新理念，形成了习近平生态文明思想。新时代以来党中央以前所未有的力度抓生态文明建设，全党全国推动绿色发展的自觉性和主动性显著增强，我国生态环境保护发生历史性、转折性、全局性变化。

（一）习近平生态文明思想的理论特质

习近平生态文明思想以前所未有的高度重视生态环境保护。习近平总书记以大历史观为视野，将生态环境与人类文明发展进程相联系，指出生态兴则文明兴、生态衰则文明衰；以中华民族永续发展为己任，将生态环境保护视为功在当代、利在千秋的事业，指出生态文明建设是关系民族未来的大计；以实现“两个一百年”奋斗目标为导向，将生态环境视为生产力要素之一，指出保护和改善生态环境就是保护和发展生产力；以加强党的建设为抓手，将保护生态环境与巩固党的执政基础结合起来，指出生态环境是关系党的使命宗旨的重大政治问题。

习近平生态文明思想坚持以人民为中心的发展理念。中国共产党始终以人民对美好生活的向往作为党的奋斗目标，将人民视为党执政的最大底气和最深厚根基，强调要抓住人民最关心最直接最现实的利益问题。在社会主要矛盾发生重要转变的新时代背景下，人民群众对良好生态环境的需求越来越迫切。习近平总书记准确把握人民切实愿望，指出多年快速发展积累的生态环境问题已经十分突出，老百姓意见大、怨言多，生态环境破坏和污染不仅影响经济社会可持续发展，而且对人民群众健康的影响已经成为一个突出的民生问题，必须下大力气解决好；对人的生存来说，金山银山固然重要，但绿水青山是人民幸福生活的重要内容，是金钱不能代替的；扭转环境恶化、提高环境质量是广大人民群众的热切期盼。可见，坚持人民至上、维护人民利益、回应人民诉求是习近平生态文明思想的根本

① 习近平：《论坚持人与自然和谐共生》，中央文献出版社2022年版，第4页。

宗旨。

习近平生态文明思想创造性提出人与自然是生命共同体。① 人类长期以二元对立的观点看待人与自然的关系，马克思在强调自然重要性时将自然界视为人的无机身体。人与自然生命共同体思想将长期以来人与自然的主客体关系转化为同一个生命主体的内部关系，实现了马克思主义人与自然关系理论的新发展。正因为自然是人类自我生命的一部分，所以人们才应该像保护眼睛一样保护生态环境，像对待生命一样对待生态环境。

（二）习近平生态文明思想的主要内涵

党的十九大报告指出，我们要牢固树立社会主义生态文明观，推动形成人与自然和谐发展的现代化建设新格局，为保护生态环境作出我们这代人的努力。在2018年全国生态环境保护大会上，习近平总书记阐释了加强生态文明建设必须坚持的原则。在2023年全国生态环境保护大会上，习近平总书记指出，必须以新时代中国特色社会主义生态文明思想为指导，正确处理高质量发展和高水平保护的关系、重点攻坚和协同治理的关系、自然恢复和人工修复的关系、外部约束和内生动力的关系、“双碳”承诺和自主行动的关系等几个重大关系。② 习近平生态文明思想的主要内涵在于：

一是坚持人与自然和谐共生。农业文明时期人类只能被动适应自然，工业文明时期人类企图肆意掠夺自然，人与自然呈现对立关系。习近平总书记深刻把握历史规律，深入总结我国面临的资源环境约束趋紧、生态系统退化等现实问题，指明了人与自然和谐共生的现代化发展道路。

二是绿水青山就是金山银山。这是对马克思主义自然本体论的继承和发展，肯定绿水青山既是生态财富又是经济财富，保护生态环境就是保护经济社会发展潜力和后劲，使绿水青山持续发挥生态效益和经济社会效益。

① 习近平：《论坚持人与自然和谐共生》，中央文献出版社2022年版，第225页。
② 习近平：《推进生态文明建设需要处理好几个重大关系》，《求是》2023年第22期。

三是良好生态环境是最普惠的民生福祉。习近平生态文明思想将环境视为民生，指出良好生态环境是最公平的公共产品，是最普惠的民生福祉，进一步拓展了社会主义民生观的内涵。每个人都是生态环境的保护者、建设者、受益者，没有谁能够作为旁观者和局外人置身事外。

四是山水林田湖草沙是生命共同体。现代地球科学揭示了地球系统演化规律，大气圈、水圈、陆圈和生物圈是一个有机整体。山水林田湖草沙生命共同体理念坚持系统思维，充分吸纳了最新的科学发展成果，为当前生态环境治理提供了认识论和方法论依据。

五是用最严格制度最严密法治保护生态环境。习近平总书记强调保护生态环境必须依靠制度和法治，使生态文明建设在制度化法治轨道上运行。新时代以来我国全面加强制度体系建设，出台《中共中央　国务院关于加快推进生态文明建设的意见》《生态文明体制改革总体方案》等文件，作出顶层设计和总体部署，构建源头预防、过程控制、损害赔偿、责任追究的制度和法治体系。

六是共谋全球生态文明建设。这是人类命运共同体思想在生态环境领域的生动体现，展现了习近平生态文明思想胸怀天下的广阔视野。生态文明建设关乎人类未来，建设绿色家园是人类的共同梦想，保护生态环境、应对气候变化需要世界各国同舟共济、共同努力。我国正深度参与全球环境治理，为世界环境保护和可持续发展提供中国方案，成为全球生态文明建设的重要参与者、贡献者、引领者。

（三）习近平生态文明思想引领美丽中国建设

在习近平生态文明思想指导下，我们在美丽中国建设伟大实践中取得了显著成效。

一是推进绿色发展、加快发展方式绿色转型。以新发展理念为引领，建立健全绿色低碳循环发展的经济体系，加快推动产业结构、能源结构、交通运输结构等调整优化。倡导简约适度、绿色低碳的生活方式，反对奢侈浪费和不合理消费，促进经济高质量发展。

二是着力解决突出环境问题、深入推进环境污染防治。全国深入实施大气、水、土壤污染防治，打好蓝天、碧水、净土保卫战；加强固体废弃物和垃圾处置；提升环境基础设施建设水平；推进城乡人居环境整治。新时代以来开展中央生态环境保护督察，坚决查处破坏生态环境的重大典型案件、解决人民群众反映强烈的突出环境问题。

三是加大生态系统保护力度，提升生态系统多样性稳定性持续性。按照生态系统的整体性和内在规律，实行保护优先，自然恢复为主。以国家重点生态功能区、生态保护红线、自然保护地等为重点，加快实施重要生态系统保护和修复重大工程。如开展了三江源生态保护、长江流域生态修复等重大生态工程，划定了青藏高原等多个重要生态安全屏障以及多个重点生态功能区，依托山脉、河流和地貌单元构建生态廊道，设立国家公园扩大生物多样性保护网络。

四是加大节能减排力度、积极稳妥推进碳达峰碳中和。全球气候环境变化是影响人类命运的关键问题，实现碳达峰碳中和是一场广泛而深刻的经济社会系统性变革。我国承诺力争在 2030 年前实现碳达峰、2060 年前实现碳中和，这一时间过程远远短于美、英、法等国家，需要我们付出艰苦努力，体现了负责任大国的担当。

五是全面加强党的领导，为美丽中国建设提供根本保证。中国共产党坚决担负起生态文明建设的政治责任，从思想、法律、体制、组织、作风上全面发力，全方位、全地域、全过程加强生态环境保护，全面提高生态环境治理体系和治理能力的现代化水平，明确地方各级党委和政府的生态环境保护职责，全面贯彻落实党中央在生态环境保护方面的决策部署，坚决维护党中央权威和集中统一领导。

习近平生态文明思想是内涵丰富、系统完整、逻辑严密的科学理论体系，是指导我们做好生态环境保护的世界观和方法论。习近平总书记特别关注江苏生态环境工作，2014 年在江苏考察时，他就擘画了“强富美高”新江苏的宏伟蓝图，其中的“美”就是“环境美”。2018 年习近平总书记在南京主持召开长江经济带发展座谈会时指出，长江经济带要成为我国生态优先绿色发展主战场，绘就山水人城和谐相融新画卷，谱写生态优先绿色发展新篇章。2023 年习近平总书记再次到江苏考察，嘱托江苏要在以高质量发展推进中国式现代化上“走在前、做示范”，为江苏绿色发展和生态环境保护工作提供了根本遵循。

第二节

“环境美”的核心内涵

“环境美”的理论意义，不仅在于“环境美”具有景观性、普惠性的存在价值，还在于“环境美”是自然资本价值的生动体现，“环境美”是高质量发展的基础支撑和新江苏现代化建设的实践基石。因此，“环境美”的核心内涵着重体现在：绿水青山就是金山银山、环境是最普惠的民生福祉、以高品质生态环境支撑高质量发展等三个方面。

一、 绿水青山就是金山银山

绿水青山就是金山银山是对《生态文明体制改革总体方案》中所提出的“自然价值和自然资本”理念的具体实践。“两山”理论的发展经历了三个阶段：第一阶段提出的“宁要绿水青山不要金山银山”的思想，强调在发展过程中要保护生态环境、优先解决人类代际公平问题。它强调了环境优先、永续发展优先的根本思想。第二阶段提出的“既要绿水青山又要金山银山”理念，是边发展边保护思想的重要体现，强调在发展中保护，在保护中发展。第三阶段提出的“绿水青山就是金山银山”理念，强调保护和发展可以并行不悖，能够实现有机统一，保护就是发展，发展就是保护。①

因此，应“树立自然价值和自然资本的理念，自然生态是有价值的，

① 雷明：《深刻把握习近平生态文明思想之“两山”理论》，《中国环境报》2020 年 9 月 1 日。

保护自然就是增值自然价值和自然资本的过程”。自然资本理念主张人类需从对自然的主导和征服转变为与自然和谐共生、协调发展。这一理念强调珍惜自然资源和生态环境，倡导经济、社会和生态效益与自然资本的承载能力相协调，以提升自然资源生产率。对自然资本进行评估是推动生态文明体制改革的重要基础性工作。

自然资本是人类社会财富的重要组成部分。“环境美”支撑的高质量环境，也体现在自然资本价值上。近年来世界银行一直在推动自然资本的核算，以强调自然资源和生态系统服务在经济发展中的价值。随着全球对可持续发展的关注增加，自然资源和生态系统服务被日益认为是经济增长和社会福祉的基础。国际上，从 20 世纪 70 年代开始研究建立绿色国民经济核算体系，其主要是在国内生产总值（GDP）核算体系中扣除自然资源耗减成本和污染损失成本，通过建立详细的经济核算类别，刻画经济活动和自然环境的相互作用，并基于不同空间尺度使用自然资本方法、经济价值评估、创新投资、自然资本核算等途径考量自然资本对人类和经济发展的价值，以期真实衡量经济发展效益和国民经济福利。

中国是参与“自然资本核算和生态系统服务估价”（NCAVES）项目的 5 个试点国家之一（巴西、中国、印度、墨西哥和南非）。在国家层面，自然资本负债表核算方法评估、自然资本核算在中国国家政策中的潜在应用，以及同联合国环境与经济综合核算体系（SEEA）和生态系统生产总值（GEP）的衔接问题正在取得进展。所有这些活动的完成为联合国环境经济核算体系实验性生态系统核算在全球的发展和应用、自然资本核算在中国可持续发展政策中的推进，作出了积极贡献并提供了强有力的支持。

“生态系统生产总值”核算结果用于评估核算地区生态保护的成果效益，能有效实现绿水青山的生态价值显化与金山银山的可用价值量化。[1] GEP 也可简称为生态产品总值，主要包括生态系统提供的物质产品、调节

① 赵子军、汪燕：《江苏省首个 GEP 核算地方标准在南京正式发布，使绿水青山“有价可依”》，《中国标准化》2021 年第 15 期。

服务和文化服务。[①] GEP 核算可以评估某地区森林、草原、荒漠、湿地和海洋等生态系统以及农田、牧场、水产养殖场和城市绿地等人工生态系统的生产总值，来衡量和展示生态系统的状况及其变化。本书基于生态系统生产总值核算体系，从产品供给价值、调节功能价值和文化功能价值 3 个层面，选择了 14 个能充分反映江苏生态系统服务价值的指标和评估方法核算其 GEP（表 1－1）。

表 1－1　江苏 GEP 计算指标体系

核算功能	核算指标	指标含义
物质产品	农业产品	省内产出的农业产品
	林业产品	省内产出的林业产品
	畜牧业产品	省内产出的畜牧业产品
	渔业产品	省内产出的渔业产品
调节服务	水源涵养	生态系统通过调节水循环过程，维持水资源稳定性和可持续性的生态系统服务
	土壤保持	生态系统通过多种生态过程，维持土壤结构和肥力
	洪水调蓄	通过水库、湿地等调蓄洪峰，保护耕地等避免灾害损失的功能
	净化环境	生态系统通过多种生态过程提高环境水平的能力
	气体调节	生态系统通过各种生物和非生物因素相互作用，对大气中污染物质进行过滤和净化的能力
	水质净化	水环境将进入其中的污染物进行降解使水体得到净化的生态效应
	气候调节	通过水面蒸发作用，起到降温和增湿的效果
	维持生物多样性	生态系统为珍稀物种提供栖息场所，从而对其起到保育作用
文化服务	休闲旅游	为人类提供休闲、娱乐场所
	科研教育价值	为人类提供科研平台和教育基地

① 欧阳志云、朱春全、杨广斌等：《生态系统生产总值核算：概念、核算方法与案例研究》，《生态学报》2013 年第 21 期。

根据《全国县域/市辖区生态系统生产总值（GEP）研究报告》，2022年江苏GEP进入全国百强县的数量位居第一，共有10个；2023年百强市数量位居全国第二，共有13个，仅次于广东省。

2010—2022年，江苏人均GEP显著增长。从2010年的18 360元增长至2022年的29 037元，增长了58%，这较为充分地体现了“环境美”的货币化价值。江苏人均GEP的提升，也与能源结构的调整密切相关。在《2015—2017年中国江苏省绿色发展评估报告》中，2017年江苏单项指标得分在GEP得分中的贡献占比显示：贡献最大的是可再生能源供给，贡献率达到了22%。

但需要指出的是，2010—2022年间江苏人均GEP占人均GDP的比重呈现下降趋势，比重从35%降至20%，这是由于GDP增长更为迅速（图1-1）。2010—2022年，江苏人均GDP增长速度远远快于人均GEP增长速度，人均GDP增长了174%，而人均GEP仅增长了58%。随着生态环境的不断建设，2020年以来，江苏人均GEP占人均GDP比重业已处于稳定水平，这也说明江苏经济转型发展正在朝着“环境美”的方向深入。

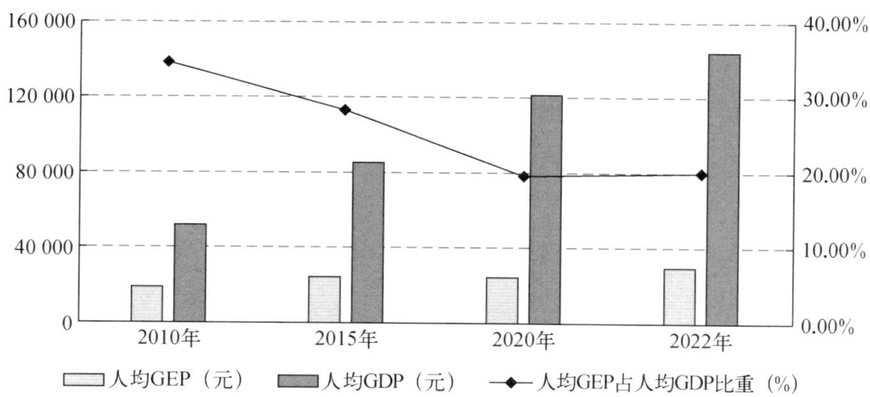

图1-1　2010—2022年江苏GEP和GDP比较

绿水青山就是金山银山的科学论断，深刻揭示了保护生态环境就是保护生产力、改善生态环境就是发展生产力的道理，指明了实现发展和保护协同共生的新路径。2014年12月，习近平总书记在考察江苏时提出，要建设"强富美高"新江苏，把"环境美"作为新江苏建设的重要内涵，明确要走出一条经济发展和生态文明相辅相成、相得益彰的路子。

二、环境是最普惠的民生福祉

"良好生态环境是最公平的公共产品，是最普惠的民生福祉。"2013年，习近平总书记在海南考察时所作出的这一科学论断深刻揭示了生态与民生的关系，既阐明了生态环境的公共产品属性及其在改善民生中的重要地位，同时也丰富和发展了民生的基本内涵。

在全面推进现代化建设的过程中，我国把环境保护作为基本国策之一，在全国范围内开展了大规模的环境保护、污染防治和生态治理，成效得到了广泛认可。例如，《中国改革开放40年生态环境保护的历史变革》探讨了中国改革开放40年生态环境保护的历史变革[①]；《中国环境保护战略政策70年历史变迁与改革方向》，系统回顾了新中国成立70年以来环境保护战略政策的历史变迁[②]；《新中国70年环境规制政策变迁与取向观察》，探讨了新中国成立以来我国环境规制政策体系从无到有、从起步构建到全面提升的发展历程[③]。据此，可将我国环境保护分成工业污染防治的初步探索（1949—1971年），环保意识初步发展（1972—1991年），污染防治和生态保护并重（1992—2000年），在发展中保护、保护中发展（2001—2012年）以及生态文明建设（2013年以来）五个阶段。

2001—2012年间，我国环境规制政策体系实现了重大战略转型，政策理念由过去重经济增长、轻环境保护向两者并重转变，已基本形成环境保护法规体系，环境立法领域不断拓宽、环境监管权威不断提高、环境整治得到实质性提升。2013年党的十八届三中全会召开以来，以习近平同志为核心的党

---

① Zhenhua Xie, "China's Historical Evolution of Environmental Protection along with the Forty Years' Reform and Opening-up", *Environmental Science and Ecotechnology*, Volume 1, January 2020.

② 王金南、董战峰、蒋洪强等：《中国环境保护战略政策70年历史变迁与改革方向》，《环境科学研究》2019年第10期。

③ 张小筠、刘戒骄：《新中国70年环境规制政策变迁与取向观察》，《改革》2019年第10期。

中央把生态文明建设摆在治国理政的突出位置，环境福祉得到全面提升。

党的十八大通过的《中国共产党章程（修正案）》，把“中国共产党领导人民建设社会主义生态文明”写入党章。2014 年 4 月我国修订完成了《中华人民共和国环境保护法》。2018 年 3 月，十三届全国人大一次会议通过了《中华人民共和国宪法修正案》，把“生态文明”和“美丽中国”写入宪法。在 2018 年 5 月召开的全国第八次生态环境保护大会上，正式确立了习近平生态文明思想，这是在我国生态环境保护历史上具有里程碑意义的重大理论成果，为环境战略政策改革与创新提供了思想指引和实践指南。2020 年，我国正式宣布了“双碳目标”，中国将力争 2030 年前实现碳达峰、2060 年前实现碳中和。2021 年发布的《“十四五”循环经济发展规划》中要求着力解决制约循环经济发展的突出问题，健全法律法规政策标准体系，强化科技支撑能力，补齐资源回收利用设施等方面的短板，切实提高循环经济发展水平。①

总体来说，新中国成立以来，我国环境规制政策体系内容不断丰富，环境保护涉及的范围不断扩大，参与环境政策颁布实施的机构不断增加，现已基本形成环境保护与经济发展平衡、污染防治与生态防护并重的环境规制政策理念和体系。②

三、 以高品质生态环境支撑高质量发展

“以高品质生态环境支撑高质量发展，加快推进人与自然和谐共生的现代化。”③ 2023 年 7 月，习近平总书记在全国生态环境保护大会上提出的新要求，为进一步加强生态环境保护、推进生态文明建设提供了方向指引。

环境库兹涅茨曲线（Environmental Kuznets Curve，EKC）揭示了环

① 国家发展改革委：《国家发展改革委关于印发“十四五”循环经济发展规划的通知》，《再生资源与循环经济》2021 年 7 月 27 日。

② 张小筠、刘戒骄：《改革开放 40 年产业结构政策回顾与展望》，《改革》2018 年第 9 期。

③《习近平在全国生态环境保护大会上强调　全面推进美丽中国建设　加快推进人与自然和谐共生的现代化》，《人民日报》2023 年 7 月 19 日。

境—经济关系发展到一定阶段，实现以高质量生态环境支撑高质量发展的可能性。库兹涅茨曲线（Kuznets Curve）是经济学中用来描述经济发展与某些社会现象之间关系的假设曲线，最初用来描述随着一个国家的经济增长，收入不均衡先会增加，然后在某一点会减少的现象，后来，这一假设被扩展到环境质量和经济发展的关系中，这就是"环境库兹涅茨曲线"。[①]环境经济学研究认为，一个国家的整体环境质量或污染水平在经济发展的初期随着国民收入的增长而恶化，当该国经济发展到较高水平（以国民的经济收入超过一定范围为标志），环境质量与污染水平开始保持平稳，进而随着国民收入的继续增加而逐渐好转。[②]环境压力和经济增长呈现"倒U型"关系（图1-2）。[③]

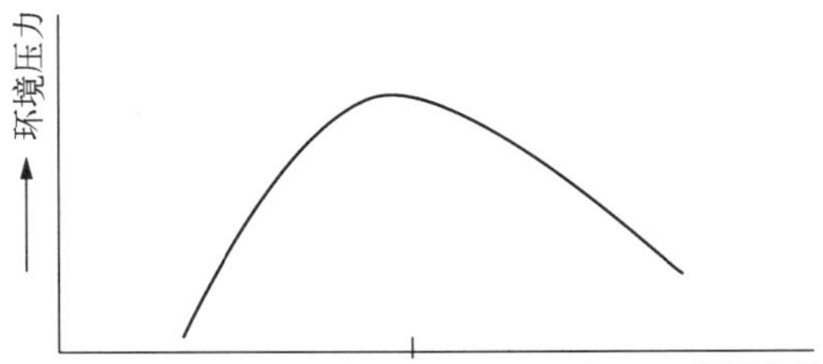

图1-2　环境库兹涅茨曲线

江苏是煤炭能源使用占比高的省份，这里以二氧化硫（SO_2）排放为例，分析江苏经济发展与二氧化硫排放的关系。结果表明，2000—2021年，江苏二氧化硫排放经历了"先增加—再减少"的过程，GDP则保持持续增长（图1-3）。说明随着经济高质量发展，江苏生态环境压力有所缓和，二氧化硫排放量随经济增长而逐年减少。这是因为随着经济发展和科技进步，能源和资源的利用效率与清洁生产的工艺水平显著提高，使得环境质量得到逐步改善。

① S. Dinda, "Environmental Kuznets Curve Hypothesis: A Survey", *Ecological Economics*, 2004, pp. 431-455.

② 胡明秀、胡辉、王立兵：《武汉市工业"三废"污染状况计量模型研究——基于环境库兹涅茨曲线（EKC）特征》，《长江流域资源与环境》2005年第4期。

③ 王勇：《环境库兹涅茨曲线研究进展》，《中国人口·资源与环境》2005年第5期。

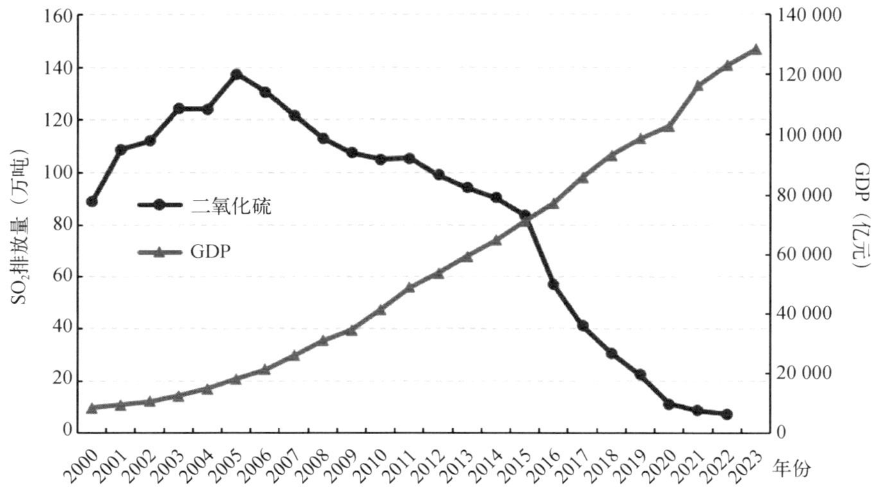

图 1－3　2000—2023 年江苏二氧化硫排放与 GDP 变化

江苏近年来坚持以习近平生态文明思想为指引，深入打好污染防治攻坚战，在努力实现高质量发展的同时加强生态环境保护，全省生态环境质量显著改善。

生态环境状况的总体改善，与生态文明建设的深入推进关系密切。例如，生态示范区创建是推进生态文明建设的重要抓手和载体，江苏是全国率先开展省级生态文明示范创建的地区之一。2017—2023 年，生态环境部分五批次命名了 572 个国家生态文明建设示范区（图 1－4）。其中，江苏成功创建 37 个，数量位居全国第四，仅次于浙江、福建和四川，生态文明示范创建工作跻身全国前列。[①]

生态环境的高水平保护，积极推进了经济社会的高质量发展。经济高质量发展水平是衡量经济可持续发展的重要指标。有研究从“创新、协调、绿色、开放、共享”五大方面选取代表性评价指标，构建经济高质量发展水平综合评价指标体系，计算了 2013—2021 年江苏各设区市经济高

① 冷湘梓、董上上、叶懿安等：《江苏省生态文明建设示范创建路径初探》，《环境生态学》2023 年第 5 期。

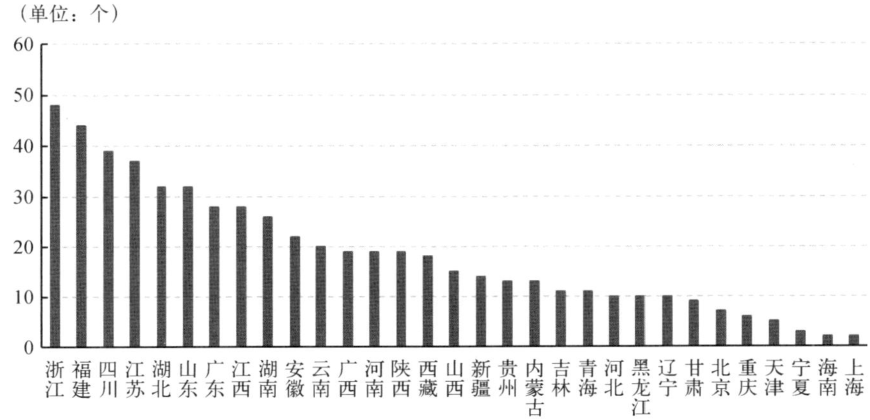

图 1-4　2017—2023 年全国已建国家生态文明建设示范区数量

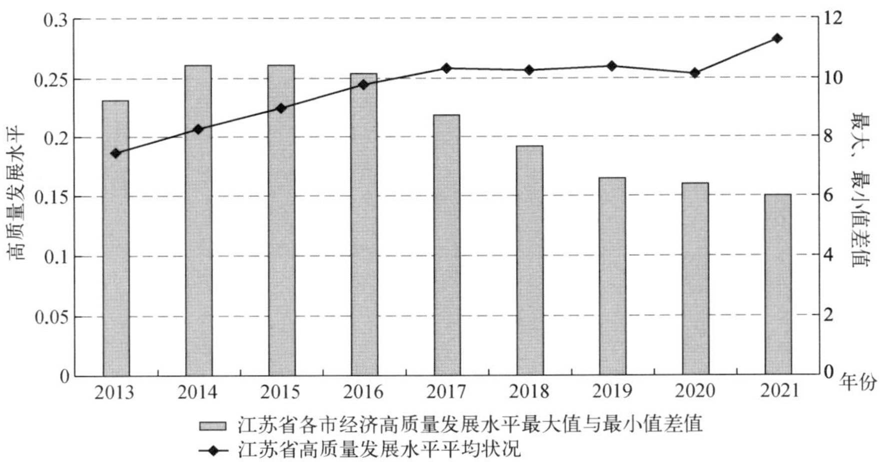

图 1-5　2013—2021 年江苏经济高质量发展水平变化

质量发展水平。[①] 经济高质量发展水平的取值范围为 0—1，当数值越接近 1，代表经济高质量发展水平越高（图 1-5）。

这里将各设区市经济高质量发展水平的平均值作为全省高质量发展平均水平。2013—2021 年全省高质量发展平均水平总体呈现上升的趋势，说明经

① 仇桂且：《我国绿色工业生产效率对经济高质量发展的影响——以江苏为例》，《社会科学家》2022 年第 12 期。

济向好发展、发展质量不断提高。2013—2021 年江苏各设区市经济高质量发展水平之间的差异呈现先增后减态势，2014 年出现拐点，直至 2021 年缩小到 6.084。这说明各设区市之间发展差异虽然还在，但差异一直在缩小，经济发展越来越平衡，这符合近年来江苏深化江海河湖联动发展格局，也符合在省域一体化发展中推动苏中崛起、苏北振兴的战略。①

第三节
“环境美”的实践要求

美丽中国是“环境美”建设的更高阶段，是自然生态之美、绿色发展之美、城乡宜居之美、水韵人文之美、区域善治之美的统一。“五美”中，自然生态之美是前提，绿色发展之美是关键，城乡宜居之美是目标，水韵人文之美是动力，区域善治之美是抓手（图 1－6）。江苏落实“强富美高”

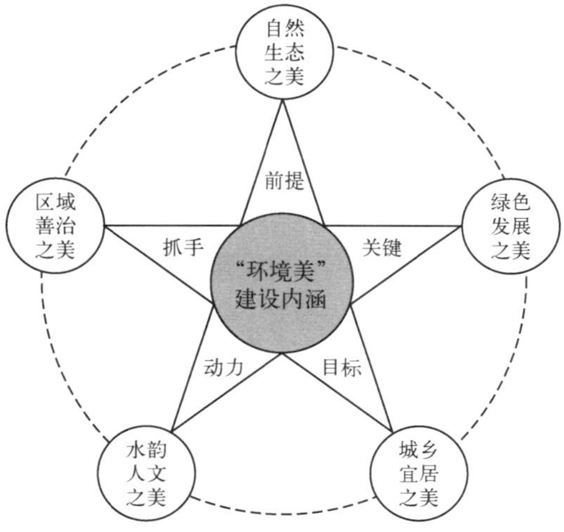

图 1－6　“环境美”的建设内涵

① 仇桂且：《我国绿色工业生产效率对经济高质量发展的影响——以江苏为例》，《社会科学家》2022 年第 12 期。

建设要求，积极推进"环境美"的"五美"建设。

一、坚持生态优先

伴随着全球经济增长，生态环境问题已成为各国关注的焦点。江苏在追求经济增长的同时，始终注重生态环境保护和建设。进入新时代，习近平总书记反复叮嘱江苏要把保护生态环境摆在突出位置，走出一条生态优先、绿色发展的新路子。

《2022年度江苏省生态环境状况公报》中提到，江苏 $PM_{2.5}$ 年均浓度实现2013年以来"九连降"，连续两年以省为单位达到国家空气质量二级标准；国考断面年均水质达到或好于Ⅲ类比例达91%，首次突破90%，达到优级水平；长江干流江苏段水质连续5年保持Ⅱ类，太湖连续15年实现"两个确保"，并高质量实现"两保两提"新目标；近岸海域水质优良比例提高至88.9%；全省生态质量达到二类，调查记录到物种数6903种，其中列入国家重点保护野生动物名录的保护物种94种①。全省生态环境质量创新世纪以来最好水平。② 江苏生态文明建设起步较早，新世纪以来先后编制并发布了多项有关生态文明建设的政策文件和管理办法（图1-7），有力推动了生态文明建设示范创建。③

二、推进绿色发展

"加快推动发展方式绿色低碳转型，坚持把绿色低碳发展作为解决生态环境问题的治本之策，加快形成绿色生产方式和生活方式，厚植高质量发展的绿色底色"，④ 习近平总书记在2023年全国生态环境保护大会上为全社会加快推动发展方式绿色低碳转型指明了方向。

---

① 金凤：《江苏：生态环境质量创本世纪以来最好水平》，《科技日报》2023年5月10日。
② 金凤：《江苏：生态环境质量创本世纪以来最好水平》，《科技日报》2023年5月10日。
③ 冷湘梓、董上上、叶懿安等：《江苏省生态文明建设示范创建路径初探》，《环境生态学》2023年第5期。
④《习近平在全国生态环境保护大会上强调　全面推进美丽中国建设　加快推进人与自然和谐共生的现代化》，人民日报2023年7月19日。

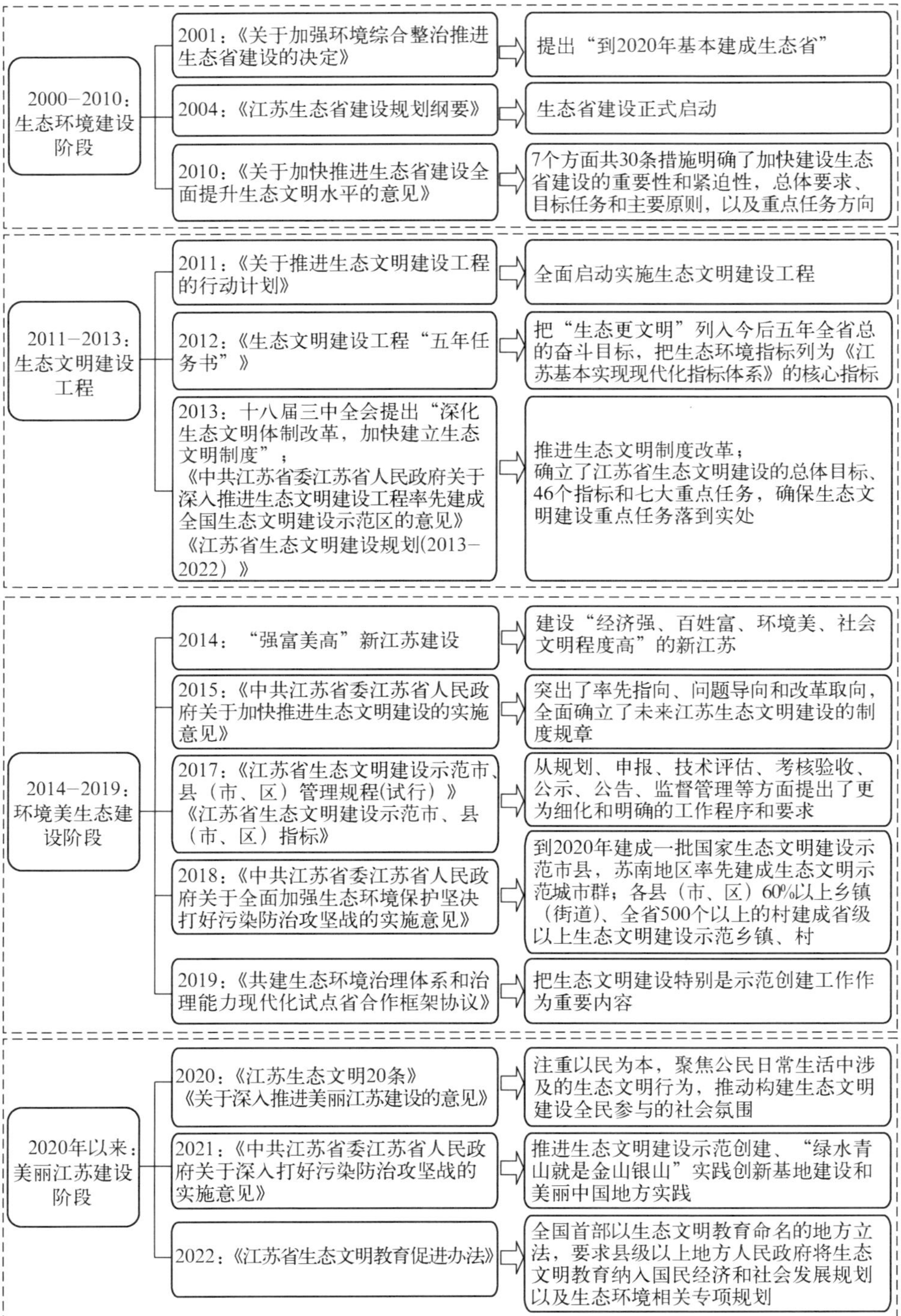

图 1－7　江苏生态文明建设历程及相关政策

在“十五”期间，江苏就在全国率先提出环保优先的方针，把环境质量综合指数纳入全面建设小康社会指标体系。2004年，在地方环境立法上率先取得突破，明确了生态环境优先的原则。2005年，将环保优先正式列为经济社会发展的指导方针。“十一五”期间江苏明确提出，“要坚持经济建设与生态建设一起推进，产业竞争力与环境竞争力一起提升，经济效益与环境效益一起考核，物质文明与生态文明一起发展”①。党的十八大以来，江苏全面贯彻落实习近平生态文明思想，始终坚持绿色发展的价值取向，将生态文明建设自觉融入经济建设、政治建设、文化建设和社会建设。②

在“双碳”工作引领下，将推动能耗双控逐步转向碳排放双控，有计划分步骤实施碳达峰行动。江苏经济发展迅速，能源消耗量和碳排放量都非常大，是全国碳减排重点区域和潜力区域，挑战与机遇并存。1995—2009年，江苏碳排放量增长了1.5倍，平均年增速为9.65%，总体呈上升趋势，2005年以后开始减缓。③

2016—2019年，江苏单位GDP碳排放强度累计下降24.5%，提前完成“十三五”目标；单位GDP能耗下降3.2%，碳减排已经取得积极成效。④ 2022年江苏单位GDP能耗较2010年下降41.8%，单位地区GDP二氧化碳排放较2010年下降46.6%。⑤ 在能源结构调整方面，重点推进能源转型工作，煤炭能源比重逐年下降，2019年首次低于50%；可再生能源比重逐年上升，2020年达24.58%，力争到2025年占比提高至35%。在

---

① 史振华：《以环保优先方针为指导　加强环境保护政策创新》，《环境保护》2007年第2期。

② 江苏省环境保护厅：《以环保优先方针为指导加强环境保护政策创新》，《中国环境报》2007年1月30日。

③ 程如华：《江苏省“双碳”标面临的挑战、机遇和实现路径研究》，《江苏科技信息》2022年第6期。

④ 程如华：《江苏省“双碳”目标面临的挑战、机遇和实现路径研究》，《江苏科技信息》2022年第6期。

⑤《COP28上的“江苏样本”，巨大张力如何转变为可持续发展竞争力》，江苏省生态环境厅官网，2023年12月7日，https://sthjt.jiangsu.gov.cn/art/2023/12/7/art_84025_11092356.html。

产业优化升级方面，2020 年第三产业增加值占比地区生产总值达 52.5%。[①]

绿色、低碳、可持续的经济高质量发展是江苏的发展导向，发展绿色工业将成为今后江苏经济高质量发展的重要任务。[②] 利用 DEA - Malmquist 生产率指数对江苏 2013—2021 年的绿色工业生产效率指数进行测算的结果表明，9 年间江苏平均绿色工业生产效率为 1.020，平均增长率为 2.0%，说明绿色工业保持增长的势头（图 1 - 8）。

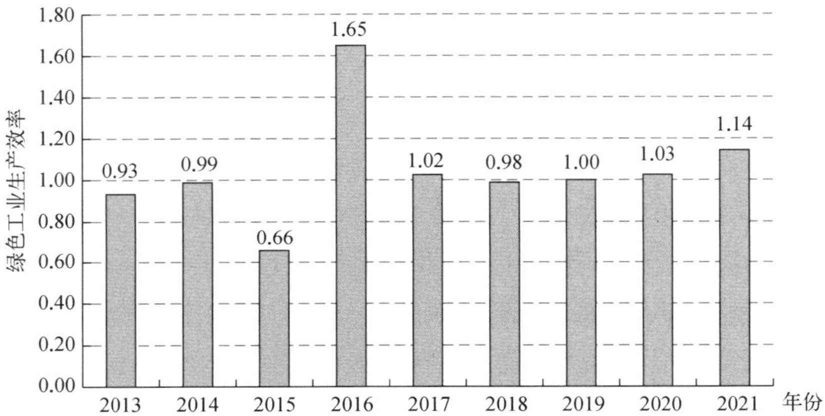

图 1 - 8　2013—2021 年江苏绿色工业生产效率

三、 建设美丽家园

党的二十大报告明确提出要“全面推进乡村振兴”，强调“建设宜居宜业和美乡村”。江苏有些地方在城乡宜居建设方面已经取得了国际认可的成就。例如，扬州、南京、张家港、昆山、常州市武进区、徐州等 6 个城市及地区获得联合国人居奖。

为了表彰在改善城乡环境质量、提高城镇总体功能、创造良好的人居环

① 程如华：《江苏省“双碳”目标面临的挑战、机遇和实现路径研究》，《江苏科技信息》2022 年第 6 期。

② 仇桂且：《我国绿色工业生产效率对经济高质量发展的影响——以江苏为例》，《社会科学家》2022 年第 12 期。

境方面作出突出成绩并取得显著效果的城市、村镇和单位，原建设部于2000年设立了"中国人居环境综合奖"和"中国人居环境范例奖"。就2002—2017年江苏的"中国人居环境综合奖"和"中国人居环境范例奖"的获奖情况而言，评选的38项中国人居环境综合奖中，江苏获得了15项；此外，江苏还获得49个中国人居环境范例奖（共568个）（图1-9）。中国人居环境范例奖是对各个维度发展状况的综合考量，获奖情况表明江苏城市在发展过程中注重宜居、智慧、韧性协同发展。

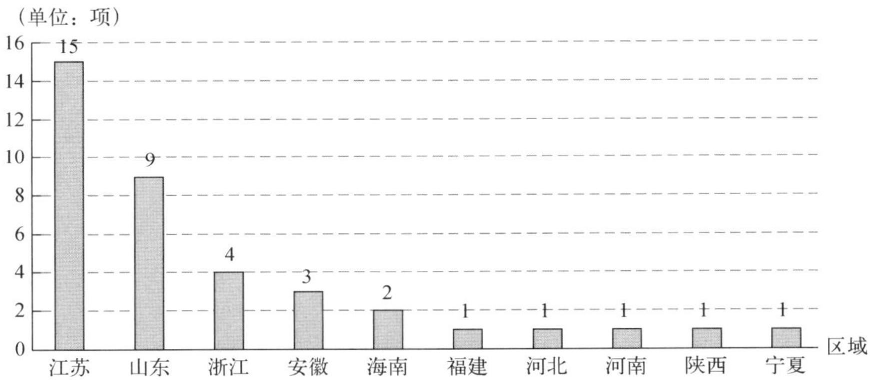

图1-9　2002—2017年"中国人居环境综合奖"获奖数量的省域差异

四、塑造生态山河

江苏地处中国东部沿海的中部，地势低平，总体地貌呈现为"一山二水七分田"，其平原和水域面积的占比均居全国各省首位，具有"江河湖海汇聚"的典型平原水乡特色。水韵江苏，是江苏鲜明的自然地理特征；江南人文，是江苏的区域特质。水韵人文之美，是生态江南的底色。

水环境，是水韵人文之美的基础。根据《江苏省生态环境状况公报》的数据，2023年，江苏地表水环境质量同比、环比均有所改善，无劣Ⅴ类水体。2009—2022年，水环境质量明显改善，全省年均水质符合Ⅲ类标准的断面比例的比重从2009年的32.5%提高至2022年的91%。

江苏水污染物排放标准已经领先全国平均水平，特别是2018年颁布的《太湖地区城镇污水处理厂及重点工业行业主要水污染物排放限值》，已经是目前全国最严格的污染物排放标准。[①] 分流域来看，沿长江地区（长江流域、太湖流域）水质情况明显优于淮河流域水质状况：一方面是由于沿江地区经济发展已从高速增长阶段转向高质量发展阶段，水资源质量提升明显；另一方面是由于沿江地区引排水条件优越，沿江各市相继建设了一批清水活水工程，提升了区域水环境容量。[②]

江苏位于中国地理版图的南北过渡带，长江横跨东西，运河纵贯南北，中国两条最重要的水运航道在此交汇，使得江苏成为南方与北方文化、地域传统文化与外来文化汇聚与交融的地区。从亚文化分区特征看，在绵延的历史长河中，楚汉文化、吴文化、金陵文化、淮扬文化等在此交汇，江苏不断吸收、融合、发展中原文化、荆楚文化、徽州文化以及西方文化的精髓，逐渐形成了兼容并蓄、和而不同、各具特色的 5 个亚文化分区（沿海文化圈、苏中运河文化圈、苏锡常环太湖文化圈、宁镇沿江文化圈、苏鲁黄河文化圈）。[③④] 这里统计了这五个文化圈的水资源禀赋特征（表 1－2）：

表 1－2　江苏五大文化圈水资源禀赋特征

文化圈	主要城市	年平均降水量（毫升）	地表水资源量（亿立方米）	水资源总量（亿立方米）	省管湖泊年末蓄水量（亿立方米）
苏鲁黄河文化圈	徐州、宿迁	734.05	31.1	45.4	7.1
苏中运河文化圈	淮安、扬州、泰州	737.17	9.2	18.3	37.3
宁镇沿江文化圈	南京、镇江	839.80	15.3	16.9	1.3
苏锡常环太湖文化圈	苏州、无锡、常州	970.93	40.3	45.4	48.6
沿海文化圈	连云港、盐城、南通	849.50	46.6	66.8	—

① 殷鹏、张建华：《江苏省水资源保护实践与对策研究》，《治淮》2019 年第 12 期。

② 孔繁璠、殷鹏、高鸣远：《江苏省水资源质量状况分析及提升对策研究》，《水资源开发与管理》2022 年第 7 期。

③ 周岚、于春：《省域尺度的人居环境特色塑造——江苏案例》，《人类居住》2016 年第 4 期。

④ 陈浴宇：《地域文化语境中建筑特色解析——以江苏为例》，《上海城市管理》2018 年 9 月 25 日。

从表1－2可以看出，沿海文化圈和苏锡常环太湖文化圈水资源优势突出，沿海文化圈的水资源总量最高；苏锡常环太湖文化圈的年均降水量、地表水资源量和省管湖泊年末蓄水量均为最高。因此，各分区人文地理空间的差异与水资源要素的空间差异并行，形成了各自的水文化脉络。

湿地是陆地和水生生态系统间的过渡带，是一种重要的自然资源。江苏湿地资源极为丰富。根据水利厅发布的数据，2020年全省共有湿地39 980平方公里。其中，自然湿地占湿地总面积的43.7%，人工湿地占湿地总面积的56.3%。结合国家统计局的湿地数据，2010—2020年，江苏湿地面积增加了23 233平方公里，湿地面积的年均增长率为14%。湿地增长主要来自人工湿地，其贡献率约为95.8%。湿地被称为"地球之肾"，具有重要的生态地位。江苏重视湿地保护工作，人工湿地面积显著增长，孕育了独特的"鱼米之乡""江南水乡""运河文化""里下河湿地农耕文化"等文化形态。

水是山水林田湖草沙生态要素中极为重要的方面。"护水有方、治水有道、管水有法"可以让水韵江苏美得更灵动。江苏把传承"水韵江苏"独特生态文化作为担当新的文化使命的重要实践，建设好长江、大运河国家文化公园，大力倡导人与自然和谐相处的生态文明价值观；全面推进长江生态保护修复，长江干流江苏段水质稳定保持Ⅱ类；太湖治理也见成效，蓝藻水华发生强度为近年来较低水平；洪泽湖、大运河生态岸线占比稳定上升。

五、 创新现代治理

在国家社会发展实践中，政府的治理角色经历了从"管控型政府"到"经济发展型政府"，再到"治理型政府"的发展历程。[①] 环境治理过程也经历了类似的阶段历程。环境善治要求政府、市场及公民对环境进行共同合作管理，追求的最终目的是追求人类与自然和谐共处和可持续发展，并

① 唐兴军、齐卫平：《治理现代化中的政府职能转变：价值取向与现实路径》，《社会主义研究》2014年第3期。

且使得生态环境利益最大化。强调进行环境治理的主体不再是政府这一单一主体，而应该是多主体的，即政府、市场和公民社会来共同治理。①

体现生态伦理思想的“山水林田湖草沙”共同体，是生态环境善治的核心，是实现人与自然和谐共生的重要理论基础。自中国共产党成立以来，“山水林田湖草沙”系统治理的思想和实践经历了四个主要发展阶段：建党后的局部探索时期、中华人民共和国成立后的全面探索时期、改革开放后的制度实践时期和新时代以来的全面提升时期。② 2012 年至今属于“山水林田湖草沙”系统治理思想的全面提升时期。这一阶段全面探索“山水林田湖草沙”在生态、区域和国家治理中的重要作用，在实践中构建了“山水林田湖草沙”的制度体系和机构设置，全面提升了“山水林田湖草沙”治理的系统性、执行力和完成度。尤其是 2018 年 5 月，习近平总书记首次将“山水林田湖草沙生命共同体”思想作为新时代生态文明建设的原则。2021 年 3 月提出的“统筹山水林田湖草沙系统治理”，丰富了习近平生态文明思想的理论内涵，体现了“山水林田湖草沙”系统治理思想在当前社会主义生态文明建设中的重要地位，为生态环境善治奠定了理论基础。

生态环境治理体系和治理能力现代化是环境善治的重要内容之一。2019 年 3 月，江苏与生态环境部签署《部省共建生态环境治理体系和治理能力现代化试点省合作框架协议》。2020 年 7 月，江苏省印发《关于推进生态环境治理体系和治理能力现代化的实施意见》，进一步完善了生态环保治理体系和框架。同时，率先建立省级环境监察专员制度，生态环保综合执法体系基本形成。

---

① 林美萍：《环境善治：我国环境治理的目标》，《重庆工商大学学报（社会科学版）》2010 年第 27 期。

② 樊奇：《中国共产党建党百年来“山水林田湖草沙”系统治理思想的发展逻辑和启示》，《鄱阳湖学刊》2021 年第 2 期。

第二章

“环境美”的省域先行实践

江苏的现代化建设肩负着为全国先行探路的光荣使命，以局部探索实践带动区域现代化、以省域先行先试开拓特色新路径，在“强富美高”新江苏框架下探索塑造、总结归纳区域现代化的特色形态、演绎中国式现代化的理论内涵。“环境美”新江苏建设是中国式现代化江苏新实践的核心内容之一。过去十年，江苏在加强污染治理力度、加快环境质量改善、加速发展方式转变、加深改革创新举措等方面锐意进取、担当有为，推动生态文明建设和生态环境保护取得突破性进展，生态环境实现从严重透支到明显好转，高质量发展与高水平保护协同并进的好局面加快形成，生态环境治理体系和治理能力现代化走在全国前列，[①] 为建设人与自然和谐共生的现代化积极探路、先行示范。

第一节

“环境美”的现实基础

“环境美”是江苏人与自然和谐共生建设的必然要求。“环境美”是维护江河湖海汇聚、生态系统多样化这一生态底色的必然要求，“环境美”是高密度、高强度、高速度经济发展环境压力下的倒逼必然，“环境美”是满足人民群众对优美生态环境日益增长的需求的必然使命。

一、 江河湖海汇聚为特色的自然生态本底

伴水而生、因水而兴，美丽江苏建设拥有优越的资源禀赋和生态基底。“水韵江苏”是江苏社会、经济、文化发展的生态底色，也是江苏最亮丽的名片。江苏地处我国东部，水网密布、平原辽阔、物产丰富，是全国唯一同时拥有大海、大江、大河、大湖的省份。江苏平原、水域面积分别占全省面

① 黄伟：《更加坚决扛起美丽中国建设的江苏责任　在推进人与自然和谐共生的现代化中走在前做示范》，《新华日报》2023 年 9 月 14 日。

积的69%和17%，是全国平原、水域面积占比最高的省份。[①] 江苏省海岸线长954公里，长江横穿东西，大运河纵贯南北。境内有淮、沂、沭、泗、秦淮河等大小河流2 900多条，湖泊290多个。全国五大淡水湖，江苏得其二：省内太湖面积2 427.8平方公里，居全国第三；洪泽湖2 069.0平方公里，居全国第四。[②] 淮河是我国南北分界线，长江则犹如一道将江苏划分为南北两大地域的天然界线。全省10.72万平方公里的陆域国土面积呈现“一山二水七分田”的基本格局，造就了生物资源和物种种类的丰富性。

江苏作为我国的著名“水乡”，先民们以水为田、以水为道、以水为景、以水为美，许多江南城市、集镇村舍都依河而建，形成了“江南利于舟”“人家尽枕河”的别样风貌，也造就了“水乡江苏”“锦绣江南”的典型文化特征。[③]

江河湖海聚集的自然条件，孕育出江苏省湿地、森林、海洋等丰富多样的自然生态系统。依托太湖、洪泽湖等湿地资源构成的湿地生态系统可以为动植物提供栖息地，还具备调节气候、净化水质、防洪抗灾等重要功能；依托黄海和东海岸线、滨海湿地等构成的沿海生态系统，是众多海洋生物的栖息地，对调节气候、保持近海生态平衡等发挥了重要作用；依托森林覆被形成的森林生态系统，对土壤保持、水源涵养、空气净化以及生物多样性保护具有重要意义。水系、平原、滩涂与海洋在江苏交织交汇，其中既有水生生物重要的洄游通道，也有珍稀濒危物种和旗舰水生生物的关键栖息地，还有东亚—澳大利西亚候鸟迁飞区中心节点，构成了抵御环境风险的天然优势和厚实的生物多样性“家底”。[④]

“平原水乡”的自然本底、丰富多样的生态系统为江苏发展提供了宝贵

---

① 于锋：《江河湖海，用水写就一个“苏”字》，《新华日报·交汇点》2023年8月3日。

② 于峰：《江河湖海，如此塑造江苏文化个性》，《新华日报》2023年8月4日。

③ 于锋：《江河湖海，用水写就一个“苏”字》，《新华日报·交汇点》2023年8月3日。

④ 苏小环、王静：《江苏生物多样性保护成果亮相COP15　美丽江苏如此生机盎然》，《新华日报》2022年12月27日。

的农业资源、宜居的人居环境；便捷的交通条件、优越的经济区位、秀美的山水景观、和而不同的文化源流，为江苏的高人口密度、高经济强度、高发展速度奠定了坚实基础，同时也凸显出现代化建设进程中保护自然环境本底、维持生态系统健康、探索人与自然和谐共生发展模式的重要性。

二、 高密度高强度高速度经济发展的环境压力

江苏自古以来就是我国人口集聚、经济繁荣、商业发达的富庶之地。时至今日，江苏仍是全国经济最发达的省份之一，以全国1%的国土和6%的人口，创造了超过10%的经济总量，对全国经济增长的贡献率持续高于10%，在全国经济地理和产业布局中有着举足轻重的地位，也形成了江苏独特的高密度、高强度、高速度的经济社会发展特征。

江苏从发展乡镇企业到发展外向型经济，再到发展创新型经济，一直走在不断提升发展质量的道路上。党的十八大以来，江苏综合实力连上新台阶，人均GDP居各省份之首，经济总量稳步攀升，产业结构实现“三二一”的历史性转变。全省地区生产总值从2012年的5.37万亿元跃升至2023年的12.82万亿元，连跨7个万亿级台阶，年均增长率达12.6%；人均可支配收入从2012年的22 432元增长至2023年的52 674元，累计增长1.3倍，年均增长率达12.2%，实现与经济发展同步增长。城乡收入差距从2009年的2.51缩小至2023年的2.07，是城乡收入差距最小的省份之一，农民收入水平稳居全国前列。

江苏省切实担负着经济大省的责任，持续实现经济发展的“速度领跑”，是中国经济发展的“绩优生”。但长期以来，在传统发展理念主导下，人们对经济增长速度的重视程度远高于其他方面，经济高速增长过多采取依赖资源、资本、劳动力等要素投入，粗放式发展中积累下来的矛盾问题更为集中、更为突出，解决也更为紧迫。比如，从乡镇企业、集体经济到外向型经济的发展特点，决定了在一段时期内只要通过引进消化吸收再创新，就能实现较快发展，导致基础研究和原始创新的导向不够鲜明；在经济发展大踏步前进的同时，社会事业、公共服务、基础设施等方面存

在发展不平衡不协调问题，尤其是对环保问题认识不足，长江两岸过度布局了重化工企业，苏北地区引进了不少小化工企业，污染负荷偏重日益成为突出短板。

随着江苏省经济社会发展从外延式扩张转向内涵式增长阶段，人口和经济快速增长所积累下的资源环境约束趋紧、生态环境容量缺口增加等问题日益凸显，逐渐成为江苏高质量、可持续发展之困，成为江苏省现代化建设必须突破的瓶颈。

在经济发展上，虽然江苏的体量很大，但产业还处于全球产业链的中低端，农业现代化还相对滞后，区域内部发展不平衡，特别是苏北仍处在工业化的加速阶段，对照建设现代化经济体系的要求，已经处在一个必须突破的瓶颈期。在社会发展上，江苏到了矛盾问题集中出现的时期，群众的发展预期和生活需求伴随着我国社会主要矛盾的变化，也逐渐变得更高且更多。在生态环境上，江苏还没有迈过高污染、高风险的阶段，还留存着一些突出的环境问题有待解决，经济发展与环境承载之间仍然存在较大的矛盾。因此，江苏加快转向高质量发展势在必行，这是时代的要求、发展的必然，更是我们把握战略主动、着眼长远未来的战略抉择。

三、 人民群众日益增长的优美生态环境需要

人的需要是丰富的、多样的、全面的。随着人类生存条件的变化而不断变化，具有从“低级需要”向“高级需要”不断发展的内在逻辑。人类社会发展史表明，人类始终都在追求美好生活、向往未来的美好生活，并且提出了各种美好生活的构想和蓝图。美国心理学家马斯洛提出了著名的“生理需要、安全需要、爱和归属的需要、尊重的需要和自我实现的需要”“五层次需要理论”，这五层次需要是一个由低级到高级的有机体系。马克思把人的需要划分为递进的三层级序列：“人的自然需要、人的社会需要以及人自由而全面发展的需要”，并认为这三大层级的需要有机联系在一起，构成了人性的实质内容。

随着我国经济发展和生活水平提升，人民的基本需要也在发生深刻变

化，不仅有物质财富和精神财富方面的需要，还有对优美生态环境的追求与向往。中国特色社会主义进入新时代，我国社会的主要矛盾已经转化为人民日益增长的美好生活需要和不平衡不充分的发展之间的矛盾。人民群众对美好生活的向往更加强烈，对优美生态环境的需要已成为这一矛盾的重要方面。生态环境在人民群众生活幸福指数中的权重不断提高，人民群众从过去"盼温饱"到现在"盼环保"、从过去"求生存"到现在"求生态"，期盼享有更加优美的生态环境。人民群众对干净的水、清新的空气、安全的食品、优美的环境等的要求越来越高，优美的生态环境逐渐成为人民对美好生活向往的重要内容。[①]

生态环境优劣是关系党的使命宗旨的重大政治问题，也是关系民生的重大社会问题。良好生态环境是最公平的公共产品，是最普惠的民生福祉；环境就是民生，青山就是美丽，蓝天也是幸福；既要创造更多的物质财富和精神财富以满足人民日益增长的美好生活需要，也要提供更多优质生态产品以满足人民日益增长的优美环境需要。要坚持生态惠民、生态利民、生态为民，切实提高生态环境质量。[②]

第二节
"环境美"先行先试的战略选择

"环境美"是江苏现代化建设进程中人与自然和谐共生的生动注脚，既是对改革开放以来生态环境保护工作的继承延续，也是在经济快速增长阶段协调发展与保护关系的先行探索，更为进入新发展阶段推进美丽中国建设奠定基础，是历史连续性与阶段性的统一。经济率先发展的江苏率先

① 汪宗田、成金华：《优美生态环境需要及其实现路径》，《中国环境监察》2019 年第 6 期。
② 陈润儿：《满足人民日益增长的优美生态环境需要》，《人民日报》2018 年 9 月 3 日。

应对环境挑战，成为全国最早对生态文明建设进行谋划部署的省份之一，通过一系列制度改革，努力解决发展中率先遇到的问题。

一、贯彻落实保护环境的基本国策

万物各得其和以生，各得其养以成。大自然是包括人在内一切生物的摇篮，是人类赖以生存发展的基本条件，[①] 自然环境是人类生存发展之根本。1983 年，我国将环境保护确立为基本国策，提出要把强化环境管理作为环境保护工作的中心环节，长期坚持抓住不放；提出以合理开发利用自然资源为核心的生态保护策略，防止对土地、森林、草原、水、海洋以及生物资源等自然资源的破坏，保护生态平衡；强调建立健全环境保护的法律体系，加强环境保护的科学研究，把环境保护建立在法制轨道和科技进步的基础上。[②]

在此基础上，我国进一步形成了环境保护的三大政策和八项管理制度。1989 年 4 月，第三次全国环境保护会议上系统性确定了“预防为主、防治结合”“谁污染谁治理”“强化环境管理”的三大政策，以及“三同时”制度、环境影响评价制度、排污收费制度、城市环境综合整治定量考核制度、环境目标责任制度、排污申报登记和排污许可证制度、限期治理制度和污染集中控制制度。特别是目标责任制、排污收费制度、“三同时”、环境影响评价制度政策影响深远。从此阶段起，环境保护被写入了政府工作报告并且纳入了国民经济和社会发展计划，环境保护工作地位进一步得到提升。同时环境法律、法规进一步完善，环保法经过试行后进行了修订并颁布实施。截至 1991 年，国家共制定并颁布了《水污染防治法》《大气污染防治法》《环境噪声污染防治条例》等在内的十余部资源环境法律、20 多件行政法规、20 多件部门规章，环境政策得到完善，政策体系

① 习近平：《共同构建人与自然生命共同体——在“领导人气候峰会”上的讲话》，《人民日报》2021 年 4 月 23 日。

② 李爽、刘洋、张玉斌：《四十年探索 开辟中国环保新路》，《环境保护与循环经济》2013 年第 7 期。

初见雏形，有效遏制了环境状况的恶化趋势。[①] 2013年5月24日习近平在中共中央政治局第六次集体学习时强调坚持节约资源和保护环境基本国策。

在这一阶段，江苏不断强化环境保护意识，率先探索实施排污收费、环境目标责任制等，逐步构建较为完整的“三大政策八项管理制度”体系。[②] 主要表现在以下三个方面：

一是确立和强化了环境保护意识。根据邓小平同志提出的检查各项工作的三个“有利于”（是否有利于发展社会主义社会的生产力，是否有利于增强社会主义国家的综合国力，是否有利于提高人民的生活水平）标准，重新讨论和认识环境保护与经济发展的辩证关系，逐步确立三个观念：（1）环境与经济、社会协调发展的观念，明确保护环境就是保护生产力、保护社会事业；（2）全面发展的观念，环境保护是实现综合国力的一项根本保证；（3）以改善环境质量作为环境保护工作基点的观念，把环境保护作为优化投资环境、提高城乡文明和人民生活质量的重要组成部分。

二是实施行政首长环保目标责任制。责任范围纵向延伸到市、县、乡镇，横向扩大到公安、国土等11个部门，形成了“纵向到底、横向到边、齐抓共管”的环境管理网络。环保责任制在实践中不断调整完善，考核内容日趋科学化、定量化，成为江苏省经济体制转轨时一项十分重要的环境管理措施。

三是率先探索征收排污费与市场机制相挂钩。在“靠政府”的主流环保思路中，主动引入市场机制。在全国率先开展对15个企业征收排污费的试点工作，在常州、扬州等地试点水污染物排放许可证，发挥价格机制、市场手段对环境保护的推动作用。

---

① 吴舜泽、申宇、郭林青等：《中国环境战略与政策发展进程、特点及展望》，《环境与可持续发展》2020年第1期。

② 王金南、董战峰、蒋洪强等：《中国环境保护战略政策70年历史变迁与改革方向》，《环境科学研究》2019年第10期。

二、推动可持续发展战略从理论走向实践

在粗放式经济高速发展、环境问题全面爆发的背景下，江苏系统谋划可持续发展的总体目标和主要措施，实施强化重点流域、区域污染治理，重点抓好太湖、淮河、苏南运河水污染治理。

1992 年联合国正式提出可持续发展战略之后，1994 年 3 月，国务院通过《中国 21 世纪议程》，将可持续发展总体战略上升为国家战略，进一步提升了环境保护基本国策的地位。

然而，由于我国工业化、城市化进程加快，伴随粗放式经济的高速发展，环境问题全面爆发，工业污染和生态破坏总体呈加剧趋势，流域性、区域性污染开始出现。其中，淮河于 1994 年再次爆发污染事故，标志着我国因历史上污染累积带来的环境事故已进入高发期。

同年 6 月，由原国家环境保护局、原水利部和河南、安徽、江苏、山东沿淮四省共同颁布《关于淮河流域防止河道突发性污染事故的决定（试行）》。这是我国大江大河水污染预防的第一个规章制度。1995 年 8 月，国务院签发了我国历史上第一部流域性法规——《淮河流域水污染防治暂行条例》，明确了淮河流域水污染防治目标。① 1996 年，国务院召开第四次全国环境保护会议，发布《关于环境保护若干问题的决定》，大力推进“一控双达标”（控制主要污染物排放总量、工业污染源达标和重点城市的环境质量按功能区达标）工作，实施跨世纪绿色工程规划，向环境污染和生态破坏宣战，全面开展“三河”（淮河、海河、辽河）、“三湖”（太湖、滇池、巢湖）水污染防治，“两控区”（酸雨污染控制区和二氧化硫污染控制区）大气污染防治，一市（北京市）、“一海”（渤海）（简称“33211”工程）的污染防治，重点集中力量解决危及人民生活、危害身体健康、严重影响景观、制约经济社会发展的环境问题。②

① 王灿发：《从淮河治污看我国跨行政区水污染防治的经验和教训》，《环境保护》2007 年第 7 期。

② 王金南、董战峰、蒋洪强等：《中国环境保护战略政策 70 年历史变迁与改革方向》，《环境科学研究》2019 年第 10 期。

在这一阶段的发展历程中，江苏贯彻落实可持续发展战略。首先，在制定全省国民经济和社会发展第九个五年计划的建议中提出了“可持续发展战略”。其后，省委、省政府召开贯彻三项基本国策、坚持可持续发展工作会议，提出实施可持续发展战略的总体目标和主要措施，以进一步促进经济发展与人口、资源、环境相协调，并制定了《江苏跨世纪绿色工程规划》，重点抓好太湖、淮河、苏南运河水污染治理，关停一批污染严重的企业。[①]

三、 建立健全环境与发展综合决策机制

鉴于地方和部门对环境与发展问题缺乏通盘考虑并造成一些决策失误的紧迫情形，江苏积极建立健全环境与发展综合决策机制，使环境保护工作走上制度化、法制化轨道，真正把环境保护基本国策落到实处。

所谓环境与发展综合决策，就是充分考虑环境的承载能力，对经济、社会发展和环境保护统筹规划、全面安排、合理布局、综合平衡、依法行政、科学决策。作为政府行使的一种政策手段，环境与发展综合决策强调从宏观上评估和分析决策的环境影响，力图从政策源头入手根本性地解决环境污染和生态破坏。借此把转变经济增长方式、调整产业结构与解决结构性污染问题结合起来，优化资源配置，发挥宏观调控的作用。[②]

1997 年 7 月，江苏省委、省政府发布《关于切实加强环境与发展综合决策的通知》，提出要充分认识加强环境与发展综合决策的重要意义，根据国家环境保护法律法规要求和江苏经济建设、社会发展与环境保护的实际，将制定与生态环境密切相关的地方性法规和规章，制定国民经济和社会发展中长期规划计划，制定环境、资源、能源、产业、城乡建设等重要技术经济政策，开展区域国土整治；实施重大开发和基础设施建设项目，推广应用重大新技术、新材料、新产品，将经济社会发展活动纳入环境与发展综合决策范畴；明确环境与发展综合决策应遵循可持续发展、开发与保护并重、预防为主、实事求是以及民主科学等原则。

---

① 宋经纬：《重点推进大运河系统治理》，《现代快报》2021 年 6 月 8 日。

② 蔡守秋、莫神星：《我国环境与发展综合决策探讨》，《北京行政学院学报》2003 年第 12 期。

四、率先把"环保优先"融入发展全过程

生态兴则文明兴，生态衰则文明衰。生态环境是人类生存和发展的根基，生态环境变化直接影响文明兴衰演替。① 2005年国家《关于落实科学发展观加强环境保护的决定》提出"努力让人民群众喝上干净的水、呼吸清洁的空气、吃上放心的食物，在良好的环境中生产生活"。为转变环境保护滞后于经济发展的现实情况，促进生态文明协调发展，江苏创新提出"环保优先"方针，树立了"环境是最稀缺资源、生态是最宝贵财富"的生态文明观，制定了落实基本原则、落实"环保优先"方针的具体措施。

"环保优先"是江苏在发展理念上的重大创新。2004年年底颁布的《江苏省长江水污染防治条例》规定："省人民政府和沿江地区各级人民政府应当树立科学发展观，确立生态环境保护优先原则。"该条例成为长江流域第一个，也是目前唯一用立法确保"环保优先"的法规。②

"环保优先"的提出首次把生态建设和环境保护置于经济社会发展全局的优先地位，是江苏认真落实科学发展观、推动经济社会可持续发展的新实践，为全面建设小康社会、推进"两个率先"进程、构建社会主义和谐社会提供了新的战略支撑。③ 2005年年底，江苏省委十届九次全会审议通过的《关于制定江苏省国民经济和社会发展第十一个五年规划的建议》，把"环保优先"同富民优先、科教优先与节约优先一起列为经济社会发展的指导方针，提出在开展"两个率先"进程中要充分考虑环保因素，树立和落实"环保优先"的指导方针，加快环保体制机制创新。

"环保优先"已形成包括理论内涵、基本原则、具体措施的科学发展理念，贯穿于以人为本、全面协调可持续发展的全过程。在2006年7月召开的全省环境保护大会上，江苏出台了《关于坚持环保优先促进科学发展的意见》和《关于推进环境保护工作的若干政策措施》。这次大会科学阐

---

① 习近平：《推动我国生态文明建设迈上新台阶》，《奋斗》2019年第3期。

② 杭春燕、宋金萍：《以"环保优先"的科学发展观促进江苏省的发展》，《新华日报》2007年9月25日。

③ 英剑波：《环保优先：江苏"十一五"经济社会发展新方针》，《环境经济》2006年第4期。

述了“环保优先”方针的内涵，制定了落实“环保优先”方针的十个基本原则，提出了以生态省建设为抓手，确定落实“环保优先”方针的具体措施，将之细化为“环保十优先”，树立了“环境是最稀缺资源、生态是最宝贵财富”的生态文明观。

“环保优先”具体包含“十优先”。在制定法律法规时，优先进行环保立法；在编制发展规划时，优先编制环保规划；在作出发展决策时，优先考虑环境影响；在调整经济结构时，优先发展清洁产业；在利用有限资源时，优先节约环境资源；在新上投资项目时，优先进行环保评估；在增加公共财政支出时，优先增加环保开支；在建设公共设施时，优先安排环保设施；在进行技术改造时，优先采用环保型技术；在考核发展政绩时，优先考核环保指标。①“环保十优先”从法律制度、规划决策、投入机制、利益补偿机制和干部考核机制等方面第一次全面地对落实环保优先提供了从源头到出口的全程路径指南。

“环保优先”的理念在江苏步步深入，渐成共识。“优”在不以牺牲环境为代价换取经济发展，而以环境优化经济增长；“先”在不蹈“先污染、后治理”旧辙，而在加快发展与保护环境发生冲突时首先自觉服从环保的要求。②

五、 将“环境美”作为江苏现代化建设的鲜明标识

党的十八大以来，习近平总书记多次对江苏工作作出重要指示，并着眼中国特色、时代特征、江苏特点，为江苏擘画“经济强”“百姓富”“环境美”“社会文明程度高”的宏伟蓝图，将“环境美”作为“强富美高”新江苏建设的鲜明标识。

2013 年 3 月 8 日，习近平总书记参加十二届全国人大一次会议江苏代表团审议时对江苏提出殷殷嘱托，希望江苏在“率先”“带头”“先行”发展中将生态文明作为一个标杆。习近平总书记提出这一期盼，就是希望江苏在率

---

① 高杰：《实行环保优先 提高发展质量》，《中国环境报》2006 年 7 月 18 日。

② 杭春燕、宋金萍：《“早严实亮”，环保优先的江苏视角》，《新华日报》2007 年 9 月 25 日。

先全面建成小康社会、率先基本实现现代化进程中，将生态文明建设也作为一种考量；同时，为党的十八大提出的“努力建设美丽中国”探索积累成功经验。[①] 这就意味着江苏在社会经济发展、率先全面建成小康社会、率先基本实现现代化进程中，要将生态文明建设作为重要考量和关键决策。

为此，江苏省委、省政府对生态文明建设作出全面部署，强调处理好发展与生态之间的关系，坚持不懈推进生态省和绿色江苏建设，保护好江南美景，为建设美丽中国作出贡献。在全国第一个省级生态文明规划《江苏生态文明建设规划（2013—2022）》中，首次提到了“控制煤炭总量”“生态红线管控”“生态补偿制度”“绿色发展评价体系”等一系列兼顾社会经济发展和生态文明建设的创新元素。

江苏一直是习近平总书记的关注点、调研点和研究点。2014 年 12 月，习近平总书记在江苏考察时将“环境美”作为“强富美高”新江苏建设的鲜明标识。这无疑是对江苏生态文明建设的肯定，同时也赋予了江苏一份沉甸甸的绿色发展责任，为江苏自觉探索生态文明的率先之路增添了强大的动力。

江苏认真贯彻习近平生态文明思想，把“环境美”作为矢志前行的核心追求，把绿色发展理念融入高质量发展的战略之中，把生态优先举措化作第一个百年奋斗目标的铿锵行动，全力推动生态文明建设迈上新台阶。2014 年年底，省委十二届九次全会对建设“环境美”的新江苏提出具体实践要求；2015 年，省委、省政府出台《关于加快推进生态文明建设的实施意见》，坚持“率先建成生态省，率先建成全国生态文明示范省”的目标不动摇；2016 年，省委、省政府召开生态文明建设大会，提出深入实施生态文明建设工程，展现新江苏“自然环境之美、景观风貌之美、文化特色之美、城乡协调之美”交相辉映的“环境美”现实模样，力争绿色发展成为鲜明优势。同年，启动“263”专项行动，着力减少煤炭消费总量和落后化工产能，重点治理太湖水环境、生活垃圾、黑臭水体、畜禽养殖污染、挥发性有机物污染

---

① 杭春燕、郑焱、林培等：《“美丽江苏”，竖起生态新标杆》，《新华日报》2013 年 5 月 6 日。

和环境隐患，提升生态保护、环境经济政策调控以及环境执法水平；2017年，江苏省制定“1+3”重点功能区规划，江淮生态经济区规划明确“摒弃过去传统工业化的道路，在有生态风景的地方开掘新经济”。省委十三届三次全会提出包括“生态环境高质量”在内的“六个高质量”发展目标，提出要下大力气补齐生态环境短板，打好污染防治攻坚战，把江苏省建设得更加令人向往。①

第三节
“环境美”先行先试的主要路径

在“环境美”的实践过程中，江苏立足环境容量有限、发展强度大的基本省情，充分研判基础优势及面临的挑战，不断探索突围重点领域，向着更高的标准、更严的要求、更快的速度、更全面的布局、更深刻的内涵方向践行“环境美”。

一、加快发展方式绿色转型

践行“环境美”，当务之急是认清环境生态之病实质上是发展病，病根在于发展理念。江苏全省上下深入学习贯彻习近平总书记对江苏工作重要讲话重要指示精神，积极落实“把保护生态环境摆在突出位置，走出一条生态优先、绿色发展的新路子”的要求，坚持统筹协调、创新引领、重点突破、市场导向，统筹推进高质量发展和高水平保护，全方位全过程推行绿色生产、绿色流通、绿色消费等绿色转型发展。

① 杭春燕、许海燕、吴琼：《江苏聚力“环境美”，打造高水平全面小康“绿色”标注》，《新华日报》2019年12月15日。

（一）三次产业齐头并进，新兴产业赋能助推

推进工业绿色升级。江苏不断加快实施重点行业绿色化改造和构建绿色制造体系，建立全面的清洁生产监管审核机制，大力发展再制造产业，促进资源综合利用，加快实施排污许可制度，提升危险废物环境监管、利用处置和风险防范能力。

加快农业绿色发展。江苏持续推广农林牧（渔）种养结合的生态循环发展模式，开展省绿色优质农产品基地建设，推进一系列生态化、科学化、技术化的先进农业生产手段和设备的实际应用，稳定提高农业资源综合利用率。

提高服务业绿色发展水平。江苏持续在绿色商贸流通主体培育方面加大投入，促进商贸企业绿色升级。有序发展出行、住宿等领域共享经济，持续打造“水韵江苏”“绿美江苏”生态旅游品牌。加快信息服务业绿色转型，引导数据中心集约化、规模化、绿色化发展，提升线下实体服务业经营过程中的消费耗材使用效率。

培育壮大绿色低碳产业。江苏不断加强对绿色低碳产业扶持力度，大力培育节能环保、资源循环利用、清洁能源产业，积极发展新一代信息技术、新材料、新能源汽车等战略性新兴产业，增强绿色经济新动能，打造自主可控、安全高效的绿色产业链。综合提升产业园区和产业集群循环化水平，构建绿色供应链。

（二）加强资源利用，打造绿色技术

打造绿色物流。江苏多方联动积极调整交通运输结构，推进大宗货物和中长途货物运输向铁路和水路转移，发展多式联运，加快铁路专用线建设。加强信息化的物流运输组织管理，推广绿色低碳运输工具。优化城市配送三级节点体系。着力打造全国城市绿色货运配送示范工程项目。

加强再生资源回收利用。针对再生资源，江苏持续探索分类别、广覆

盖、易回收的回收利用体系建构，并推进垃圾分类回收与再生资源回收体系的有机融合，支持建设再生资源分拣中心和交易中心，鼓励有条件的城市争创国家废旧物资循环利用体系建设示范。

促进绿色技术与经贸合作。鼓励省内相关组织和企业与国际知名标准化科研机构合作，积极参与相关国际标准制定，深度强化境外合作项目环境可持续性。以此不断深化与“一带一路”国家绿色基建、绿色能源、绿色金融、节能环保等领域合作，优化贸易结构，大力促进高质量、高效益、高附加值的绿色产品贸易。

（三）基础设施牢牢保障，政策法规“软硬兼施”

推进城乡环境基础设施建设升级。江苏发展以人为本，统筹推进城乡生活污水、固（危、医）废生活垃圾等废弃资源回收处理设施建设，建设环太湖地区城乡有机废弃物处理利用示范区。合理确定开发强度，优化城市三生空间布局，提升城市空间品质与发展活力。开展美丽宜居城市建设试点，扎实推进特色田园乡村高质量发展。

加大财税金融支持力度。江苏综合运用财政奖励、贴息、费用补贴、风险补偿等方式对绿色产业发展、节能降碳、生态环境治理和资源综合提供利用大力支持。持续完善全面多层级的绿色标准和市场交易制度，支持省内企事业单位主导或参与相关标准制修订，积极健全用能权、用水权、排污权等交易机制。

加强法规制度建设。江苏严格贯彻落实国家推动绿色低碳循环发展的各项法律法规制度，建立健全相关地方性法规制度。严格执法监督管理，加强行政执法机关与监察机关、司法机关的工作衔接配合，形成行政司法合力。做好实施保障。加强协调促进落实。省各有关部门加强督促指导，强化协调配合，形成工作合力。

在发展方式绿色转型的道路上，江苏产业结构、能源结构、交通运输结构、用地结构得到了明显优化，基础设施和生产、生活方式绿色化达到新水平、新成效。2022 年江苏省政府《关于加快建立健全绿色低碳循环发展经济体系的实施意见》明确要求，市场导向的绿色技术创新体系进一步完善，法规政策保障体系不断成熟，绿色低碳循环发展的生产、流通、消费体系初具雏形。单位地区生产总值能耗、排放和环境质量完成国家下达目标任务，绿色产业规模迈上新台阶。

如今，江苏经济社会发展已进入全面绿色低碳转型、高质量发展与高水平保护良性互动的新阶段，新阶段的发展要立足新形势新要求，更大力度推动绿色高质量发展，率先走出一条经济发展和生态文明相辅相成、相得益彰的路子。①

二、 深入推进环境污染防治

江苏坚决贯彻落实习近平生态文明思想，坚决持续打好污染防治攻坚战，坚决以高标准打赢蓝天、碧水、净土保卫战，实现了全省环境从严重透支到局部改善，再到全面好转的历史性转变，环境质量达到了 21 世纪以来最好水平，“环境美”的底色更加鲜明、更加可观可感。

空气质量显著改善。江苏突出源头治理，紧盯产业结构、能源结构、运输结构、用地结构等重点领域。严控“两高”行业盲目发展，退出低端低效产能；推动重点行业减煤，扩大超低排放改造范围；积极引导交通运输能源改革；扎实推进“绿屋顶”“绿色车轮”计划，系统推进治气工作，持续打好蓝天保卫战。

2013 年开始，江苏空气质量监测执行《环境空气质量标准》，$PM_{2.5}$ 年均浓度和空气质量优良天数比率成为重要的监测指标。2023 年上半年，全省 PM2.5 浓度为近十年以来同期最优，优良天数比率为第三高值。PM2.5 平均浓度为 36 微克/立方米，较 2013 年下降 50.7%；空气质量平均优良天数比率为 74.8%，全省 13 个设区市环境空气质量优良天数比率在 63.0%—81.8%之间（图 2－1），对照 2022 年生态环境部印发的江苏省生态环境指标计划，$PM_{2.5}$ 浓度和优良天数比率均达到国家考核目标要求。

① 陆卫东、蒋巍：《坚决扛起美丽江苏建设政治责任 全面推进人与自然和谐共生的现代化》，《新华日报》2023 年 11 月 20 日。

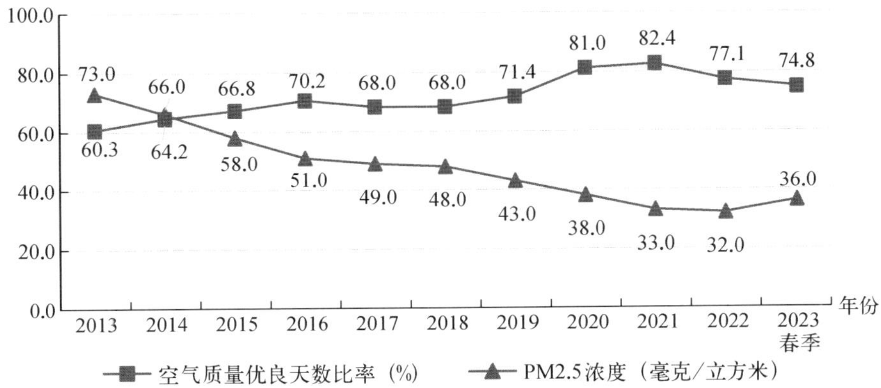

图 2－1　2013 年以来江苏空气质量优良天数比率和 $PM_{2.5}$ 浓度

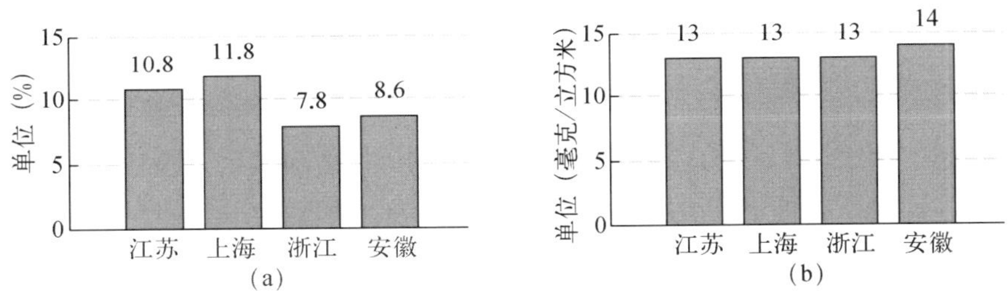

图 2－2　(a)“十三五”期间长三角地区空气质量优良天数比率改善对比
(b)“十三五”期间长三角地区 $PM_{2.5}$ 浓度改善对比

长三角地区是我国经济最发达、改革创新能力最强、生态环境治理力度最大的区域之一。横向对比来看，在“十三五”期间，江苏的环境空气质量优良比率和 $PM_{2.5}$ 年均浓度的治理改善程度在长三角三省一市中也居于前列（图 2－2）。

2023 上半年，江苏环境空气中二氧化硫（SO_2）、二氧化氮（NO_2）平均浓度分别为 8 微克/立方米和 26 微克/立方米，每立方米分别较 2013 年下降 27 微克和 15 微克；可吸入颗粒物（PM_{10}）、一氧化碳（CO）平均浓度分别为 63 微克/立方米和 0.9 毫克/立方米，每立方米分别较 2013 年下降 52 微克和 1.2 毫克；臭氧（O_3）浓度 175 微克/立方米，较“十三五”时期明显下降。

长江、太湖水质状况持续优化。在水质改善方面，江苏加强重要水体保护，把修复长江生态环境放在压倒性位置；强化太湖水环境综合治理；加强淮河流域、京杭大运河沿线环境保护、生态修复和水污染防治。2023上半年，太湖湖体总体水质保持了近十年来的较好水平，总体水质为Ⅳ类。总磷平均浓度为 0.051 mg/L，同比持平；总氮平均浓度为 1.26 mg/L，同比下降 18.7%。流域内 206 个重点断面（点位）水质达到或好于Ⅲ类比例为 96.6%，较 2013 年提高 42.8 个百分点，无劣Ⅴ类水质断面，同比持平；十年来，长江干流江苏段水质持续向好，2023 上半年，江苏长江流域总体水质稳定在优级水平。长江干流江苏段各断面水质均符合Ⅱ类，同比保持稳定；长江主要支流断面水质全部达到或好于Ⅲ类，与 2013 年相比上升 36.4 个百分点（图 2－3）。

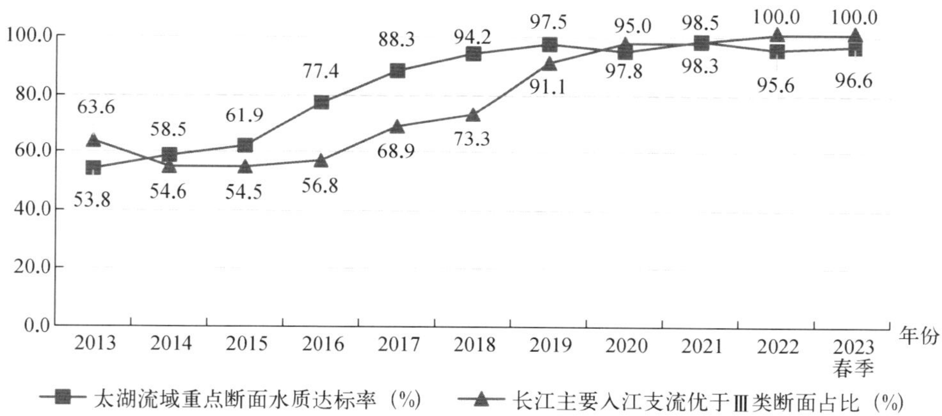

图 2－3　2012 年以来太湖、长江重点断面年均水质不低于Ⅲ类比例

近岸海域水质稳步提升。党的十八大以来，江苏建立实施重点海域排污总量控制制度，提高涉海项目准入门槛，开展沿海地区工业园区“污水零直排区”试点建设，建立健全近岸海域及沿海地区通航河道港口码头污染物接收处理系统。通过开展一系列专项工程，加强对典型特征污染物的监测与应急防控，保障入海河流水质稳定达标。2023 年春季航次海水水质监测结果显示，我省近岸海域优良海水（一、二类）面积比例为 87.2%，较去年春季航次提升 12.2 个百分点；33 个国考入海河流监测断面中，有 30 个断面水质达到或好于Ⅲ类，占 90.9%（图 2－4）。

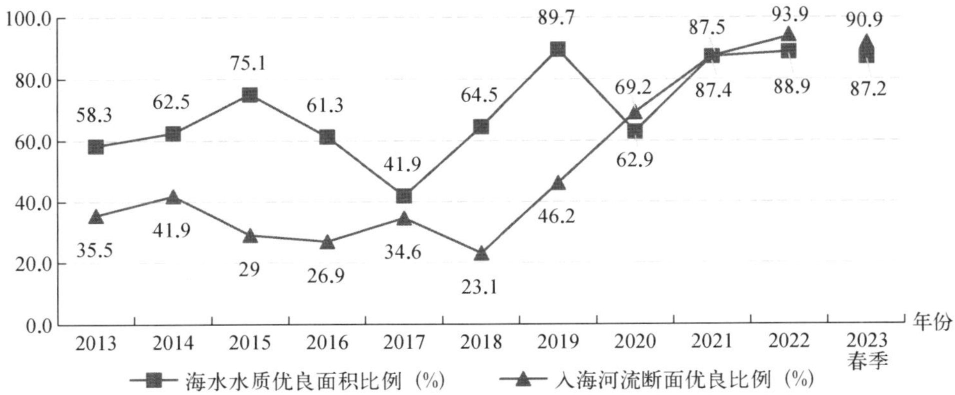

图 2－4　2012 年以来江苏近岸海域水质情况

土壤环境质量稳中向好。全面实施《江苏省土壤污染防治工作方案》，开展重金属重点防控区专项整治，推广徐州市的建设试点经验，积极建设"无废城市"。2022 年，江苏省对"十四五"国家土壤环境监测网 330 个一般风险监控点位开展了土壤环境质量监测。参照《土壤环境质量农用地土壤污染风险管控标准（试行）》评价，污染物含量低于风险筛选值的点位有 301 个，占比达 91.2%，土壤环境质量总体较好。

三、 提升生态系统多样性、稳定性、持续性

2023 年 7 月，习近平总书记在全国生态环境保护大会上强调，要着力提升生态系统多样性、稳定性、持续性，加大生态系统保护力度，切实加强生态保护修复监管，拓宽绿水青山转化为金山银山的路径，为子孙后代留下山清水秀的生态空间。① 过去十年，江苏全省完整、准确、全面贯彻新发展理念，以全面提升生态安全屏障质量、促进生态系统良性循环和永续利用为目标，以统筹山水林田湖草沙一体化保护和系统治理为主线，把生态系统保护和修复融入全省现代化建设的大局中，在人与自然双向互动

①《习近平在全国生态环境保护大会上强调　全面推进美丽中国建设　加快推进人与自然和谐共生的现代化》，《人民日报》2023 年 7 月 19 日。

关系中不断觉醒生态理性，逐步走向生态自觉。[①] 这些工作为进一步贯彻落实“着力提升生态系统多样性、稳定性、持续性”的要求奠定了基础。

（一）着眼质量，持续丰富生态系统多样性

江苏以平原为主，城镇、人口密度大，生态系统比较脆弱、韧性不强，生物多样性保护面临不小压力。近年来，先后出台了多项生物多样性保护措施，精心呵护生物种群、有效保护物种资源。

摸清生物资源基础本底。2017 年在全国率先开展第一批县域生物多样性本底调查，记录省内物种数 6 046 种、珍稀濒危物种 165 种。[②] 加快构建生物多样性信息管理智慧系统，建成太湖野外水质与蓝藻综合观测站等一批基础设施，环保监测保障能力明显增强。

加强自然保护区建设管理。坚持“依法保护、科学管理、合理利用”的原则，全面落实自然保护区管理制度，严格限制涉及保护区的开发建设活动。全省建设自然保护区 31 个、占全省陆域国土面积 4.9%，自然湿地保护率达 61.9%，有效保护了全省近六成物种，江豚、丹顶鹤等珍稀濒危物种种群数量不断增长。[③]

落实长江“十年禁渔”任务。全面完成长江干流、水生生物保护区及相关湖泊其他水域禁捕退捕任务，给长江水生生物留出更多的空间和时间，长江江苏段生物物种资源密度显著回升，江豚自然种群数量呈稳定增长态势。

（二）源头约束，刚性强化生态系统稳定性

随着环境质量的持续改善，末端治理的边际效益递减，更加需要从源头上控制污染排放。近年来，江苏省及时转思路、转方法，适时提出强化源头治理的要求，形成治理方案，完善治理措施，从源头上强化生态系统

---

① 本书编写组：《开创“强富美高”建设新局面》，江苏人民出版社 2020 年版，第 18 页。
② 张宣、王鲲鹏：《保护生物，别让地球只剩下人类》，《新华日报》2021 年 10 月 20 日。
③ 江瑜：《顶级掠食者金雕苍鹰豹猫多地现身》，《南京日报》2021 年 4 月 2 日。

的稳定性。

强化战略规划引领性。落实共建"一带一路"、长江经济带发展、长三角一体化发展等国家战略和实施"1+3"重点功能区战略融入推动区域发展各项工作。颁布《江苏省国家级生态保护红线规划》《江苏省生态空间管控区域规划》《江苏省国土空间规划（2021—2035年）》，加快推进"多规合一"，强化科学指导作用。

强化分区管控精准性。率先建立覆盖全省的"三线一单"生态环境分区管控体系，按照"优先保护、重点管控、一般管控"三类标准，开展生态空间保护区域划定工作，全省共划定4 365个环境管控单元、密度全国最高。

强化严守红线强制性。健全生态红线区域保护考核评估机制，将生态红线保护作为省级环保督察的重要内容，全省8.21%的陆域国土面积纳入生态红线保护范围，海洋生态红线区面积占管辖海域面积的比例达27.83%。

（三）整体关联，增强保障生态系统持续性

综合采取严格保护、自然恢复、辅助再生、生态重建、环境治理等措施，推进生态环境保护综合治理，统筹开展山水林田湖草沙一体化保护修复，着力恢复生态系统自身功能，增强循环和可持续能力。

以重大工程支撑生态修复。推进长江、淮河—洪泽湖等生态廊道和江淮生态大走廊建设，深入实施长江两岸绿化、河湖湿地保护等一批重大生态修复工程，加快岸线整治、湿地修复、退渔还湖、退耕还林，促进生态系统自我调节和有序演化。

以示范项目促进整体提升。聚焦长江"共抓大保护、不搞大开发"，按照"量体裁衣、各具特色、连片打造、提升标准"的原则，高标准打造20个沿江特色示范段连点成片、连片成带，带动沿江整体生态修复和岸线综合利用。大力整治修复沿江岸线，强化岸线资源管理管控，加大对违法违规占用岸线和非法码头清理整治力度，开展沿江岸线绿化提升

行动，长江江苏段累计退出 72.6 公里生产岸线，沿江两岸造林超过 115 万亩。

以试点先行积累先进经验。统筹开展太湖湖滨带生态修复和试点生态岛建设，使太湖治理更好贯彻山水林田湖草沙系统治理理念，2007 年以来累计清淤 4 200 万立方米，为河湖生态修复打造了“样板工程”；支持首批省级山水林田湖草沙一体化保护修复试点的有序开展，为全省面上作出探索。

长期以来坚持立足省域全境、遵循自然规律、坚持治标和治本结合、整体治理与重点攻坚并重、污染防治与生态修复并举，形成多手段统筹运用的工作合力和联动效应，全省整个生态系统的质量和稳定性有了根本改善，美丽江苏的生态基底不断筑牢、更加鲜亮。

四、 积极稳妥推进碳达峰碳中和

习近平总书记强调：“我们要提高战略思维能力，把系统观念贯穿‘双碳’工作全过程。”① 实现碳达峰碳中和，是一个涉及价值观念、产业结构、能源体系、消费模式等诸多层面的复杂系统工程。2020 年以来，全省上下深入贯彻习近平总书记关于碳达峰碳中和重要讲话和重要指示精神，积极稳妥推进碳达峰碳中和各项工作。

强化政策系统谋划。坚持全省上下一盘棋，统筹部署、分类施策，积极谋划全省碳达峰碳中和整体布局、构建政策体系，明确实现全省碳达峰的时间表、路线图、施工图。印发实施了《关于推动高质量发展做好碳达峰碳中和工作的实施意见》《江苏省碳达峰实施方案》《江苏省人大常委会关于推进碳达峰碳中和工作的决定》，以及部分重点领域的碳达峰实施方案，为全面推进碳达峰碳中和工作提供制度保障。

加快产业绿色低碳转型。大力加快电动汽车、光伏、锂电池、海上风电、节能环保等战略性新兴产业集群融合发展，把绿色低碳作为高质量发

①《习近平在中共中央政治局第三十六次集体学习时强调　深入分析推进碳达峰碳中和面临的形势任务　扎扎实实把党中央决策部署落到实处》，《人民日报》2022 年 1 月 26 日。

展的强劲动能。[①] 积极推动传统产业绿色低碳转型，组织开展重点领域能效水平排查，制定江苏省高耗能行业重点领域企业技术改造实施方案，推进重点领域节能改造绿色发展。

突出科技创新引领。绿色低碳技术创新是发展壮大绿色产业、厚植江苏实体经济优势的内在需求。通过开发清洁能源、引入绿色产业技术，构建绿色低碳产业链体系，助力江苏打造世界级绿色产业集群，让特高压设备、晶硅光伏、风电装备、智能电网等产业链、供应链、价值链的位势和能级得到新提升，并由此带动绿色主题的重大科技创新载体加速布局，积极支撑江苏实体经济内涵发展。[②] 如，南京大学研究团队研发的全钙钛矿叠层电池入选 2022 年度中国科学十大进展；常州金坛盐穴压缩空气储能项目成为世界首个非补燃压缩空气储能电站；逐步构建以新能源为主体的新型电力系统，白鹤滩江苏 800 千伏特高压直流工程竣工投用，田湾核电 7、8 号机组开工建设，建成 12 个 LNG 接收站有效项目和全国首个千万千瓦级海上风电基地。[③]

强化试点示范带动。在全省范围内积极推动各条线、各层次绿色低碳试点示范工程建设。支持盐城全域打造绿色低碳发展示范区，把绿色低碳作为高质量发展的主抓手；支持常州市打造新能源之都、实现新能源“发、储、送、用”四大环节深层次融合。南京、常州、镇江、淮安等 4 市获评国家低碳城市试点优良城市。绿色制造、绿色建筑、低碳交通等领域试点示范数量均位居全国前列。

案例 2－1　常州：打造引领长三角、辐射全国、全球有影响力的新能源之都

2022 年，常州市新能源领域产值已突破 5 000 亿元。其中，在动力电池领域，常州市动力电池规模以上企业完成产值超 1 700 亿元，

① 洪叶：《向“绿”同行，共建生态美好家园》，《新华日报》2023 年 9 月 13 日。

② 黄贤金、吕文婷：《加快构建绿色低碳技术创新体系》，《群众》2022 年第 6 期。

③ 曹卢杰：《如何“有计划分步骤实施碳达峰行动”？江苏明确时间表、路线图、施工图》，《扬子晚报》2023 年 9 月 12 日。

动力电池产量达108.5GWh，“全国产能三分天下有其一”。[①]

为积极稳妥推进双碳工作，2013年，常州即强化顶层设计，明确新能源汽车及动力电池产业、新能源、智能电网在内的十大产业链。依托中创新航、宁德时代、蜂巢能源等动力电池产业的强势崛起，常州业已成为中国新能源产业的重要高地。根据2023年《常州市推进新能源之都建设政策措施》提出的全力打造引领长三角、辐射全国、全球有影响力的新能源之都建设目标，到2025年，新能源产业规模超万亿元、资本市场新能源常州板块市值超万亿元；到2035年，“发、储、送、用”四大环节实现深层次、高浓度的融合发展，新能源在生产、生活中的渗透率处于全国领先地位，基本形成以龙头项目为引领，技术体系、功能体系、应用体系为支撑的新能源生态系统，基本建成引领长三角、辐射全国、全球有影响力的新能源之都，[②] 产业规模在2025年的基础上再翻一番。

夯实减污降碳协同增效。结合打赢污染防治攻坚战以及环境治理工作，优化城乡减污降碳的技术与空间协同，主要是针对农业生产及土地利用碳排放控制需要，开展农业绿色投入品创制、化学肥料与农药减施增效、农业废弃物资源化综合利用、陆地系统生态修复增汇等关键技术研发；针对绿色低碳建筑发展需求，推进绿色城乡建设技术集成示范应用，加快生物质能、太阳能等可再生能源在农业生产和农村建筑中的应用，提升农村用能电气化水平。“减排不是减生产力，也不是不排放，而是要走生态优先、绿色低碳发展道路，在经济发展中促进绿色转型、在绿色转型中实现更大发展。”[③] 江苏把碳达峰碳中和作为推动高质量发展的内在要求纳入经济社会发展全局，以经济社会发展全面绿色转型为引领，以能源绿

---

① 方超、张家振：《打造万亿级产业集群 江苏常州“新能源之都”炼成记》，《中国经营报》2023年5月27日。

② 柳鑫、过国忠：《常州加速建设更高能级的“新能源之都”》，《科技日报》2023年1月29日。

③《习近平在中共中央政治局第三十六次集体学习时强调 深入分析推进碳达峰碳中和工作面临的形势任务 扎扎实实把党中央决策部署落到实处》，《人民日报》2022年1月26日。

色低碳发展为关键，以改革创新为根本动力，深入推进美丽江苏建设，大力推动减污降碳协同增效，加快形成节约资源和保护环境的产业结构、生产方式、生活方式、空间格局，坚定不移走生态优先、绿色低碳的高质量发展道路，确保全省如期实现碳达峰碳中和。

五、 打造更有品质的人居环境

十年来，全省上下肩负“率先、带头、先行”的光荣使命，强化绿色发展理念，使绿色发展成为江苏省领跑全国的鲜明优势和品牌。[①] 党的十八大以来，江苏坚持“生态惠民、生态利民、生态为民”，始终将人民群众的获得感、参与感、满足感摆在生态文明建设的重要位置，共建共享绿色家园，持续聚焦改善民生，营造绿色低碳的人居环境，让绿色成为人居生活最亮丽的标识。[②]

以人为本，为城市人居环境添一抹绿意。党的十八大以来，江苏努力扩大城区绿地面积，全面推进国家森林城市建设；持续开展绿美村庄建设，提升农村生态宜居水平；推动森林进城进村、森林环城环村、森林连城连村，让人民群众“推窗见绿、出门进园”。

案例 2－2　徐州：从“一城煤灰半城土”到“一城青山半城湖”

徐州市曾是华东地区重要的老工业基地，以牺牲环境为代价的发展，一度成为徐州市难以磨灭的灰色记忆。2002 年，徐州市委、市政府提出“三年创建国家园林城市”的目标。2003 年起，徐州市开始实施“退建显山”“退渔还湖”“显山露水”“扩湖增水”四大惠民工程。为真正落实“让绿于民”，徐州市主城区大力实施拆违添绿、破墙透绿、见缝插绿，用“绣花功夫”建设完善城市绿色环境。2016 年，徐州市被评为首批“国家生态园林城市”，2017 年，以综合排名第一的成绩荣获“中国人居环境奖”。徐州市实现了从“一城煤灰半城土”

① 本书编写组：《开创“强富美高”建设新局面》，江苏人民出版社 2020 年版，第 186 页。
② 赵翔：《绿色发展理念深入人心 生态文明建设持续推进》，《统计科学与实践》2018 年第 11 期。

到“一城青山半城湖”的蝶变。[①]

城市文明传承和根脉延续十分重要，传统和现代要融合发展，力求避免“千城一面”的情景。[②] 江苏拥有悠久的城市建设史和丰富的历史文化遗存，然而在快速城镇化与工业化、全球化和现代化进程中，大部分的传统建筑与历史街区面临着过度开发保护不当、修复修缮似是而非、特色湮灭等严峻问题。为此，于 2017 年出台《关于推进江苏传统建筑和园林营造技艺传承工程的实施意见》，有助于全面推进“强富美高”新江苏建设与“两聚一高”新实践、促进传统建筑与现代景观交相辉映和塑造优美的江苏城乡环境形象。

生态化、现代化建设富美乡村，留住美丽乡愁。改革开放 40 多年来，江苏积极推进全省城乡统筹一体发展，注重城乡基本公共服务均等化，努力消弭城乡之间的发展鸿沟，率先构建省域一体化发展新格局。2021 年，江苏启动实施新一轮农村人居环境整治提升五年行动，聚焦农村厕所革命、农村污水垃圾治理、村容村貌提升、长效管护等重点工作任务，建设生态美、环境美、人文美、管护水平高的生态宜居美丽乡村。[③]

建设新时代江苏特色小镇和“新鱼米之乡”。绿水青山既是自然财富、生态财富，又是社会财富、经济财富。近年来，体验式休闲旅游及康养式旅居备受青睐，江苏多地利用生态资源优势，构建“生态+”全域旅游经济圈，打造地方经济新增长点，将“新鱼米之乡”与美丽田园乡村、生态文明示范村、特色小镇建设等工作充分融合，探索各具特色的美丽乡村建设路径。[④] 全省的国家级生态乡镇、村数量在全国均位于前列。近年来，江苏省以“推动农业农村高质量发展，努力率先实现农业农村现代化，推动乡村振兴走在全国前列”为目标定位，致力于绿色发展，稳步推进乡村振兴战略，产业振兴、富民效应逐步显现，以乡村的资源基底吹响绿色发

① 樊海涛：《用“绣花功夫”打造生态园林城市》，《徐州日报》2018 年 10 月 28 日。
② 《积极稳妥引导城镇化健康发展》，《人民日报》2013 年 12 月 15 日。
③ 陈明慧：《让农业更有奔头 让农民更有干头》，《新华日报》2022 年 8 月 28 日。
④ 朱德明、王蒲、李佳徽：《集聚美丽江苏建设的绿色动能》，《群众》2023 年第 17 期。

展号角，书写新时代江苏农业强、农民富、农村美的美丽乡愁诗篇。例如，无锡市东港镇山联村在十年前还是以采矿业为主，过度开采导致生态环境严重破坏。近年来，当地政府大力开展生态环境修复和基础设施建设，依托自然生态环境与条件，引入市场化经营机制，创出了生态龙虾、红豆杉鸡、生态草鸡蛋和贡黄菊等系列生态农业特色品牌，[①] 也吸引了成千上万的各地游客纷至沓来。

江苏通过一系列持之以恒的整治措施，打造各具特色的高品质人居环境，使得传统与现代相得益彰、生态城市与美丽乡村有机融合，留住城市记忆，定格美丽乡愁，将一幅幅诗画美景在江苏大地铺展开来。

① 王华华：《互联网时代农村党组织社会治理何以“取信于民”？——以“乡村振兴”样板的山联村为例》，《重庆大学学报（社会科学版）》2018 年第 9 期。

第三章

建立绿色低碳循环发展经济体系

建立健全绿色低碳循环发展的经济体系，是党中央、国务院作出的重大战略决策，是促进生态文明建设、构建现代化经济体系和实现高质量发展的必由之路。① 习近平总书记指出："着力构建绿色低碳循环经济体系，加快形成科技含量高、资源消耗低、环境污染少的产业结构，大幅提高经济绿色化程度，有效降低发展的资源环境代价，持续增强发展的潜力和后劲。"② 党的十八大以来，江苏积极推动绿色低碳转型与高质量发展良性互动，不断探索高质量发展的新机制，生态文明建设从理论到实践都发生了历史性、转折性、全局性变化，决心之大、力度之大、成效之大前所未有，绿色生产方式和生活方式加快形成，高质量发展的绿色底色愈加突出，美丽江苏建设迈出重大步伐。③

第一节

绿色低碳循环发展的制度创新

面对工业化初中期阶段产生的生态和环境遭到严重破坏的现状，在工业现代化中推进绿色发展、循环发展、低碳发展需要在源头上扭转生态环境恶化趋势。④

随着全球气候变化和环境污染问题的日益突出，高耗能、高排放的发展模式已经无法满足可持续发展的要求。2012 年，党的十八大报告把"绿色发展、循环发展、低碳发展"作为生态文明建设的重要途径。2017 年，党的十九大报告正式提出建立健全绿色低碳循环发展的经济体系。2022 年，党的二十大报告进一步强调加快发展方式绿色转型，推动形成绿色低

① 王毅、苏利阳：《加快构建绿色低碳循环发展经济体系》，《中国经贸导刊》2021 年第 5 期。

② 习近平：《推进生态文明建设需要处理好几个重大关系》，《求是》2023 年第 22 期。

③ 谢彬彬：《全球环境治理参与者到引领者的重大转变》，《新华日报》2023 年 7 月 20 日。

④ 洪银兴：《中国式现代化论纲》，江苏人民出版社 2023 年版，第 79 页。

碳的生产方式和生活方式。江苏积极践行绿色低碳循环发展要求，创新完善绿色低碳循环发展制度体系，推动形成政府主导、市场调节、各方参与、全民行动的绿色低碳发展新格局，为现代化建设增添“环境美”的成色。

一、 推进绿色低碳产业发展

大力发展绿色低碳产业，既是江苏产业转型升级的必然趋势，也是实现经济社会绿色低碳高质量发展的重要任务。针对供应、消费及固碳端能源技术革新需求，在供应端，以传统能源和新能源的组合优化为目标，积极开展风电、太阳能、生物质能、地热能、下一代核电、智能电网、特高压和超导等技术研发及示范应用。在消费端，着力提高能效和单位碳排放效能，持续深化工业生产、建筑、交通运输、公共机构、农业农村、商贸流通等重点领域节能技术。在固碳端，探索推动火电厂、钢铁厂、化工厂等大型排放源开展二氧化碳捕集、利用与封存（CCUS）技术研发和示范，从而为绿色低碳产业发展奠定基础。①

（一） 培育绿色产业集群

高质量发展背景下的产业绿色低碳循环发展，不仅仅是简单意义上的污染控制和减排降耗，更是产业结构和生产方式的系统变革，尤其需要发挥工业关联性强、产业链长的优势，通过增量培育和存量改造，大力发展新兴绿色工业、推动传统产业绿色化转型。

江苏把握“双碳”窗口期，抢抓绿色低碳循环发展机遇，充分发挥科教和产业叠加优势，从绿色低碳产业链关键环节入手打造特色产业集群，不断提高产业发展的“含绿量”“含金量”。先后印发实施《江苏省政府关于加快培育先进制造业集群的指导意见》《江苏省“百企引航”三年行动计划（2020—2022 年）》《江苏省环保装备制造业高质量发展工作方案（2023—2025 年）》等一系列政策文件，提出打造一批市场竞争力强的旗

① 黄贤金、吕文婷：《加快构建绿色低碳技术创新体系》，《群众》2022 年第 6 期。

舰型企业，实施千企升级行动计划，培育一批专精特新“小巨人”企业，推动关键绿色技术研发及产业化应用，推动绿色低碳产业数字化智能化升级；推动企业兼并重组，培育一批具有国际竞争力的大型环保龙头企业和环保标杆企业，推动绿色低碳产业链上中下游、大中小企业实现融通创新。

（二）打造绿色工业园区

在工信主管部门深化应对气候变化和全面推进绿色转型的背景下，工业园区已然成为“十四五”乃至今后一个时期工业领域实现科学、精准碳减排的关键靶点。2016 年，为贯彻落实《中国制造 2025》和《绿色制造工程实施指南（2016—2020 年）》，加快推进绿色制造，工业和信息化部办公厅印发《关于开展绿色制造体系建设的通知》，以绿色工厂、绿色产品、绿色园区、绿色供应链为绿色制造体系的主要内容，其中绿色园区是突出绿色理念和要求的生产企业和基础设施集聚的平台，侧重于园区内工厂之间的统筹管理和协同链接。①

江苏先后出台《江苏省“十四五”工业绿色发展规划》《江苏省工业领域及重点行业碳达峰实施方案》等一系列政策制度，积极推进全省制造行业和省级以上工业园区全面建设绿色工厂、绿色园区、绿色供应链，在项目核准、土地审批等方面为绿色园区依法依规建立绿色通道。此外，还大力实施园区循环化改造提升工程，支持园区探索开展环境管家、绿色联盟、产业共生、第三方环境服务等创新发展模式，鼓励开发区创建生态工业示范园区、循环化改造示范试点园区，支持国际合作生态园区建设。

（三）推进绿色认证

绿色认证在加强质量管理、提高市场效率、壮大绿色产业、服务绿色发展方面发挥着不可替代的作用。构建一套统一、有序、科学、明晰的环

① 赵若楠、马中、乔琦等：《中国工业园区绿色发展政策对比分析及对策研究》，《环境科学研究》2020 年第 2 期。

保产品认证标识制度成为促进绿色生产与消费的重要保障。

2020年以来，江苏相继印发《关于推进绿色产业发展的意见》《江苏省政府关于加快建立健全绿色低碳循环发展经济体系的实施意见》等文件，探索建立统一的绿色产品标准、认证、标识体系，实行绿色产品领跑者计划，鼓励企业开展绿色设计、绿色改造、绿色采购，支持企业生产环保、节能节水、循环低碳、再生有机等绿色产品。到2025年，全省绿色认证制度更加完备，标准体系、认证体系、监管体系、公共服务体系和区域合作互认体系基本完善，绿色认证覆盖面逐步拓展；各类绿色产业组织（企业）的质量管理能力明显增强；绿色产品和服务供给更好满足消费需求，市场份额和质量效益进一步提升，生产生活方式绿色转型成效显著。①

二、 促进资源节约循环利用

习近平总书记指出，“生态环境问题，归根到底是资源过度开发、粗放利用、奢侈消费造成的。资源开发利用既要支撑当代人过上幸福生活，也要为子孙后代留下生存根基。”② 在自然资本日益稀缺的背景下，全面提高资源利用效率，已成为我省推动绿色发展、促进人与自然和谐共生的重要战略选择。

（一）推进“亩均论英雄”改革

人多地少资源短缺是江苏的现实省情。在土地等资源从增量时代步入存量时代的背景下，江苏从苏州试点探索开始，以“亩均论英雄”“创新论英雄”“绿色论英雄”为导向，以“向资源存量要发展增量”为主线，严格实行建设用地总量和强度“双控”，促进节地水平和产出效益的双提升，以较少资源占用支撑更多优质发展增量，厚植高质量发展的绿色底色，提升美丽江苏的绿色指数。

2018年，江苏印发《关于开展工业企业资源集约利用综合评价工作的

---

①《江苏出台推进绿色认证工作意见》，《新华日报》2022年4月10日。

②《习近平主持中共中央政治局第四十一次集体学习》，《人民日报》2017年5月28日。

指导意见（试行）》，提出建立科学合理的综合评价机制，出台差别化政策，实施资源差别化配置，淘汰低端低效落后产能，破解资源环境制约，走出一条低用地、低能耗、高产出、可持续的新路。2020年，江苏印发《关于进一步推进工业用地提质增效的意见》，发布《江苏省建设用地指标》等文件，实施全面节约战略，提升节地水平和产出效益、矿产资源绿色开发水平、海洋和林业资源利用效率。持续优化用地用林用海审批，提升资源保障效能。严格执行土地使用标准、限制和禁止供地政策，规范开展建设项目节地评价，持续推进批而未供和闲置土地处置。积极推广应用节地技术与节地模式，通过产业更新、闲置扩能、成片开发等改造模式，更大力度推进存量换增量、地下换地上、资金技术换空间，引导推动资源利用方式根本性转变，积极创建自然资源节约集约利用示范省。

案例3-1　苏州工业园区：以“亩产论英雄”实现产业“调高调绿”

苏州工业园区作为高质量发展先行区，强化“亩产论英雄”“创新论英雄”“绿色论英雄”发展导向，加快传统制造业绿色技术改造升级，引领新兴产业高起点绿色发展，产业结构不断“调高调绿”，以差异化的资源配置政策引导企业走集约发展新路、作出表率，在绿色发展方面走在前列。先后获批创建首批国家生态工业示范园区、国家循环经济试点园区、首批低碳工业园区试点园区、首批国家绿色园区，国家级能源互联网示范园区获评江苏首批唯一“双碳”重大科技示范工程，建成全国首个市场化碳普惠交易体系……成为能耗低、生态优、环境美的绿色发展“高新区样本”。如苏州中鑫新能源有限公司，加入碳普惠交易体系后，通过实现“电收益”和“碳收益”叠加，预计每年增加60万—70万元收入。2022年度国家高新区综合评价的五项一级评价指标中，苏州工业园区“绿色发展和宜居包容性”指标排名全国第三。[1]

①《解读园区“高”“新”密码五：绿色发展走在前》，《新华财经》2023年第5期。

（二）加快“无废城市”建设

党的十八大以来，以习近平同志为核心的党中央把固体废物污染防治摆在生态文明建设的突出位置，习近平总书记先后多次作出重要指示批示。2018年12月，国务院办公厅印发《“无废城市”建设试点工作方案的通知》指出，“无废城市”是以新发展理念为引领，通过绿色发展方式和生活方式，持续推进固体废物减量化、资源化、无害化，将固体废物环境影响降至最低的一种城市发展模式。

为加快发展方式绿色转型，构建废弃物循环利用体系，推动形成绿色低碳的生产方式和生活方式，2022年江苏率先启动全域“无废城市”建设工作，从健全政策制度体系、聚焦转型升级、强化全过程监管、坚持创新驱动等方面提出目标任务，[①] 并配套出台《江苏省“无废城市”建设指标体系》，引导地方科学设计“十四五”时期目标任务。[②] 此外，还制定了《“十四五”固体废物生态环境标准规范体系建设方案》，出台了《危险废物综合利用与处置技术规范通则》等4项地方标准，初步形成“1＋N”标准体系，通过规范危险废物综合利用全过程管理，倒逼企业加快转型升级，促进危险废物综合利用产业的健康发展，在“无废城市”建设探索中进行了江苏新实践。

三、 健全自然资源资产管理

自然资源作为一种公共财富，承载着为社会提供生存环境和资源产品的职责，是人类生存和发展的基本要素。新时代绿色发展的理念要求自然资源的利用方式必须向高效型转变，这是协调自然资源有限性与经济发展需求无限性之间矛盾的关键所在。因此，建立健全自然资源资产管理体制机制，既是生态文明体制改革的重点和难点所在，也是实现绿色低碳循环

---

① 张韩虹：《“双碳”背景下，江苏如何建设全域“无废城市”》，《江苏经济报》2023年6月13日。

② 王燕枫：《探索“无废城市”建设特色路径 助推江苏高质量发展》，《环境保护》2022年第23期。

发展的重要支撑。

（一）自然资源确权登记制度

自然资源统一确权登记是构建自然资源资产产权制度的一项基础性工作，也是自然资源部门履行“两统一”核心职责的重要支撑。明确自然资源产权边界，重点区分全民所有和集体所有、国家所有和地方政府代理行使所有权以及不同集体所有之间的资源清单和权利边界，为在森林、草原、湿地、荒漠、水流、耕地等领域建立生态保护补偿机制奠定基础，实现生态价值转化增值，助力绿色发展。

作为国家自然资源统一确权登记的 12 个试点省份之一，江苏依托自然资源统一确权登记，清晰界定了自然资源资产产权主体，划清所有权和使用权边界，明确了生态产品权责归属。例如，2023 年在全国率先推动国有和集体混合权属不动产登记发证，率先开展用地用林合并审批试点。为紧密衔接国家计划，确保自然资源部正在江苏开展的长江、太湖两大重要水系的重点任务顺利完成，江苏启动了连接并调节长江、太湖两大水系水量的望虞河的确权登记工作，实现国家对水资源的合理开发、有效保护和统一监管。①

在自然资源确权登记基础上，江苏探索建立健全用能权、用水权、排污权等交易机制，积极参与全国碳排放权交易市场，培育绿色交易市场机制。2017 年印发《江苏省排污权有偿使用和交易管理暂行办法》，优化排污权配置，规范主要污染物排污权有偿使用和交易。2022 年印发《江苏省水权交易管理办法（试行）》，推进水权水市场建设，合理确定区域取用水总量，鼓励开展水权交易，强化水资源用途管制。此外，江苏根据《碳排放权交易管理办法（试行）》，督促纳入全国碳市场交易的企业按期完成配额履约和清缴，开展碳资产管理和碳金融产品研发，建立市场风险预警与防控体系，完善区域联动机制。

---

① 王旭雁、杜国庆、钱利：《江苏：全面推进自然资源确权登记》，《中国自然资源报》2020 年 7 月 7 日。

（二）自然资源资产离任审计制度

领导干部自然资源资产离任审计是生态文明绩效评价考核和责任追究制度的重要组成部分。全面深化领导干部自然资源资产离任审计，加强对生态文明建设领域资金、项目和相关政策落实情况的审计，有助于加快推动绿色低碳发展，改善生态环境质量，提高资源利用效率，助力实现美丽中国建设目标。

江苏坚持把开展领导干部自然资源资产离任审计试点作为一项重要的改革任务，坚持边试点、边探索、边总结，建立完善推进绿色发展的目标评价考核制度，摒弃“唯 GDP 论英雄”的发展观、政绩观，将资源环境相关指标作为国民经济与社会发展的约束性指标，科学构建反映资源利用、能源消耗、环境损害、生态效益等情况的经济社会发展评价体系，充分发挥考核的“指挥棒”作用。2014 年以来，全省审计机关共对 280 多名领导干部实施了自然资源资产离任审计。审计中坚持改革创新、问题导向，同时系统总结符合江苏实际的审计发展路径，努力形成可推广可复制的经验做法，为出台《江苏省领导干部自然资源资产离任审计办法（试行）》提供了坚实的实践基础。

《江苏省领导干部自然资源资产离任审计办法（试行）》充分结合全省自然资源资产禀赋特点和生态环境保护的具体要求、重点内容等，补充和细化了相关审计内容。比如，明确了自然资源资产利用、环境治理、生态保护等方面约束性指标完成情况，应主要包括最严格耕地保护和最严格水资源管理制度考核指标，以及生态保护红线、节能减排、环境质量、建设用地总规模、围填海总量、森林和湿地资源保护等约束性指标完成情况；明确了大气、水、土壤污染防治等行动计划目标完成情况，应主要包括打赢蓝天保卫战行动计划、水污染防治行动计划、土壤污染防治行动计划、柴油车船污染防治行动计划、生态河湖行动计划等专项计划落实和完成情况；明确了自然资源资产开发利用和生态环境保护重点项目、设施建设运营情况，应主要包括重大生态保护修复、农村环境治理、资源循环利用、污水污泥处理、生活垃圾处置等项目、设施建设运营情况。[①]

四、倡导绿色低碳生活方式

绿色消费是指以“绿色、自然、和谐、健康”为宗旨，有益于人类健康和社会环境的新型消费方式。习近平总书记指出：“绿色生活方式涉及老百姓的衣食住行。要倡导简约适度、绿色低碳的生活方式，反对奢侈浪费和不合理消费。广泛开展节约型机关、绿色家庭、绿色学校、绿色社区创建活动，推广绿色出行，通过生活方式绿色革命，倒逼生产方式绿色转型。”[②] 倡导绿色低碳生活方式，培育绿色低碳生活理念是江苏高质量发展的重要举措。

（一）全面促进绿色产品消费

绿色消费是国际公认的可持续消费形态。以习近平同志为核心的党中央对发展绿色消费始终高度重视。《中共中央　国务院关于完整准确全面贯彻新发展理念做好碳达峰碳中和工作的意见》和《国务院关于印发 2030 年前碳达峰行动方案的通知》都对发展绿色消费提出明确要求。

江苏聚焦当前绿色消费升级需求，全面提升绿色产品和服务供给能力，逐步构建政府引导与市场化相结合的绿色消费体制机制，全方位促进生产方式和消费模式向绿色低碳转型。2022 年，印发《江苏省促进绿色消费实施方案》，健全完善绿色消费政策制度体系和体制机制，扩大绿色低碳产品有效供给，大力发展绿色消费新业态、新模式、新场景，系统推进吃、穿、住、行、用、游等各领域消费绿色转型升级，加快形成简约适度、绿色低碳、文明健康的消费新风尚，为服务构建新发展格局、推动高质量发展、创造高品质生活提供重要支撑。《江苏省促进绿色消费实施方案》提出，到 2030 年，全省绿色消费政策制度体系和体制机制更加完善，绿色消费方式成为公众自觉选择，各领域各地区全面实现消费绿色转型升

① 吴琼：《我省出台领导干部自然资源资产离任审计办法》，《新华日报》2019 年 1 月 27 日。
② 习近平：《推动我国生态文明建设迈上新台阶》，《求是》2019 年第 3 期。

级，重点领域消费绿色低碳循环发展模式更加成熟，高标准建成全国促进绿色消费的“江苏样板”。[①]

（二）大力推动绿色交通出行

城市公共交通是城市综合交通体系的重要组成部分，具有集约高效、绿色低碳等特点。优先发展城市公共交通，对于保障人民群众基本出行、缓解城市交通拥堵、推进以人为核心的新型城镇化、实现碳达峰碳中和等具有重要意义。[②]

长期以来，江苏高度重视公共交通的发展。特别是在“十二五”期间，省政府颁布并实施了《关于进一步落实城市公共交通优先发展战略的实施意见》，强调了城市公共交通的公益性质，并将公共交通发展置于城市交通发展的首要地位。“十四五”时期，为深入贯彻落实党的十九大关于开展绿色出行行动等决策部署、积极开展绿色出行创建行动，印发《关于开展绿色出行城市创建行动的通知》（苏交运〔2020〕27号），以创建行动开启绿色出行发展新局面。加大对绿色交通的支持和推动，加强对电动汽车充电设施的建设，提高电动汽车的充电便利性和充电速度，解决电动汽车充电难题。推动公共交通的绿色化和智能化，加大对公共交通的投资和改造，提高公共交通的运营效率和服务质量，减少对私人汽车的依赖，有效融合公共交通与智能交通系统，通过应用大数据和人工智能技术，优化公共交通的线路和运行方式，进一步提高公共交通的运行效率和服务水平。

（三）持续推进生活垃圾分类

2018年11月6日，习近平总书记在考察上海市虹口区市民驿站嘉兴路街道第一分站时强调：“垃圾分类工作就是新时尚！”[③] 2023年5月

---

① 袁雪飞：《江苏加快促进消费结构绿色转型》，《中国经济导报》2022年6月21日。

② 章轲：《九部门：落实城市公共交通作为市县级财政事权的支出责任》，《第一财经日报》2023年10月11日。

③《习近平：坚定改革开放再出发信心和决心　加快提升城市能级和核心竞争力》，《人民日报》2018年11月8日。

21 日，习近平总书记给虹口区嘉兴路街道垃圾分类志愿者回信，对取得的成效给予充分肯定，对推进垃圾分类工作提出殷切期望。垃圾分类是习近平总书记关心的“关键小事”，也是体现社会文明进步水平的“国之大者”。

江苏不断推动生活垃圾分类和减量化、资源化，健全生活垃圾收运处理体系，完善生活垃圾分类相关法规制度和标准，综合运用法治、政策、技术、教育等多种手段，构建城乡生活垃圾分类的制度保障体系。2017 年，落实《国务院办公厅关于转发国家发展改革委住房城乡建设部生活垃圾分类制度实施方案的通知》文件精神，按照省“两减六治三提升”专项行动、城市治理与服务十项行动要求，制定《江苏省生活垃圾分类制度实施办法》，以此促进人居环境改善和资源回收利用。2018 年进一步细化制定《江苏省城乡生活垃圾治理工作实施方案》，2023 年修订出台《江苏省城市市容和环境卫生管理条例》《江苏省城市生活垃圾分类设施设备配置和维护指南》作为补充，加快推进城乡生活垃圾处理设施建设，加强城乡生活垃圾全过程系统治理，全面提升城乡生活垃圾无害化处理和资源化利用水平，进一步改善城乡人居环境质量，推动城乡建设高质量发展。

第二节
绿色低碳循环发展的实践成就

党的十八大以来，江苏找准绿色低碳循环发展的路径定向，把碳达峰碳中和纳入经济社会发展整体布局，科学务实推进；全面调整优化产业、能源、交通、空间结构，加快建立以产业生态化和生态产业化为主体的生态经济体系；努力形成节约资源和保护环境的生产方式、生活方式，促进“绿水青山”持续发挥出生态效益和经济社会效益。

一、 创新引领，数字赋能

习近平总书记指出，“绿色技术创新是绿色发展的重要动力，是打好污染防治攻坚战、推进生态文明建设、促进高质量发展的重要支撑”①。在绿色低碳技术研发方面，江苏加快低碳零碳负碳重大关键技术攻关突破，积极参与国家重大科技项目，重点布局绿色低碳重大科技攻关和推广应用项目，开展共性关键技术、跨行业融合性技术、前沿技术研发和成果转化，掌握一批具有自主知识产权的绿色低碳核心技术。例如，2022 年，国网江苏省电力有限公司、南通泰胜蓝岛海洋工程有限公司等单位完成千万千瓦级海上风电友好并网与消纳关键技术及装备、海上风电超大基础装备高效可控建造关键技术研发及产业化等项目，获得省科技进步奖励。

在成果转化和推广应用方面，江苏积极促进重大绿色科技成果市场化应用和规模化推广，支持绿色技术创新成果转化和推广应用。2000—2022 年，绿色发明专利和绿色实用新型专利申请数量在全国各省市中排名较靠前，2012 年以来全省绿色专利发明申请数量迅速增加，由 2012 年的约 6 600 件增加至 2022 年的近 1.4 万件。

在数字生态文明建设方面，江苏坚持数字城市与现实城市同步规划、同步建设，适度超前布局智能基础设施，探索建设精准映射、虚实融合、模拟仿真的数字孪生城市。截至 2022 年年底，全省已建设完善省生态环境大数据平台，完成全省 168 个省级以上工业园区、化工园区（集中区）生态环境监测感知能力建设，建立江苏省“环保脸谱”体系，系统归集了全省 14.9 万家固定污染源的“一企一档”监管信息、3.8 万家排污许可证发放企业监管信息、2 000 家重点污染源排放污染物（排污总量占 65%以上）在线监控信息。②

---

① 习近平：《对标重要领域和关键环节改革　继续啃硬骨头确保干一件成一件》，《人民日报》2019 年 1 月 24 日。

② 中国日报江苏记者站：《江苏建成生态环境大数据平台》，《中国日报》2020 年 8 月 6 日。

二、 重点突破，市场导向

江苏是制造大省，制造业规模连续多年保持全国第一。2023 年第二产业增加值为 5.69 万亿元，占全国比重达 44.38%。2022 年，能源消费总量约占全国的 6.6%，且能源结构仍以化石能源为主。江苏立足新阶段、新形势、新要求，正在以美丽江苏建设为牵引，更大力度推进绿色低碳高质量发展。江苏省制造业“含新量”“含绿量”持续增加，工业增加值十年跨过 3 万亿、4 万亿、5 万亿三个台阶，制造业高质量发展指数位居全国第一，逐步形成以高端制造业为代表的现代产业体系，高端制造业占制造业比重已超过 45%。2013 年到 2023 年的十年间，江苏正在从制造大省向制造强省大步迈进，在传统行业绿色改造、绿色新兴产业壮大、能源消费绿色转型、资源高效循环利用、减污降碳协同推进增效等方面取得显著成绩，初步建立的绿色低碳循环经济体系，为焕发“环境美”提供了坚实的产业基础。

习近平总书记在党的十九大报告中指出：“构建市场导向的绿色技术创新体系，发展绿色金融，壮大节能环保产业、清洁生产产业、清洁能源产业。推进能源生产和消费革命，构建清洁低碳、安全高效的能源体系。”[①] 江苏《省政府关于加快建立健全绿色低碳循环发展经济体系的实施意见》指出：坚定不移立足新发展阶段、贯彻新发展理念、构建新发展格局，以碳达峰碳中和目标为引领，坚持重点突破、市场导向，推动绿色贸易发展和贸易融资绿色化。

绿色贸易作为贯彻新发展理念兼顾社会发展、环境改善与经济效益提升的新型贸易方式，可通过资源配置效应及社会监督效应促进低碳经济转型。[②]《中国绿色贸易发展报告（2022）》显示，2013—2022 年我国绿色贸易规模年均增长 3.18%，在全球占比提升了 2.3 个百分点（图 3 - 1）。

---

① 习近平：《决胜全面建成小康社会　夺取新时代中国特色社会主义伟大胜利——在中国共产党第十九次全国代表大会上的报告》，人民出版社 2017 年版，第 51 页。

② 刘涛、韩悦：《绿色投资、产业结构生态化与低碳经济转型》，《经济与管理评论》2023 年第 6 期。

2021 年江苏省环保科技类产品出口总额占全国环保科技类产品出口总额的 13.1%，全国排名位居前三，绿色产品贸易进出口总额排名第二。

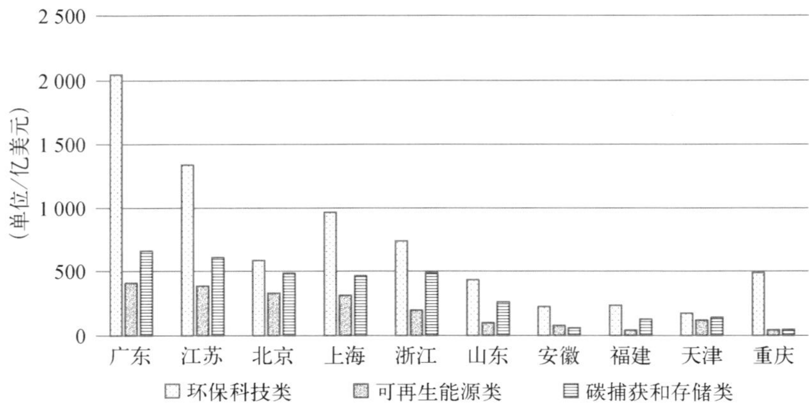

图 3－1　2021 年中国部分省、市绿色产品贸易进出口总额

数据来源：《中国绿色贸易发展报告（2022）》。

三、 强链补链，壮企强企

产业链供应链稳定安全是构建新发展格局的重要基础，是高质量发展的必要条件，也是增强维护国家安全能力的关键一环。[①] 2023 年 6 月底，江苏印发《加快建设制造强省行动方案》，聚焦 16 个先进制造业集群和 50 条产业链，提出加快产业链强链补链延链，率先探索具有新时代特征的新型工业化道路。

2010 年以来，江苏引导企业开展绿色设计、选择绿色材料、实施绿色采购、打造绿色制造工艺、推行绿色包装、组织绿色运输、做好废弃产品回收处理，实现产品全生命周期的绿色环保，规模以上工业企业单位产成品能耗逐年降低，全省单位产成品能耗由 2010 年的 7.28 万吨/亿元降低至 2022 年的 2.82 万吨/亿元（图 3－2）。

大力培育节能环保、资源循环利用、清洁能源等绿色低碳产业，积极

① 新华日报评论员：《在强链补链延链上展现新作为》，《新华日报》2023 年 7 月 23 日。

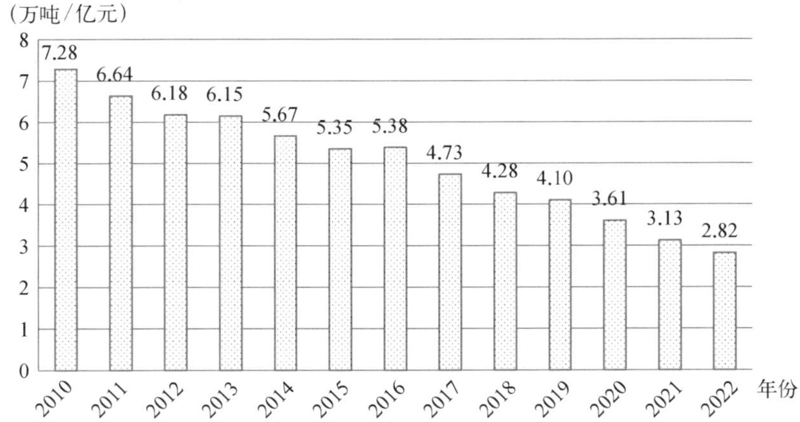

图 3－2　2010—2022 年江苏省规模以上工业企业单位产成品能耗

数据来源：根据江苏省统计年鉴规模以上工业企业主要能源消费量、历年规模以上工业企业主要经济指标数据计算。规模以上工业企业单位产成品能耗（万吨/亿元）＝规模以上工业企业原煤消费量（万吨）÷规模以上工业企业产成品（亿元）。

发展新一代信息技术、新材料、新能源汽车等战略性新兴产业，加大对废弃资源综合利用等方面的研究投入，增强绿色经济新动能。2011—2022 年，全省规模以上工业企业废弃资源综合利用业研究与发展经费内部支出逐年上升，由 2011 年的 0.34 亿元增长到 2022 年的 6.68 亿元，特别是 2019 年以来增长迅猛。

四、产业聚群，园区增效

2020 年 11 月 14 日，习近平总书记在全面推动长江经济带发展座谈会上提出："要强化企业创新主体地位，打造有国际竞争力的先进制造业集群，打造自主可控、安全高效并为全国服务的产业链供应链。"[①] 产业集群是产业发展演变过程中的一种地缘现象，是按照专业分工和协作原则，某个领域内相互关联的企业与机构在一特定的地域内集中成片，形成上中下

① 《习近平在全面推动长江经济带发展座谈会上强调　贯彻落实党的十九届五中全会精神 推动长江经济带高质量发展》，《人民日报》2020 年 11 月 16 日。

游结构完整，外围支持产业体系健全，具有灵活机动等特性的有机体系。① 目前江苏已经形成了 200 多个具有产业特色、集群度相对较高的特色产业集群（基地）或产业集聚区，并成为具有地标特色的产业标杆。②

园区是江苏省经济发展的重要载体和平台。截至 2022 年，江苏国家级经济技术开发区、高新技术产业开发区数量均居全国第一，经国务院、省政府正式批准设立的开发区共 158 家，其中国家级开发区 47 家，比 2012 年新增 17 家（包括国家级经济技术开发区 9 家、国家级高新技术产业开发区 8 家）；省级开发区 111 家。③ 全省省级以上开发区创造了江苏 50％的经济总量和一般公共预算收入，60％的固定资产投资、70％的规上工业增加值、80％的实际使用外资和外贸进出口、90％的 1 亿美元以上工业外资大项目都集中在开发区（图 3－3）。④ 可见，园区经济是江苏经济名

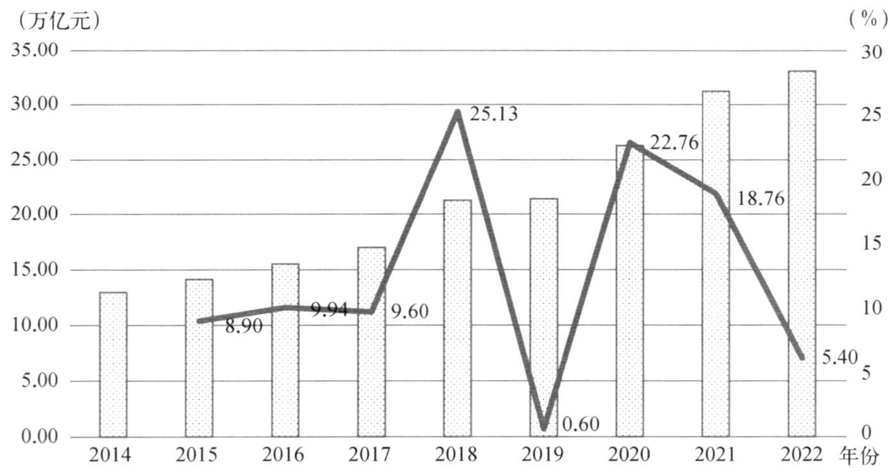

图 3－3 江苏省园区 2014—2022 年经济发展总体情况

数据来源：江苏省开发区建设发展统计公报。

① 周明生、陆小康、李猛：《产业集群化：南京都市圈汽车产业发展之路》，《唯实》2006 年第 4 期。

② 郭永海、从海燕、王春霞：《加快培育世界级先进制造业集群》，《群众》2018 年第 14 期。

③ 郭永海、从海燕、王春霞：《加快培育世界级先进制造业集群》，《群众》2018 年第 14 期。

④ 田墨池：《十年间，我省进出口总额稳居全国第二位——全省开放型经济发展迈上新台阶》，《新华日报》2022 年 6 月 14 日。

副其实的“压舱石”，园区经验是江苏对外宣传的一张亮丽名片和宝贵财富。[①]

党的十八大以来，国家先后出台关于循环化改造示范区、低碳工业园区、国家生态工业示范区、绿色产业示范基地、绿色低碳示范园区等的政策文件和建设任务。江苏建设成果较好，其中包含 2 家循环改造示范园区、3 家国家低碳示范园区、19 家国家生态工业示范区、3 家绿色产业示范基地和 5 家绿色低碳示范园区。

五、 绿色消费，低碳生活

党的十八大以来，江苏加快形成绿色生产生活方式，大力倡导绿色消费，绿色低碳产品市场占有率大幅提升，重点领域消费绿色转型取得明显成效，绿色消费方式得到普遍推行，绿色低碳循环发展的消费体系初步形成。[②]

培育绿色低碳生活理念。江苏深入实施公交优先战略，强化“轨道＋公交＋慢行”网络融合发展，大力提升交通系统智能化水平，积极引导绿色出行。2013—2022 年期间，江苏城市每万人拥有公共汽（电）车数量逐年增长，2022 年江苏城市每万人拥有公共汽（电）车 17.4 辆，相较于 2013 年的 12.7 辆增加 4.7 辆。

倡导绿色低碳行为方式。江苏开展绿色生活创建行动，引导全社会自觉践行绿色低碳行为方式，扎实推进塑料污染全链条治理。2010—2022 年城市垃圾无害化处理量及处理能力持续稳定上升，城市垃圾无害化处理能力从 2010 年每天处理约 3.8 万吨提升到 2022 年每天处理约 7.9 万吨，2023 年城市垃圾无害化处理率为 100％。

促进绿色产品消费。江苏推广节能低碳节水产品，推动太阳能、再生水等应用，鼓励使用环保再生产品和绿色设计产品。2015 年江苏全省产销

---

① 田墨池：《十年间，我省进出口总额稳居全国第二位——全省开放型经济发展迈上新台阶》，《新华日报》2022 年 6 月 14 日。

② 汪子旭、王文博：《2025 年我国绿色低碳循环发展消费体系将初步形成》，《经济参考报》2022 年 1 月 24 日。

新能源汽车超过 3.2 万辆，截至 2023 年，江苏全省限额以上新能源汽车零售额同比增长 49.3%，拉动全省限额以上零售额增长 2.4 个百分点，成为消费品市场的第一驱动力。

六、 节能减排，集约循环

作为全国制造业门类最多、产业链最完整、配套设施最完善的省份之一，江苏积极推动科技和产业发展加速渗透融合，以科技创新驱动产业转型升级，以产业需求激发科技创新。

（一） 能源绿色低碳转型

保障能源安全、做好能耗双控、实现“双碳”（2030 年“碳达峰”与 2060 年“碳中和”）目标，事关全省经济社会发展大局，事关贯彻落实新发展理念、推动高质量发展。[①] 江苏是能源资源小省，却是能源消费大省，为此，坚持把压存量、控增量作为首要任务，以能源转型带动全省经济结构调整，扩大清洁能源和可再生能源供给，因地制宜开发利用风电、光伏、水电等。2016 年至 2023 年，全省新能源发电量持续上涨，新能源发电量占发电总量比重从 2016 年的 6.14%上升至 2023 年的 16.50%。

核能、风力、太阳能发电量方面，核能发电量最高，从 2013 年的 166.86 亿千瓦时上升至 2023 年的 502.76 亿千瓦时，增加约 3.01 倍；其次为风力发电量，由 2013 年 40.61 亿千瓦时上升至 2023 年 537.47 亿千瓦时，增加约 13.23 倍；原先发电量最低的新能源发电方式为太阳能发电，但从 2015 年至 2023 年其发电量也逐年上升，由 2015 年 19.34 亿千瓦时上升至 2023 年 357.87 亿千瓦时，增加约 18.50 倍。

（二） 交通运输绿色转型

交通运输是发展绿色循环低碳经济体系的重点领域，对推进绿色产业体系建设具有重要意义。主要做法是优化运输结构，加快推进大宗货物运

① 王玉华：《打赢“能耗双控”攻坚战》，《唯实》2022 年第 3 期。

输“公转铁、公转水”，全省水路货运周转量占比达到63.2%，居全国前列。

（三）节能减排稳步推进

江苏始终坚定不移地推进产业结构绿色转型和能源结构调整优化，实现减污降碳协同效应，并加快研究全省碳达峰碳中和路径举措，努力率先达峰。其中，煤炭是江苏碳排放的最主要来源，以煤炭为主的化石能源的大规模消费使得工业成为江苏碳排放的最大源头。为此，全省积极优化能源结构，提高能源利用效率，2010—2022年全省单位工业增加值原煤消耗量持续下降，由2010年7.28吨/万元下降至2022年2.76吨/万元。2010—2022年单位地区生产总值能耗平均每年降低4.82%，其中2015—2020年单位地区生产总值能耗累计降低20.6%（图3-4），高于《江苏省国民经济和社会发展第十三个五年规划纲要》累计降低13.5%的设定要求。

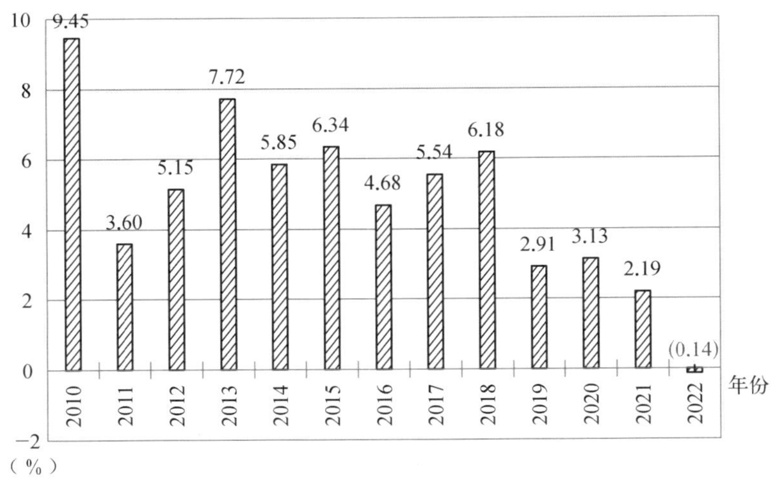

图3-4 江苏省2010—2022年单位地区生产总值能耗降低率

数据来源：江苏省统计年鉴。GDP基于2010年不变价。

（四）资源集约循环利用

提升资源利用效率是推动江苏经济发展与环境保护协调发展的一个重要目标。自然资源是经济社会发展的基础，有效利用资源是实现可持续发展的关键。通过实施最严格的水资源管理制度，江苏单位 GDP 水资源能耗自 2010 年开始逐年下降，由 2010 年的 133.43 立方米/万元下降至 2022 年的 67.51 立方米/万元。

同时，积极强化土地用途管制。从将 GDP 耗地率率先纳入科学发展评价指标，到“以亩产论英雄”，积极促进了建设用地效率的提升。江苏省单位 GDP 耗地率自 2010 年开始逐年下降，由 2010 年的 2.59 平方公里/亿元下降至 2023 年的 1.02 平方公里/亿元（图 3－5）。

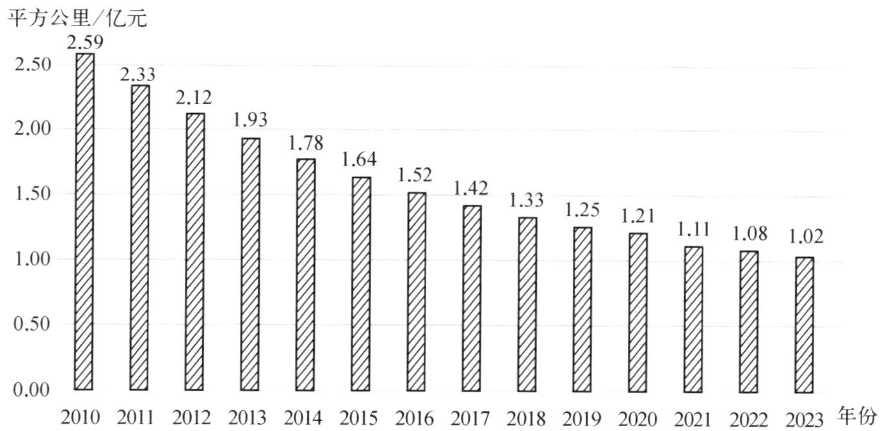

图 3－5　江苏省 2010—2023 年单位 GDP 耗地率

数据来源：根据江苏省统计年鉴国民生产总值计算。单位 GDP 耗地率（平方公里/亿元）＝江苏省土地面积（平方公里）÷GDP（亿元），GDP 基于 2010 年不变价。

资源循环利用是提升资源利用效率的重要途径。江苏推动资源循环利用，通过加强废弃物的回收和再利用，实现废弃物的资源化利用。工业企业回收利用是指企业将废气、废液、废渣及其余热、产品和工艺生产介质余热，工艺温差、压差以及其他非直接投入的能量形态和能量物质，作为能源再回收利用。2010—2022 年间，江苏回收能源量进步两大台阶，2022 年是 2010 年的 2.98 倍。

第三节
绿色低碳循环发展的案例经验

“为全国发展探路”是中央对江苏的一贯要求。党的十八大以来，江苏全面贯彻落实党中央要求，始终把绿色作为建设制造强省的鲜明底色，走生态优先绿色发展的现代化发展路径，[①] 以强烈的责任感、使命感、紧迫感，自觉扛起“为全国绿色低碳循环高质量发展探路”的使命，在实现中华民族伟大复兴的征程中拿出“江苏作为”，努力建成“美丽中国”的省域范例。

一、 重点行业的绿色低碳转型

江苏作为中国经济发展最为活跃的地区之一，2022 年江苏工业领域碳排放量占全社会碳排放总量的 67.3%。作为经济大省、能源消耗大省和碳排放大省，工业低碳转型发展关系江苏碳达峰碳中和工作全局，也是实现制造业高质量发展、加快建设“强富美高”新江苏的必然要求。

截至 2022 年，钢铁、石化化工、建材、纺织和造纸等五大行业碳排放量占全省工业领域碳排放量的 75%以上，加快推动这五大行业碳达峰对江苏工业领域实现碳达峰意义重大。为此，2023 年 1 月，江苏印发实施《江苏省工业领域碳达峰及重点行业碳达峰实施方案》，将这五大行业列为全省工业领域产生碳排放的重点行业，加快实施重点行业绿色化改造，着力推进重点行业超低排放改造、深度治理和工业窑炉等重点设施废气治理升级。

---

① 李兰翔、李庭：《江苏制造业绿色发展的奋进十年》，《唯实》2023 年第 4 期。

江苏省政府先后印发《节能减排工作实施意见》《“十二五”节能减排综合性工作方案》《“十三五”节能减排综合实施方案》，加快推进重点行业节能减排工作，实施节能减排科技支撑行动。“十三五”期间，江苏严格执行钢铁、水泥、平板玻璃等高耗能行业建设项目产能减量置换规定和要求，产业结构调整优化取得积极进展，能源资源利用效率大幅提高，重点行业去产能成效明显，有效控制新增产能，累计压减粗钢产能 1 788 万吨、水泥产能 1 915 万吨、平板玻璃产能 2 700 万重量箱，超额完成国家、省制定的目标任务。此外，江苏开展化工行业安全环保整治提升，累计关闭退出化工企业 4 454 家，全省化工园区（含集中区）由 54 家压减至2022 年的 28 家。

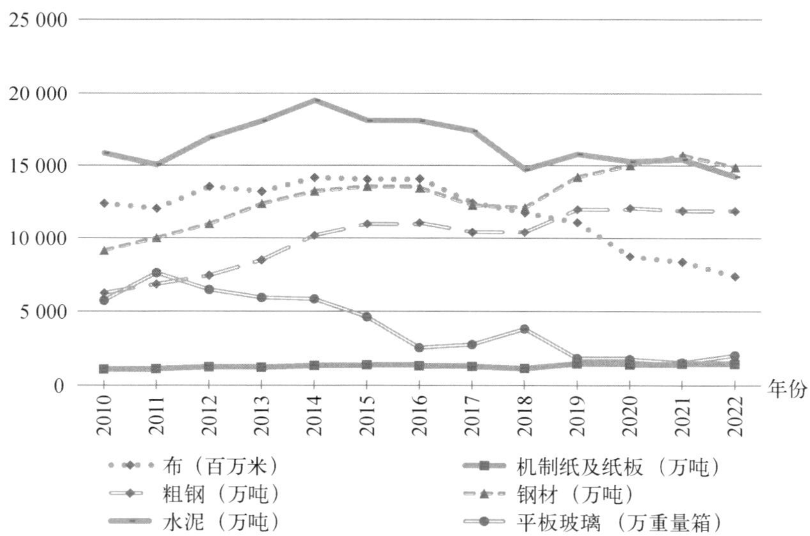

图 3 - 6　2010—2022 年江苏重点行业工业产品产量变化图

数据来源：江苏省统计年鉴。

2018 年以来，江苏钢铁、石化化工、建材以及纺织、造纸等高耗能重点行业经过不断整合、优化、提升调整，低端低效产能逐步淘汰退出或被兼并重组，产能转型优化升级之后产业集聚发展效应显著。[①] 从总体经济

① 孟丹、刘进、黄天科等：《江苏省重点行业用电特征分析》，《农村电气化》2023 年第 7 期。

规模角度来看，全省工业产业发展节能提效效果显著，2022 年江苏省单位 GDP 耗电为 602.24 千瓦时/万元，低于山东省的 864.53 千瓦时/万元和广东省的 609.52 千瓦时/万元。2010—2022 年间，江苏省工业占社会用电量比重从 78.98%下降至 68.43%，其中以钢铁、石化、化工、建材、有色、纺织、造纸为代表的 7 大重点行业用电量占工业用电量的 36%，占全社会用电量的 25%（图 3－6）。①

（一）钢铁行业

随着钢铁产业不断整合和发展，江苏正在以“钢铁大省”向“钢铁强省”转型为目标，加速形成沿江沿海两个钢铁产业集聚区，严格控制沿江地区的钢铁产能，推动沿江地区存量产能提档升级，加快实施落后冶炼产能退出和搬迁工作。② 2022 年江苏钢铁行业粗钢产量 1.16 亿吨，约占全国的九分之一，位居全国第二位。工业碳排放量约为 1.67 亿吨，约占全国碳排放总量的 1.7%。钢铁工业作为江苏碳排放量最高的行业，无疑仍是江苏实现碳减排目标需关注的行业中的重中之重，是落实碳减排目标的重要责任主体。③ 江苏着力从推动绿色低碳产业链、全流程节能及提升能效、优化用能及流程结构、应用突破性低碳技术、钢化联产、协同处置等方面推进钢铁行业绿色、减碳、高质量发展。钢铁行业用电量占全社会用电量的比重从 2015 年的 9.55%下降到 2021 年的 7.08%，2022 年为 6.55%，取得了一定成效。

（二）石化化工行业

江苏石化化工产业门类齐全，产业规模位居全国前列。2022 年颁布的“中国化工园区 30 强”名单中，江苏共有 10 个园区入围，在工业体系中占有重要地位。但同时，石化化工行业仍存在“绿色低碳发展水平不足”等

① 孟丹、刘进、黄天科等：《江苏省重点行业用电特征分析》，《农村电气化》2023 年第 7 期。
② 孟丹、刘进、黄天科等：《江苏省重点行业用电特征分析》，《农村电气化》2023 年第 7 期。
③ 高雨萌：《浅谈近期关税、出口退税调整对钢铁行业影响》，《冶金财会》2021 年第 8 期。

问题。“十三五”以来，江苏省政府推动石化化工行业实现更高质量、更好效益、更可持续发展。经过多轮行业整治，全省低端低效产能明显减少，绿色发展显现新成效，化工企业总数压减率达68%，“重化围江”问题得到有效缓解。2017年前江苏化工行业用电量呈现明显的上升态势，2017年达到顶峰后，随着行业整治效应的凸显，逐年下降，在全社会用电量中的占比从2015年的8.42%降低到2021年的5.91%，2022年为5.82%。①

实现碳达峰碳中和，需要从源头上减少化石能源的使用、推进绿色清洁生产，也需要对生产环节产生的二氧化碳进行捕集，减少碳排放。② 中国石化集团南京化学工业有限公司（以下简称“南化公司”）是我国无机化工、有机化工、精细化工的重要生产基地，从事碳捕集技术已有数十年，其所研发的多项技术在20个省市的100余家企业获得成功应用。南化公司坚持走绿色发展之路，着眼“双碳”目标，持续增绿不辍。1998年南化公司研发出“低分压二氧化碳回收新技术”，达到国际先进水平。2009年南化公司二氧化碳捕集新技术成功应用于华能上海石洞口第二发电厂，每年可捕获二氧化碳100万吨，相当于在上海种下了500多万棵树。2013年3月中国石化授牌南化公司研究院“中国石化二氧化碳捕集与资源化利用重点实验室”，该实验室共计承担各类科研项目86项。③ 2020年南化公司完成37个绿色创建项目，持续推进节能降耗行动，实现万元产值综合能耗下降8.6%，提前达到2022年环保标准，荣登中国石化集团公司“2020年绿色企业光荣榜”。2022年9月南化公司更是组建全国首家全产业链中国石化碳产业科技公司，支撑中国石化引领我国CCUS（二氧化碳捕集、利用与封存）产业链稳链固链，以科技创新驱动和引领碳产业发展，推动化石能源走向高效、清洁、低碳。④

---

① 孟丹、刘进、黄天科等：《江苏省重点行业用电特征分析》，《农村电气化》2023年第7期。
② 王健、叶迎春：《“碳”索未来，南京跻身国家队方阵》，《南京日报》2022年9月23日。
③ 王健、叶迎春：《“碳”索未来，南京跻身国家队方阵》，《南京日报》2022年9月23日。
④ 曲艺：《我国首个碳全产业链科技公司成立》，《中国电力报》2022年9月26日。

（三）建材行业

新常态下的江苏建材工业正在以转型升级为主线，实现由原材料生产为主向加工制品生产战略性转移，从规模化向品质化、绿色化、智能化转变。[①] 随着国家产业结构调整、化解产能过剩、实施节能减排目标等宏观政策的贯彻实施，“十三五”期间，江苏建材行业以绿色低碳循环为发展理念，加大供给侧结构性改革，推动建材行业走“高端化、绿色化、智能化”发展路径，逐步提高清洁能源消费比重，行业节能减排、提质增效成果显著。“十三五”期间建材行业用电量呈现逐年递增趋势，但占全社会用电量的比例呈现稳中有降态势，从2015年的3.68%降低到2021年的3.16%，2022年为3.08%。[②]

（四）其他行业

纺织业是江苏的传统优势产业和国民经济重要支柱产业，在促进经济发展、带动就业增长、激发市场活力、释放内需潜力、加快经济转型等方面发挥着不可替代的作用。“十三五”以来，纺织行业加快集聚集约发展，实现了产业形式和发展方式的绿色升级。随着苏南纺织产业转移和结合自身资源优势挖掘潜力，苏中、苏北崛起了一批新的纺织企业和产业基地，江苏纺织走上了区域逐步均衡、差别化发展道路。例如，盐城市纺织染整产业园坚持“以染整产业为主导，以高端染整和高档面料为核心，向上下游产业链发展”的发展战略，抓住产业结构调整和转移的机遇，全力推进产业集聚。该园区被评为江苏纺织印染产业创新示范基地、中国绿色染整研发生产基地。通过集聚集约发展和绿色升级，纺织行业能耗整体呈下降趋势，占全社会用电量的比例从2015年的8.5%降低到2021年的6.38%，2022年低至5.63%。

江苏是我国纸张生产四强省份之一，2022年纸与纸板产量达到1 523

---

① 聂长兰：《关于江苏建材工业转型升级向纵深转折的思考》，《中国建材报》2015年8月17日。

② 孟丹、刘进、黄天科等：《江苏省重点行业用电特征分析》，《农村电气化》2023年第7期。

万吨，占全国总产量的11.97%。全省造纸工业在经过30多年的高速发展后，已经逐步实现清洁生产、绿色节能，正在借助科技创新进一步向数字化、智能化、绿色可持续方向发展，提升了整个造纸工艺流程的生产效率、能力和质量。①

二、 产业园区的低碳循环发展

“双碳”目标发布以来，针对园区绿色低碳发展，国家加强顶层设计，提出了“开展碳达峰试点园区建设”“实施园区节能降碳工程”“建设绿色工厂和绿色工业园区”“推进产业园区循环化发展”“加强园区物质流管理”等一系列行动部署和工作指引。江苏紧扣“强富美高”目标和“争当表率、争做示范、走在前列”要求，着力推进绿色园区建设，培育了一批创新能力强、示范引领作用好的低碳循环发展代表园区，形成了各具特色的工业园区绿色发展模式。

江苏园区经济的发展史，就是一部创新求变、转型升级史。江苏园区建设始于1984年沿海开放战略的提出，2001年中国入世带来的开放机遇使其进入高速发展期。2008年金融危机后逆经济全球化趋势兴起，以外向型经济为主的开发区经济增速放缓，2013年创新驱动发展战略提出后逐步回升。党的十八大以来，江苏园区更加坚持以开放促改革、以改革促发展，加快集聚各类创新要素资源，推动由传统产业集聚向新兴产业集聚、创新创业人才集中、高新技术企业集群转变。② 2021年江苏园区内有28 691家高新技术企业和8 359家省级以上研发机构，贡献了江苏66.9%的专利申请量和50.6%的发明专利授权量。③

在这一阶段，江苏园区绿色低碳循环发展在推动科技创新、精准强链补链延链、探索发展新模式上下功夫。“十三五”期间，累计建设国家级

---

① 邹鹏、徐媚：《江苏省造纸工业2020年运营概况及2021年发展展望》，《中华纸业》2021年第7期。

② 张军：《江苏园区经济风景独好》，《风流一代》2022年第2期。

③ 丁子尧、顾宗倪、罗小龙等：《制度转向下的产业空间演化研究——以江苏省开发区为例》，《地域研究与开发》2023年第2期。

绿色工厂 174 家、园区 14 家、绿色供应链管理企业 14 家，数量位居全国第一。[①] 共有 112 家开发区开展生态工业示范园区创建，其中获批省级以上生态工业示范园区共计 82 家，占全省开发区的 70.9%。同时园区循环化改造成效显著，启动实施循环化改造省级以上园区 150 家，涵盖所有有改造任务的国家级园区 47 家、省级园区 103 家。通过循环化改造，优势产业循环链条不断完善和延伸，物料综合利用效率和生产水平不断提高，资源能源利用效率不断提升，资源产出率、能源产出率、土地产出率平均值分别提高了 27.2%、23.1%、11.7%；单位 GDP 用水量和单位 GDP 能耗分别降低了 19.4%和 19.8%；二氧化硫、化学需氧量、氨氮、氮氮化合物等主要污染物排放分别削减了 37.5%、21.7%、26.7%、32.6%。

推动园区绿色低碳循环发展，是一项重大研究和实践课题。江苏正在以四大战略路径推动园区绿色低碳循环发展。

（一）绿色增量布局，绿色产业集聚度提高

江苏园区绿色低碳集群发展成效显著，累计 23 家企业入选国家工业产品绿色设计示范企业，创建国家级绿色工厂 249 家、绿色园区 20 家、绿色供应链管理企业 32 家，认定省级绿色工厂 584 家。[②] 智能电网、晶硅光伏、风电装备等 7 条产业链已基本达到中高端水平，[③] 集成电路占全国的 26.4%，居全国第一；光伏组件产量 70GW，约占全国的 50%，风电装机制造占全国的 30%；高压继电保护设备国内市场占有率达 80%；动力电池产值国内占比 38.8%，也位居全国首位。

（二）升级存量改造，节能降碳能力显著增强

园区通过多种方式协助企业挖掘节能降碳潜力，提升可持续发展水平。如苏州工业园区自 2016 年以来，针对全区年能耗 5 000 吨标准煤及以

---

① 李兰翔、李庭：《江苏制造业绿色发展的奋进十年》，《唯实》2023 年第 4 期。
② 薛海燕、蒋波：《美丽江苏图景充分展现》，《经济日报》2022 年 10 月 12 日。
③ 刘兴远：《数说江苏十年高质量发展“成绩单”》，《群众》2022 年第 10 期。

上的企业开展年度节能目标责任考核工作，2022年度考核范围扩大到年能耗3 000吨标煤及以上企业，并制定相关工作制度和标准，同时利用政策引导推动近400个节能技改项目，累计实现节能量近8万吨标准煤；昆山经开区自2017年起针对化工、电镀、喷涂等重点行业，发布《关于推进转型升级创新发展若干配套政策》，激励企业关停高污染生产线，进行技术改造实现节能减排，政策执行近6年来，昆山经开区8家电镀企业关闭电镀工段、6家企业关闭油性喷涂线、7家企业转出化工行业，共投入奖补资金2 749.7万元，实现减排废水1 200吨/天，减排挥发性有机物56吨/年；盐城工业园区实施智改数转"十百千万"工程，成功入选全国首批数字化绿色化协同转型发展试点。

（三）科创变量激活，绿色技术创新体系初步构建

各园区结合自身产业基础和资源禀赋，推动园区绿色低碳技术创新体系建设。如盐城建成清华大学盐城烟气多污染物国家工程实验室、金风科技国家风电实验室等高水平创新平台，大丰经济开发区集聚南京大学沿海低碳产业技术研究院、青岛大学海洋风电研究院等多家新型研发机构，射阳港经开区谋划"绿色制造＋绿电应用＋绿色服务"产业生态；常州经开区以企业为主体，加快创新技术研发，依托博瑞电力在储能领域的研发创新优势，推动其建设企业技术中心，成功解决特高压交直流输电、柔性交直流输电等电力领域最前沿技术难题；苏州高新区提出"众创空间＋孵化器＋产业园"接力招引模式，建立绿色产业创新基金，发行"碳中和"绿色债券，引入投向绿色环保企业的私募股权投资基金；无锡太湖湾科创城提出打造零碳科技产业园；南京中国能谷产业生态区打造碳中和建筑集聚式、高品质示范区。

（四）共建共享推进，绿色基础设施能力有所提升

全省园区积极推动基础设施绿色升级，实现互联互通、共建共享、协调联动，打造良好的人居与社会环境。如苏州工业园区建成以"污水处

理—污泥处置—餐厨及园林绿化垃圾处理—热电联产—沼气利用”为核心的，各环境基础设施间有机互联、互为能量和原料提供者的循环经济产业园。[①] 部分园区搭建GIS地理信息系统及排水信息化监管平台，开展环境污染第三方治理、能源托管服务，推广整体式、全过程服务。

案例3-2 无锡宜兴环科园实现较高绿金指数

无锡中国宜兴环保科技工业园于1992年11月经国务院批准设立，是我国唯一以发展环保产业为特色的国家级高新技术产业开发区，为科技部和环境保护部“共同管理和支持”的单位，列入了《中国21世纪议程》优先发展项目，并被江苏省人民政府确定为发展循环经济的重要示范基地。园区生产总值由建园之初的4.46亿元增至295.9亿元，其中环保产值占近270亿元。截至2022年，已有来自欧美、港台、东南亚等20多个国家和地区的企业入园投资兴业，环保企业数量由最初的10余家增至3 800余家，环保产品也由单一的水处理，发展到涵盖环保、电子、机械、生物医药、纺织化纤等7大类200多个系列2 000多个品种的全产业链支撑体系。该园区率先在全国开发区中开展生态系统生产总值（GEP）核算，2020年园区单位面积生态系统生产总值为1.27亿元/平方公里，在全国处于较高水平，绿金指数（GEP/GDP）为0.77，“绿水青山”和“金山银山”价值得到双实现、双提升。[②]

三、典型区域的绿色创新转型

党的十八大以来，江苏各地域以资源禀赋、发展阶段、功能定位作为谋划区域绿色低碳循环发展的主要依据，实现发展思路、路径的转变，根据市场化发育程度和生态环境保护要求确定不同的绿色低碳循环发展路径，打破行政区划壁垒，从同质竞争向协同发展转变，发挥“1+1>2”

① 李苑：《苏州工业园区构建循环产业链》，《中国环境报》2019年6月25日。
② 魏琳、马薇：《宜兴环科园为绿水青山评估“含金量”》，《每日一快报》2022年5月10日。

的效应，形成能彰显自身特色的绿色低碳循环发展地域模式，在全省范围内形成一个开放融合、协同发展的大生态系统。

（一）南京市以产业结构调整推动“绿色”转型

从2010—2016年工业绿色全要素生产率分解值来看，南京市在绿色综合技术效率方面表现优异，其效率指数高于1，尤其在资源配置能力和资源使用效率方面成绩突出。与扬子江城市群其他城市相比，南京市的绿色规模效率指数略显不足，需要优化工业要素的投入比例和企业规模，以提高整体工业效率。①

2016年“长江大保护”战略提出以后，长江经济带发展战略发生了根本性转变，由相对粗放式的发展方式转向高质量绿色发展，由开发利用主导转向保护修复主导。② 南京市坚持绿色发展方式，通过优化沿江工业布局，在淘汰落后或过剩产能上做“减法”，在改革创新和发展新动能上做“加法”，重点打造沿江智能制造绿色制造产业集聚，构筑绿色增长新空间。2013—2022年全市工业行业综合能耗呈波动性下降趋势，从10 193.13吨标准煤/亿元下降至6 098.29吨标准煤/亿元，工业行业综合能耗约为2013年的59.83%。南京以壮士断腕的决心改善当地环境，不仅全力推动了产业转型升级，还带动了城市有机更新、生态环境修复、民生条件改善。如燕子矶这样的昔日污染重灾区蜕变成新型产业和生态宜居新城区。③

（二）盐城市立足资源禀赋优势打造“低碳”产业

面对稳增长与促转型的双重任务，盐城积极践行“两海两绿”④ 发展

---

① 杨莉、余倩倩、张雪磊等：《江苏沿江城市工业绿色发展评价与转型升级路径研究》，《江苏社会科学》2019年第6期。

② 段学军、王磊、邹辉等：《长江经济带生态环境治理成效与绿色发展态势》，《长江流域资源与环境》2022年第8期。

③ 王文坚、李军、黄凤等：《从“五个美丽故事”中，读懂“绿色江苏”密码》，《扬子晚报》2023年9月19日。

④ “两海”是指“开放沿海、接轨上海”；“两绿”是指“绿色转型、绿色跨越”。

路径，努力把生态资源价值转化为支撑盐城发展的“金山银山”。作为江苏海岸线最长、滩涂湿地最多、海域面积最广、海洋资源最丰富的地区，盐城具有发展风力发电和太阳能发电的独特优势条件，是全省乃至全国新能源开发“家底”最好的区域之一。[①] 沿海风能资源丰富，有效风能时数多，近海风功率密度大，近海100米高度年平均风速超过7.6米/秒，远海接近8米/秒，年等效满负荷小时数可达3 000—3 600小时，是名副其实的“风的故乡”。同时，极端台风天气较少，近海海域为淤积型的辐射沙洲，滩涂面积广阔，地质状况比较稳定，海上风电开发各方面的综合条件更为优越。盐城也是太阳能资源较为丰富的Ⅱ类地区，年太阳辐射总量约为116.2—121.0千卡/平方厘米，年平均光照时间在2 280小时左右，年发电利用小时数约1 200小时。沿海滩涂面积广阔，适宜进行大规模集中式或分布式开发光伏发电项目的空间资源较为充足。[②]

2015年至2023年，盐城新能源发电量从46.29亿千瓦·时增长至279.20亿千瓦·时，年均增长率达67.56%，从占全社会用电总量的16.50%增长至57.90%。盐城由此成为长三角地区首个千万千瓦新能源发电城市。同时，盐城可再生能源装机容量和发电量均居江苏首位，其中，海上风电并网规模352万千瓦·时，占全国的39%，全球的10%。

（三）徐州市依托循环经济体系建设“无废城市”

2017年12月，习近平总书记在考察徐州市时指出，资源枯竭地区经济转型发展是一篇大文章，实践证明这篇文章完全可以做好，关键是要贯彻新发展理念，坚定不移走生产发展、生活富裕、生态良好的文明发展道路。[③] 徐州市坚持以新发展理念推动高质量发展，持续推进产业、城市、生态三大转型，聚焦绿色低碳能源新领域、新赛道。2022年7月，徐州获批建设国家可持续发展议程创新示范区，以创新引领资源型地区中心城市

---

① 刘进、唐学文、林江刚：《江苏海上风电如何驭风而行》，《群众》2020年第9期。

② 严安：《发力打造“绿色能源之城”》，《群众》2023年第13期。

③《习近平在徐州考察时强调　深入学习贯彻党的十九大精神　紧扣新时代要求推动改革发展》，《人民日报》2017年12月14日。

高质量发展为主题，努力为解决老工业基地振兴和资源型城市发展的难题提供徐州经验。①

自2019年被确认为国家首批“无废城市”建设试点以来，科学编制《徐州市“无废城市”建设试点实施方案》，深入推进园区循环化改造、企业循环式生产、产业循环型组合，加快建设邳州、新沂等国家级“城市矿产”示范基地，打造装备、服务两个维度的淮海经济区产业生态圈。

循环经济是以资源和能量再利用、再循环为模式，以节能和环保为目标的产业系统。徐州市循环经济产业园是徐州“无废城市”建设的重要支撑项目，其位于铜山区大彭镇，重点以固体废物处理处置为主，包括生活垃圾、餐厨垃圾、危险废物、市政污泥、建筑垃圾、园林垃圾、废钢铁、废旧机电等，服务于徐州市城区（危废覆盖全市域）。产业园成功入围50强国家资源循环利用基地建设名单，并按照“国内领先、世界一流循环经济示范区、辐射淮海经济区（核心区）的环保生态园区和徐州市‘城市绿色出口’”的规划定位打造，对徐州市区固废垃圾进行集中处置再循环。②截至2022年，园内已建成运营日处置生活垃圾2 250吨的垃圾焚烧发电厂、日处置厨余垃圾366吨的餐厨垃圾处理厂，建筑垃圾处置、危废材料处置等10余个项目也顺利投产。③服务范围覆盖徐州市大部分城区，实现生活垃圾“无害化、减量化、资源化”处置。

（四）耿车镇以“两山”理念探索“新耿车模式”

耿车镇位于宿迁市宿城区，镇域面积35.01平方千米。改革开放后，耿车镇从废旧塑料回收加工产业起步，闯出了欠发达农业地区发展乡镇企业、振兴农村经济的路子，费孝通先生总结为“耿车模式”，④与“苏南模式”“温州模式”“泉州模式”并称为中国区域经济发展四大样板。进入生

---

① 张彤：《奋力推动绿色低碳能源转型发展》，《群众》2023年第1期。
② 霍震：《徐州循环产业园环保治理路径与对策》，《资源节约与环保》2020年第4期。
③ 许海燕：《“无废城市”，把城市废弃物“吃干榨净”》，《环境与生活》2022年第5期。
④ 徐洪、罗群超、陈大伟等：《好一个“新耿车”——从耿车蝶变看“两山”理念》，《江苏政研》2023年第11期。

态文明新时代，耿车镇壮士断腕去污减塑，把昔日的“破烂镇”“垃圾镇”变成了闻名全国的“电商镇”“生态镇”。①

1983年1月，中央1号文件为创办私营企业开了绿灯，当地办起了塑料加工厂，废旧塑料回收加工迅速成为当时全乡的支柱产业，逐渐形成乡办、村办、户办、联户办“四轮齐转”，民营经济、集体经济“双轨并进”的“耿车模式”②；由此也形成了以耿车镇为中心、辐射周边近100平方千米的废旧物资回收加工集散地。③

废旧物资加工回收虽然属于循环经济范畴，但由于长期处于低端环节，耿车人与自然的矛盾已经尖锐到了无以复加的地步。耿车镇一年产生垃圾超5万吨，排放污水达280万吨，有的土壤砷含量超出标准值2.4倍。$PM_{2.5}$检测常年爆表，丙烯腈等有毒气体浓度严重超标，焦臭气味令人窒息。2012年，耿车镇被环境保护部列为全国八大重点环境整治区域。

2015年，中共中央、国务院《关于加快推进生态文明建设的意见》正式发布。2016年初，耿车镇落实国家生态文明建设的总体部署，对废旧物资回收加工业进行全面综合整治，彻底取缔了存续30多年的废旧物资回收加工行业。当地政府发挥共商共建共治合力，将整治行动与产业转型相结合，以生态农业示范园、绿色家居产业园、快递物流产业园、直播电商产业园建设为抓手，扎实推进“美丽乡村”建设工程，建成占地面积300亩的白鹿湖生态公园、复原“白鹿渔歌”景观，新植各类苗木300余万株，建设6条水清岸绿景美的生态廊道，生产生活条件、生态环境、公共服务得到极大改善。④ 2022年，耿车生产总值达到33.88亿元，居民人均可支配收入突破3.6万元，分别是2016年整治前的1.71倍、2.51倍。

从以废旧物资回收加工为支撑的“耿车模式”到绿色“新耿车模式”的

① 王文坚、李军、黄凤等：《从“五个美丽故事”中，读懂“绿色江苏”密码》，《扬子晚报》2023年9月19日。

② 王少勇、陈威：《苏北：让“绿”成为发展底色》，《中国国土资源报》2016年5月7日。

③ 孔雪、周洋：《穷乡致富：“耿车模式”载史册》，《淮安日报》2023年7月25日。

④ 李莉、范晓黎：《“三生融合”的“新耿车模式”》，《中国环境报》2019年6月24日。

实践证明，全面整治并没有影响耿车镇的经济发展，反而倒逼耿车镇在产业转型中转出了速度、质量和效益，转出了绿色发展新动能，也转出了“绿富和美”的新生活。“新耿车模式”充分彰显了“两山”理念的时代价值。

第四章

打赢环境污染防治攻坚战

从20世纪70年代至今，全球环境治理进程经历了“就环境谈环境”和“跳出环境谈环境”两个阶段。[①] 环境问题是社会问题、政治问题和经济问题，更是重大的国家安全问题，要集中攻克老百姓身边的突出生态环境问题，让老百姓实实在在感受到生态环境质量改善。2013年以来，江苏认真落实中央及生态环境部相关部署，深入打好污染防治攻坚战，总体环境质量达到21世纪以来最好水平，全省生态文明建设取得突破性进展。

第一节
环境污染治理：铁腕治污实践

生态文明建设功在当代、利在千秋，美丽江苏建设责任重大、前景可期。在2023年江苏省生态环境保护大会上，江苏省委要求要深入学习贯彻习近平生态文明思想和习近平总书记考察江苏重要讲话重要指示精神，全面贯彻全国生态环境保护大会精神，牢牢把握“走在前、做示范”的重大要求，以铁腕实践夯实“强富美高”新江苏的生态根基。

一、刀刃向内推动政策落实

自新中国成立以来，我国环保发展史呈现从不断强化治理主体责任、保护相关环境权益到推进环境共同治理的演进过程，实现了从初始的政府直控型治理转向社会制衡型治理、从单维治理转向多元共治的根本转变。[②] 在此背景下，江苏环境污染治理经历了末端治理—源头治理—协同治理的变革过程，持续强化污染治理。20世纪90年代，针对重化工业发展给生态环境带来的前所未有的压力，江苏开展实施污染物排放总量控制制度；

① 习近平：《推动我国生态文明建设迈上新台阶》，《奋斗》2019年第3期。

② 王金南、董战峰、蒋洪强等：《中国环境保护战略政策70年历史变迁与改革方向》，《环境科学研究》2019年第10期。

“十一五”期间，创新总量控制制度实施路径，实施结构减排、工程减排、管理减排“三大减排”战略；“十二五”期间，将氨氮和氮氧化物纳入约束控制指标，并将农业源和机动车纳入控制领域。“十三五”期间，经济增长粗放的状况尚未根本改变，环境保护在新的历史时期面临严峻挑战，进一步推出“源头治理”模式。[①]“十四五”以来，江苏适时提出深化源头治理，实施协同治理的思路，确立“1＋3＋7”污染防治攻坚作战体系，深入打好污染防治攻坚战，推动环境质量大幅改善，协同推动经济高质量发展和生态环境高水平保护。

二、 持续治理水气土要素

实现水气土要素治理，强化联防联控，基本消除重污染天气，还老百姓清水绿岸、鱼翔浅底的景象。为此，江苏以解决损害群众健康的突出环境问题为重点，结合 2013 年后国务院先后印发的“大气十条”“水十条”“土十条”所提出的水气土要素治理目标和要求，坚持“预防为主、综合治理”的理念，强化对水、大气、土壤等污染的防治。

水污染治理方面，坚持以水生态环境质量改善为核心，以最坚定的决心和最有力的举措开展水污染防治行动，推动全省水生态环境发生了重大转折性变化。完善水污染治理法规，严格规范标准，出台 1 部总纲性地方性法规，现行生效的地方涉水法规共 29 部。全面提升水污染治理能力，开展城镇区域水污染物平衡核算管理，推动城镇污水收集处理率的逐步提升，率先实行水环境区域补偿，加快推进排灌系统循环回用生态化改造。

大气污染治理方面，贯彻“降浓度不降产能、减污不减产”的工作思路，紧紧围绕空气质量“只能更好、不能变坏”的底线要求，坚持源头治理与优化运行相结合，在重点区域、重点行业、重点污染物、重点时段多处着手，持续推进重点行业友好减排，推进全省火电、钢铁、水泥等排放大户通过提升煤质、改进工艺、优化治污设施运行状态等措施，实现持续

① 张友国：《构建生态文明新格局：释义与路径探索》，《中国人口·资源与环境》2023 年第 7 期。

友好减排。

土壤污染治理方面，注重问题导向，补齐治土短板，聚焦关键领域，保障吃住安全。加强农用地和建设用地土壤污染源头防控，落实土壤污染重点监管单位主体责任，加强耕地分类管理和安全利用，有序推进建设用地土壤污染风险管控和修复；严格建设用地准入管理，发布江苏建设用地土壤污染风险管控和修复名录；加强地下水污染防治，统筹推进土壤污染防治先行区和受污染耕地安全利用示范区建设。

三、 实施“263”专项整治行动

党的十八届三中全会以来，针对产业结构重、开发强度大、排放总量高的局面没有根本改变，资源环境硬约束尚未根本缓解的省情，江苏省委、省政府落实中央环境保护督察整改要求，于2016年12月开展“两减六治三提升”的“263”专项整治行动。

其中，“2”指的是减少煤炭消费总量和减少落后化工产能，这是环境治理的重要措施；“6”指的是针对生态文明建设问题最突出、与群众生活联系最紧密、百姓反映最强烈的六个方面环境问题，重点治理太湖水环境、生活垃圾、黑臭水体、畜禽养殖污染、挥发性有机物污染和环境隐患等问题；“3”指的是提升生态保护水平、环境经济政策调控水平和环境监管执法水平，为生态文明建设提供坚实保障。其中“两减”的主要做法如下：

减少煤炭消费总量。作为用煤大省，江苏通过整治存量燃煤锅炉、淘汰落后产能、压缩过剩产能、实施热电联产、深化节煤改造、提高准入门槛、严格替代标准、发展清洁能源、加强散煤治理等措施积极削减煤炭消费总量，从而使得在煤炭总量得到控制的同时，2010—2021年间单位GDP的原煤消耗量下降了61%（图4-1）。

减少落后化工产能。推动化工企业入园进区行动；清理并规范化工园区结构，禁止新增化工园区；强化危化品生产、经营和储运等环节相关企业监管。例如，按照“263”专项整治行动方案，2017年梳理出化工企业

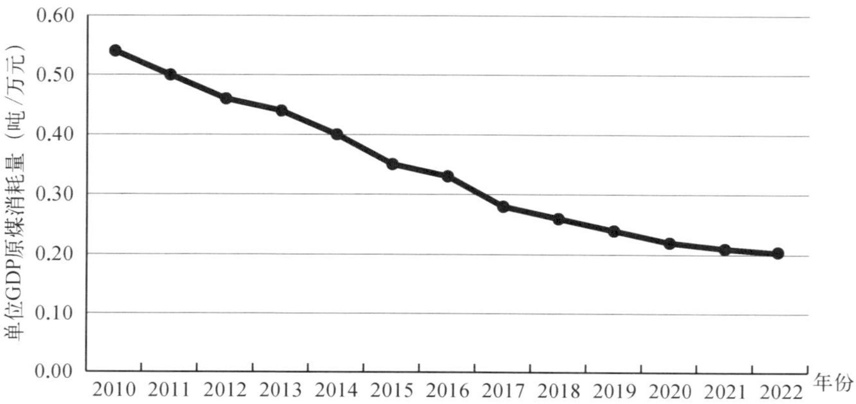

图 4－1　2010—2022 年江苏省煤炭消费总量

“关停一批、转移一批、升级一批、重组一批”的清单。虽然关停企业数量占全省化工生产企业总数达到 13.44%，但被关停的主要是生产水平低下、环保设施配套不足、治理粗放的小微化工企业，关停企业总产值仅占 0.9%。①

四、深入实施“1+3+7”污染防治攻坚

2018 年 5 月，全国生态环境保护大会在北京召开，发出了打好污染防治攻坚战的号召。据此，江苏构建“1＋3＋7”② 污染防治攻坚作战体系，在全国率先设立高规格的污染防治攻坚战指挥部，印发《关于全面加强生态环境保护坚决打好污染防治攻坚战的实施意见》，提出 2020 年的总体目标，要求着力解决突出的生态环境问题，有效改善环境质量，环境风险得到有效管控。2022 年，为进一步加强生态环境保护，江苏省委、省政府印发《关于深入打好污染防治攻坚战的实施意见》，明确了深入打好污染防治攻坚战“作战图”——坚持精准治污、科学治污、依法治污，强化系统治理、源头治理，协同推进降碳、减污、扩绿、增长，重点抓好十项任

① 王海慧、王宗林：《环保整治对江苏化工行业的影响分析》，《金融纵横》2017 年第 10 期。

② “1”，即出台《关于全面加强生态环境保护坚决打好污染防治攻坚战的实施意见》；“3”，即打好蓝天、碧水、净土三大保卫战；“7”，即打好柴油货车污染治理、水源地保护、城市黑臭水体治理、长江保护修复、太湖治理、农业农村污染治理、固体废物污染防治七个攻坚战。

务，推动生态环境质量稳步改善。

为打好蓝天、碧水、净土保卫战，跟进发布实施了《江苏省打赢蓝天保卫战三年行动计划实施方案》，要求加快推进绿色高质量发展，提升生态环境治理体系和治理能力现代化水平。为此主要采取以下对策：

一是以未来为指引，让百姓的幸福感、获得感更强。深入打好污染防治攻坚战，要求必须坚守“生态环境质量只能更好、不能变坏”的底线，科学确定并努力实现与现代化相适应的生态环境质量目标。首先，更加注重争先进位，坚决扛起“争当表率、争做示范、走在前列”的使命担当，提出到2025年，全省生态环境质量持续改善，主要污染物排放总量持续下降，实现生态环境质量创优目标。其中，全省$PM_{2.5}$浓度降至30微克/立方米左右，优良天数比率达到82%以上；地表水国考断面水质优Ⅲ比例达90%以上，近岸海域水质优良（Ⅰ、Ⅱ类）比例达65%以上；受污染耕地安全利用率达到93%以上，重点建设用地安全利用得到有效保障。其次，更加注重提升人民群众的生态环境获得感、幸福感和满意度，把生态资源作为最普惠的民生福祉和最公平的公共产品，把良好的生态环境作为人民生活质量提高的增长点、江苏生态经济持续发展的支撑点以及展现江苏良好形象的发力点，提出到2035年，广泛形成绿色生产生活方式，碳排放达峰后稳中有降，生态环境实现根本好转，建成美丽中国示范省。

二是从源头抓治理，让生态保护屏障更加牢固。随着环境质量的持续改善，末端治理的边际效益递减，急需从源头上控制污染排放。江苏在深入打好污染防治攻坚战中及时转思路、转方法，适时提出强化源头治理的要求，制定《深入打好净土保卫战实施方案》《深入打好重污染天气消除、臭氧污染防治和柴油货车污染防治攻坚战行动实施方案》《深入打好长江保护修复攻坚战行动方案》等一系列政策文件，优化治理措施，推动环境质量持续改善。首先，在抓好末端治理的同时，更大力度推进清洁原料替代、超低排放改造等源头治理手段，出台《挥发性有机物清洁原料替代工作方案》，推进工业涂装、包装印刷、木材加工等重点行业3 130家企业原辅材料清洁化。[①] 其次，切实转变思想观念，摈弃“就污染论污染”“就降碳论降碳”的思维定式，在“深入”上拓展思路，推动减污降碳协同增效。制定绿色发展领军企业计划、工业园区污染物排放限值限量管理、城镇区域水污染物平衡核算和地方环境标准提升等源头治理新举措，完善生态环境承载力约束机制，强化“三线一单”空间管控，落实重点行业三级环评联审制度，加强“两高”项目生态环境源头防控，推动生态环境治理实现从“打被动仗”到“打主动仗”的转变。

三是向改革要动力，让美丽与发展同行。“深入打好”是在三年攻坚战取得明显成效的基础上进行的，目标更高、难度更大。当前仅靠单一治理方式很难取得更好效果，必须充分发挥改革措施的系统性、整体性、协同性，进一步完善市场化机制，更多运用法治、经济等手段治理生态环境，才能有效激发治污减排的内生动力，推动生态环境质量持续改善。[②] 江苏在全国率先建立环境应急管控停限产豁免机制，树立“干好干坏不一样”的鲜明导向；率先推行水断面上游无过错责任举证制度和水环境区域“双向补偿”制度，运用经济杠杆激发各地治污动力；率先实施企业环保信用评价，配套实施差别水价电价政策；率先启动生态环境损害赔偿制度改革，累计受理启动赔偿案件数量位居全国前列[③]；率先推行“绿岛”建设试点等一批创新举措；率先建成污染防治综合监管平台，实现省市县乡四级贯通。[④] 政府相关部门全联通、纪委监委全流程嵌入式再监督。[⑤] 作为全国唯一的生态环境治理体系和治理能力现代化试点省，江苏的生态文明制度改革红利加快释放。

---

① 何晨凤、张藜藜：《以高水平保护凝聚江苏高质量发展强大合力——专访第十三届全国人民代表大会代表、江苏省生态环境厅负责人》，《环境保护》2020 年第 6 期。

② 吴琼：《强化源头治理，推进降碳减污》，《新华日报》2022 年 2 月 11 日。

③ 吴琼、王静：《锦绣江苏，高质量发展绿意盎然》，《新华日报》2022 年 3 月 25 日。

④ 吴琼、王静：《锦绣江苏，高质量发展绿意盎然》，《新华日报》2022 年 3 月 25 日。

⑤ 李莉：《展现最直接最可感的美丽江苏》，《群众》2021 年第 20 期。

第二节
环境污染治理成效

随着环境污染治理政策的落实和常抓不懈的污染防治攻坚，治污攻坚不断深入推进。江苏始终坚持精准治污、科学治污、依法治污，强化系统治理、源头治理、精准施策，全省生态环境总体质量持续改善，主要污染物排放总量持续下降，污染防治攻坚战阶段性目标圆满完成，实现了“十四五”生态环境保护的良好开局。

一、 水环境污染治理成效

习近平总书记指出，要着力解决突出环境问题。[①] 党中央、国务院高度重视水污染防治工作，2015 年国务院印发《水污染防治行动计划》。针对水污染防治工作紧迫性、复杂性、艰巨性和长期性的特点，依照“节水优先、空间均衡、系统治理、两手发力”原则，突出重点污染物、重点行业和重点区域，注重发挥市场机制的决定性作用、科技的支撑作用和法规标准的引领作用，加快推进水环境质量改善。[②] 2020 年，省第十三届人民代表大会常务委员会通过《江苏省水污染防治条例》，从水污染防治措施、水生态环境修复、区域水污染防治协作、水环境风险监测预警与水污染事故应急处置等多个方面提出明确要求和规定。[③]

全省水环境治理效果持续向好。到 2023 年，水环境质量稳中向好，全省 210 个国考断面中达到或好于Ⅲ类水质标准的断面比例高达 92.4％，

---

① 习近平：《决胜全面建成小康社会　夺取新时代中国特色社会主义伟大胜利——在中国共产党第十九次全国代表大会上的报告》，人民出版社 2017 年版，第 51 页。

② 姜青新：《看懂“水十条”》，《WTO 经济导刊》2015 年第 5 期。

③ 王树堂、陈坤、田金平等：《长江经济带工业园区水污染防治问题与对策研究》，《环境保护》2019 年第 12 期。

相较于2009年上升了46.9个百分点。劣Ⅴ类断面的数量持续下降，2019年全面消除劣于Ⅴ类断面。

2022年，长江干流江苏段水质连续5年保持Ⅱ类，生态岸线占比提高到64.1%；太湖连续15年实现“两个确保”，蓝藻水华的平均面积和最大面积同比分别下降10.3%和46.8%。[①] 与2019年和2020年相比，2022年水质优良断面达到或好于Ⅲ类断面的比例分别上升7.3%和3.8%。相较于2015年，2022年水质优良断面增加31.9%，劣于Ⅴ类断面比例减少6.1%。

2022年，纳入江苏“十四五”水环境质量目标考核的655个断面中，年均水质达到或好于Ⅲ类的比例为91.0%。断面超标率为3.7%，超标断面的主要污染指标为总磷。相较于2015年，2022年水质优良断面比例升高42.8%，劣于Ⅴ类的断面比例下降2.4%（图4-2）。

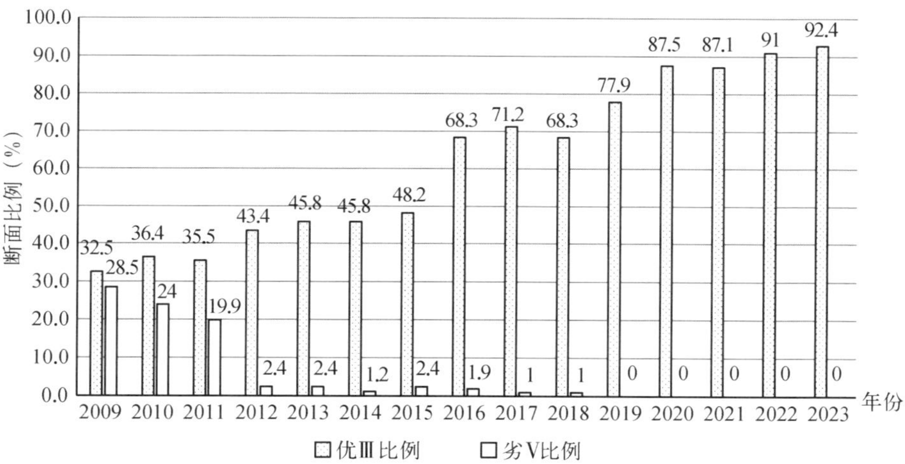

图4-2　2009—2023年江苏国考断面水质变化情况

2021年环境统计数据表明，全省化学需氧量、氨氮、总氮、总磷分别排放119.49万吨、4.33万吨、17.54万吨、1.74万吨，分别约占全国的4.8%、5.3%、5.8%、5.3%。与2020年相比，化学需氧量排放量下降

① 朱喜、李贵宝、王圣瑞：《太湖蓝藻爆发的治理》，《水资源保护》2020年第6期。

0.84%，氨氮排放量下降16.57%。沿江地区贡献全省近一半的排放量，化学需氧量、氨氮、总氮、总磷分别占全省排放的45.1%、52.4%、44.7%、37.5%。

全省单位国土面积水污染物排放强度高于全国平均水平。全省水体污染物的主要来源为生活源和农业源，化学需氧量、氨氮、总氮、总磷分别占总排放量的94.7%、94.9%、93%、97.9%。单位面积化学需氧量、氨氮、总氮、总磷排放量分别是全国平均水平的4.2倍、4倍、5倍、5.3倍。排放强度在全国各省（区、市）中较高，与长三角相邻省、市相比，四项主要污染物排放强度均高于浙江，总磷排放强度高于上海。

全省重点行业常规水污染物贡献总体较低，化工行业对于局部水环境的影响不容忽视。化工行业向工业园区集聚，水污染物也集中排放，且工业源入河系数高，因此，在局部化工集中的区域，特别是化工园区（集中区）对周边水环境的影响需要重点关注。①

二、 大气环境污染治理成效

江苏注重多策并举、多地联动，全社会共同行动，加大大气污染治理力度，聚焦燃煤、机动车、工业、扬尘四大重点领域，集中实施压减燃煤、控车减油、治污减排和清洁降尘措施。积极落实2015年出台的《大气污染防治条例》，制定大气污染防治规划，严格控制和削减重点大气污染物排放总量，建立政府监管、公众参与、共同治理、联防联控的防治机制，有效实现了大气环境质量改善的目标。

大气环境质量明显好转。2022年环境公报数据表明，全省13个设区市优良天数比率介于70.7%—84.1%之间，对照2022年生态环境部印发的江苏生态环境指标计划，$PM_{2.5}$浓度和优良天数比率均达到国家考核目标要求。2022年，全省环境空气质量平均优良天数比例为79.0%，较2013年上升18.7个百分点。同时，全省$PM_{2.5}$年均浓度降至31.5微克/

① 于水、张琪：《水环境污染治理的“智慧模式”构建——以江苏省无锡市为例》，《科技管理研究》2016年第1期。

立方米，连续两年以省为单位达到国家空气质量二级标准，实现了2013年以来的“九连降”，创有监测记录（2013年）以来的最好水平。

空气污染物浓度显著降低。《江苏省环境公报》显示，2022年大气污染物二氧化硫、NO_2 和 $PM_{2.5}$ 浓度分别为7微克/立方米、25微克/立方米、31微克/立方米，较2013年分别下降了80.0％、39.0％、57.5％，二氧化硫、二氧化氮和 $PM_{2.5}$ 浓度年均削减率分别达8.0％、3.9％、5.8％（图4－3），呈现连年下降趋势。

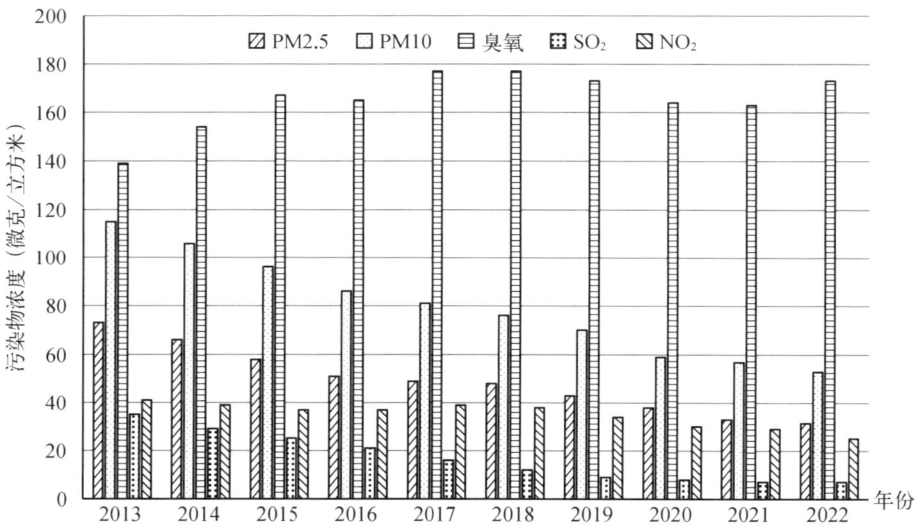

图4－3　2013—2022年江苏各项污染物年均浓度变化

但环境质量与长三角其他省份相比仍有一定差距。2022年，江苏省 $PM_{2.5}$ 浓度与浙江、上海相比分别高7微克/立方米、8微克/立方米，优良天数比率比浙江、上海分别低9.7％、11.9％，臭氧超过 $PM_{2.5}$，已成为影响江苏省优良天数比率的首要污染物。2022年臭氧超标达到8.1％，从2015年开始臭氧的浓度连续上升，并在2017年和2018年达到顶峰（177微克/立方米），业已成为影响空气质量的最主要指标。[①]

① 吴锴、康平、于雷等：《2015—2016年中国城市臭氧浓度时空变化规律研究》，《环境科学学报》2018年第6期。

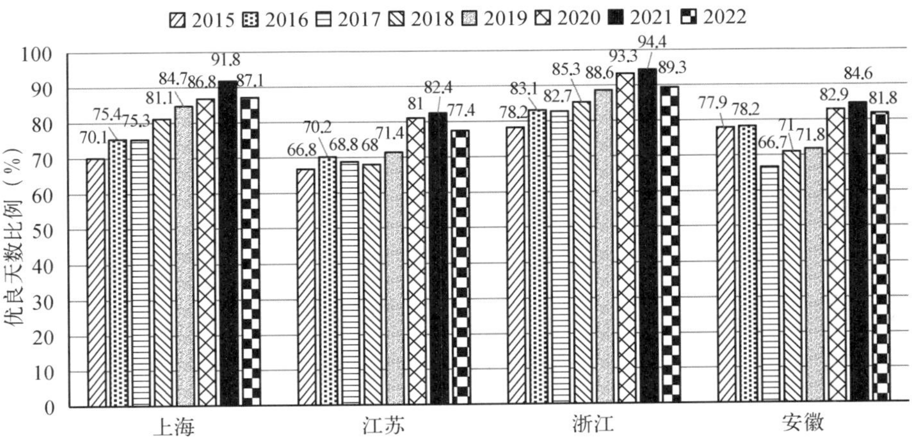

图 4－4 2015—2022 年上海、江苏、浙江、安徽优良天数变化情况

三、 土壤环境污染治理成效

习近平总书记指出，要保持战略定力，强化土壤污染治理和修复，以“钉钉子”精神推进农业面源污染防治，开展农村人居环境整治行动，加强固体废弃物和垃圾处置，加强农业面源污染治理，加大城乡环境综合整治力度。2022 年制定《江苏省土壤污染防治条例》，强化土壤污染防治各项工作基础，协同推进土壤污染预防、风险管控、治理修复等工作，着力解决土壤污染威胁农产品安全和人居环境健康等突出问题。近年来，主要完成或开展了以下工作：

完成土壤污染状况详查。2018 年圆满完成布点、采样、制样、流转、保存、检测、数据上报、成果集成等全部工作，初步查明农用地土壤污染的面积、分布及其对农产品质量的影响。2020 年完成了重点行业企业用地土壤污染状况调查，掌握重点行业企业用地土壤污染状况、污染地块分布及其环境风险情况。例如，全省 766 个国家网农用地点位中，未超过《土壤环境质量　农用地土壤污染风险管控标准（试行）》风险筛选值的点位占比为 96.2%，超过风险筛选值的点位占比为 3.8%，但均不超过风险管制值。

构建土壤环境质量监测网络。建立了土壤监测国家网，结合江苏省情在各地蔬果种植基地、畜禽养殖场、重金属防控区和交通干线两侧，布设土壤省控点 167 个；在与居民健康关系较紧密的住宅区、公园、交通干线 3 类绿地的建成区，布设城市点 529 个。布设全省土壤点位共 2 386 个，实现土壤环境质量监测点位所有县（市、区）全覆盖。

严格落实建设用地准入管理。2017 年以来，持续推进辖区内疑似污染地块、污染地块名录建立工作，及时上传全国污染地块土壤环境管理系统并动态更新；2019 年起，实施土壤污染风险评估、风险管控和修复效果评估报告评审制度，建立江苏建设用地土壤污染风险管控和修复名录并向社会公布。

加强土壤污染源头防控。加强涉重金属行业污染防控，截至 2020 年年底，重点重金属排放量较 2013 年下降 18.7%，全面达成“土十条”目标。推进工业固体废物堆存场所和非正规垃圾堆放点排查整治。积极推动化肥、农药使用量双双实现零增长，扎实推进废弃农膜回收利用，基本建成全省废旧农膜回收网络。

全省已监测的 367 个土壤风险点中，污染物含量低于风险筛选值的点位占比为 90.5%，超过风险筛选值的点位占比为 9.5%，无超过风险管制值点位。其中，污染企业及固废处置类场地的风险点，超过风险筛选值的点位占比为 16.0%；规模化畜禽养殖场的风险点，超过风险筛选值的点位占比为 6.0%；集中式饮用水水源地陆域保护区的风险点，超过风险筛选值的点位占比为 3.1%。

四、 环境污染治理的综合成效

党的十八大以来，江苏深入打好污染防治攻坚战，坚持减污降碳不放松、源头治理不动摇、严格监管不手软、服务发展不止步的原则，协同推动经济高质量发展、生态环境高水平保护和人民群众高品质生活，总结环境污染治理的江苏经验，建立符合江苏实际的环境污染现状的治理体系。其中，“减免环境保护税 57.32 亿元”“强化环境敏感区域农业面源污染治理”等多个治理案例被人民网、新华社等多家媒体报道；绿色低碳循环示范试点园区数量在长江经济带处于领先地位。[①] 污染治理的综合治理成效如下：

深入打好污染防治攻坚战，实现经济增长与污染排放有效“脱钩”。2012至2022年，在全省GDP连跨7个万亿元台阶的同时，生态环境质量总体创有监测记录以来最好水平，形成经济平稳增长、环境持续向好的良性互动局面。全省$PM_{2.5}$浓度下降56.8%，连续两年以省为单位达到国家空气质量二级标准，优良天数比率提升18.7个百分点；国考断面水质优Ⅲ比例提升47.6个百分点，劣Ⅴ类断面全面消除；长江干流江苏段水质连续5年保持Ⅱ类，太湖治理连续15年实现安全度夏。特别是在2022年天气极端、经济下行的情况下，全省上下连续作战、攻坚克难，推动生态环境质量持续改善。全省$PM_{2.5}$浓度31.5微克/立方米，同比下降4.3%，PM_{10}浓度同比下降7%，二氧化氮浓度同比下降13.8%；国考断面水质优Ⅲ比例达到91%，同比上升3.9个百分点，优Ⅱ比例达到35.2%，同比大幅上升11.9个百分点，近岸海域水质优良比例达到88.9%，同比提升1.5个百分点。公众生态环境满意率连续五年上升，2021年达到93.6%，良好生态环境已成为江苏百姓最有幸福感的公共产品。在国家污染防治攻坚战考核中，江苏是全国唯一连续三年获得优秀等级且名次持续进位的省份。

实现环境、经济、社会效益协调发展，推动高质量发展与高水平保护协同并进。在锚定生态环境质量改善战略目标不动摇的同时，面对基层、企业遇到的环保难题，积极指导企业、倾心帮助企业，协助解决问题。出台大气治理攻坚便民服务“12条”、畜禽养殖“9条”，明确禁养区内畜禽养殖场完成当期养殖前不得强制关闭搬迁；制定保护企业产权“23条”，建立守法自律企业环保信任保护机制，依法慎用强制措施，让企业家安心谋发展；建立“企业环保接待日”“金环对话”等多项机制，变问题为议

① 郝吉明、田金平、卢琬莹等：《长江经济带工业园区绿色发展战略研究》，《中国工程科学》2022年第1期。

题，广泛听取企业诉求，帮助企业解决治污难题[①]；制定绿色金融“33”条，推出“环保贷”“环保担”等系列绿色金融产品，多举措缓解企业治污融资难、融资贵等问题；出台《关于优化排污总量指标管理服务高质量发展的意见》，建立排污总量指标省市县三级储备库，指导地方腾出、盘活排污指标，支持优质重大项目建设；用好“厅市会商”机制，主动上门对接地方解决难题，在符合环保要求的前提下，服务保障投资700亿元的盛虹炼化等一批优质重大项目顺利落地建设，仅2019年就服务保障216个10亿元以上重大项目顺利落地，总投资近5 000亿元，助力全省稳定经济大盘。这一做法得到全国工商联和生态环境部肯定，多次在全国支持服务民营企业绿色发展座谈会上介绍经验。

加快由污染防治向污染防治与生态保护并重转变，推动生态系统多样性、稳定性、持续性稳步提升。在“守、增、转”上系统发力。“守”方面，在全国率先印发《江苏省生态空间管控区域规划》，将全省22.49%的陆域面积划定为生态空间管控区域进行严格保护[②]；列举自然生态保护修复行为负面清单，明确6大类禁止、限制行为，防止“以修复为名、行破坏之实”；扎实推进县（市、区）生物多样性本底调查工作，发布全省首批生物多样性红色名录、外来入侵物种名录和环境质量指示物种清单，不断提升生物多样性保护水平。“增”方面，实施重要生态系统保护和修复重大工程，大力推进山水林田湖草一体化保护和系统治理；创新开展“生态岛”试验区建设，率先开展生态安全缓冲区建设，累计建成45个，部分缓冲区出水水质基本达到地表水准Ⅳ类标准。“转”方面，建立健全生态产品价值实现机制和生态补偿制度，将省级生态补偿资金分配方法与各地生态空间管控区域保护情况挂钩，2013年以来累计下拨生态补偿转移支付资金约150亿元，全部用于环境保护、生态修复等。全省累计建成国家生态文明建设示范区31个、“绿水青山就是金山银山”实践创新基地8个，

---

① 魏永刚：《实现发展与保护的辩证统一》，《经济日报》2023年7月8日。
② 王天琦：《保护生物多样性　绘就美丽江苏新画卷》，《世界环境》2022年第12期。

数量居全国前列。[①] 长江江苏段江豚数量上升，其活动范围明显扩大，勺嘴鹬、四鳃鲈鱼等敏感物种的回归，充分反映了江苏生态环境的改善。在《生物多样性公约》第十五次缔约方大会第二阶段会议中国角上，江苏是单独举办主题宣传日的省份之一，生物多样性保护工作得到各方面的充分肯定。

扫除了一批长期想解决而没有得到很好解决的“沉疴顽疾”。在全国率先建立省级生态环保督察制度，实现设区市首轮省级督察全覆盖，对7个县（市、区）开展“点穴式”专项督察，2022年全省创新开展了异地督察模式，有力压实地方责任。率先建立生态环保、公安“2＋N”重大案件联合查处机制，省市县三级均建立“执法重案组”，以全国3.6％的生态环境执法力量，办理了全国15％的案件，先后啃下了“灌河口案”“辉丰案”等硬骨头，执法力度位于全国前列。率先实现移动执法装备全覆盖、全联网、全使用，制定监督执法正面清单，出台《关于加快推进生态环境非现场监管的意见》，被国家生态环境部转发全国系统学习。近四年，长江经济带国家警示片披露的问题得到全部整改并清零，第一轮中央生态环保督察及“回头看”交办问题全部完成整改，第二轮督察反馈问题正扎实整改，南通五山地区生态环境整治等被中央督察办评为整改正面典型案例。

第三节

环境污染治理的江苏经验

习近平总书记在2023年全国生态环境保护大会上指出，要处理好重点攻坚和协同治理的关系，强化目标协同、多污染物控制协同、部门协

① 贺震：《江苏：良好的生态环境不再是奢侈品》，《环境教育》2022年第10期。

同、区域协同、政策协同，不断增强各项工作的系统性、整体性、协同性。[①] 江苏持续深化体制机制创新，率先走出了一条高质量发展与高水平保护协同并进的路子，形成了一批环境污染治理“江苏经验”。

一、“千万工程”补齐治污短板

党的二十大报告指出，要“提升环境基础设施建设水平”。近年来，江苏深入学习推广浙江“千村示范、万村整治”工程经验，结合国家颁布的《农村人居环境整治提升五年行动方案（2021—2025年）》要求，坚持以基础设施支撑现代化，把环境基础设施建设作为拉动社会投资、优化营商环境、持续改善生态环境质量的“多赢”之策和关键之举，从提高生态环境监测监控能力、污染物收集处置能力着手，围绕拉长补齐环境治理能力短板，适度超前谋划实施一批支撑攻坚、惠及长远的重大生态环境基础设施工程，出台扶持政策，鼓励企业提升治污能力，切实解决治污设施不配套、危废处置能力区域不平衡、中小企业治污成本高等突出问题，让生态环境保护成为高耗低效高污染产业的过滤器、优化营商环境的净化器、实现经济高质量发展的助推器。[②]

为此，积极推进人居环境整治，2019年实施《江苏省环境基础设施三年建设方案（2018—2020年）》，有力推动落实一批重点工程项目，为圆满完成污染防治攻坚战阶段性目标任务提供有力的支持和保障。例如，全省累计新增城镇污水处理能力277.7万吨/日、新增工业废水处置能力60.24万吨/日、新增生活垃圾焚烧处理能力2.2万吨/日、新增危废处置能力215.4万吨/年。2022年，江苏印发全国首个省域“十四五”生态环境基础设施规划——《江苏省“十四五”生态环境基础设施建设规划》，围绕“补短板”“促提升”“强支撑”，统筹部署各部门、各领域与生态环境相关的基础设施建设任务，进一步压紧、压实省级责任部门和各设区市

① 《习近平在全国生态环境保护大会上强调　全面推进美丽中国建设　加快推进人与自然和谐共生的现代化》，《人民日报》2023年7月19日。

② 张韩虹：《经济发展与生态环境保护实现“双赢”》，《江苏经济报》2020年4月30日。

工作责任，推进条线业务工作和生态环境基础设施建设深度融合。

二、 科技创新提升治污成色

习近平总书记指出，要突破自身发展瓶颈，解决深层次矛盾和问题，根本出路在于创新，关键要靠科技力量。[①] 2019 年，中央经济工作会议指出，要打好污染防治攻坚战，坚持方向不变、力度不减，突出精准治污、科学治污、依法治污。江苏贯彻落实党中央提出的三个治污要求，实现经济高质量发展和生态环境高水平保护，对环境污染治理工作提出了更多更高的要求。

科技创新治污工作，以改善生态环境质量和防范生态环境风险为核心，以支撑打好污染防治攻坚战、服务经济高质量发展为目标，突出科学治理、精准治理、依法治理、系统治理和智慧治理，着力深化推进生态环境科技体制改革，加快完善新时代生态环境科技创新体系，为建设美丽江苏提供强有力的科技引领和支撑。[②] 生态环境科技工作坚持问题导向、需求导向和结果导向，积极转变工作思路、创新工作方式，取得了积极进展。

例如，在水环境领域，使用生物膜法污水处理工艺，被认定为重点行业水污染全过程控制技术系统与应用成果；建成流域水污染治理、流域水环境管理和饮用水安全保障三大技术体系，推进生物治理水污染、太湖蓝藻和水葫芦技术发展，有效支撑了太湖和长江流域水环境质量改善。[③] 在大气环境领域，形成了大气重污染成因定量化、精细化解析监测治理技术方法，在无锡宜兴市和南京秦淮区成功实现科技转化，有力支撑了大气污染防治工作；开展 $PM_{2.5}$ 与臭氧协同控制重大专项研究，围绕臭氧成因与特征分析、挥发性有机物全过程治理与监管技术体系完善等开展工作，为

---

① 《习近平在湖南考察时强调：深化改革开放推进创新驱动实现全年经济社会发展目标》，《人民日报》2013 年 11 月 6 日。

② 阳银银、贾淑品：《科技创新赋能我国生态治理现代化的缘起、条件和路径》，《党政研究》2023 年第 1 期。

③ 玮娜：《中国环境污染治理科技创新及其机制研究》，《科学管理研究》2017 年第 3 期。

江苏省 $PM_{2.5}$ 和臭氧协同控制提供技术支撑。在工业生产领域，工业废气废水排放检测和治理等方面取得了一批关键技术突破，促进了低碳绿色工业园区发展，支撑了“无废城市”和“绿岛”的建设。以海安经济技术开发区内常安纺织园为例，园区通过生态环境自动监测监控设施，建成水质自动站 1 座、大气自动站 2 座、微型监测站 3 个、恶臭电子鼻 5 套，实现已投产的 22 家企业废水、雨水、挥发性有机物在线监测设施全覆盖。

三、 率先探索区域联防联治

环境污染具有空间溢出性，伴随社会经济的发展与演变，污染物会随水与空气的流动、产业的转移跨区域流转，造成跨区域环境污染。[①] 协同治理强调，政府不再是社会治理的唯一主体，而是通过协作的方式将部分职能转移给社会主体，充分发挥各治理主体在社会治理中的独特作用，从而实现 1＋1＞2 的治理效果。[②]

《中共中央　国务院在关于深入打好污染防治攻坚战的意见》中提出，要坚持系统观念和协同增效，强化区域协同治理。江苏以南京都市圈青奥会周期间污染协同治理为发端，率先探索区域协同联防联治机制，为建设“强富美高”新江苏现代化建设奠定基础。

案例 4－1　南京：创新区域大气污染治理联防联控模式

南京市以重大活动保障为契机，在长三角、省、市三个层面，建立了定期协调沟通联络机制，形成共同责任、信息共享、磋商协商、联防联控的区域协同治理模式，全面开展区域大气污染协同治理。从 2010 年起，南京与周边城市陆续签署《“绿色青奥”区域大气环境保障合作协议》《南京都市圈八市共襄“青奥”备忘录》，同步开展严控高架源排放，治理机动车污染、挥发性有机物污染，严控扬尘污染、

① 陈华脉、刘满凤、张承：《中国环境协同治理指标体系构建与协同度测度》，《统计与决策》2022 年第 3 期。

② 宋继碧：《大气污染区域协同治理研究——以江苏省为例》，《中国环境管理干部学院学报》2019 年第 5 期。

秸秆焚烧等，统一区域环境准入和污染物排放标准，实行区域环境信息共享与发布制度，青奥会期间南京市与江苏省 CO_2 排放量相比同期分别减少了 36.7% 与 38%，$PM_{2.5}$、PM_{10}、二氧化硫、NO_2、O_3 等其他大气污染物浓度同样显著下降。[①] 并且在南京大屠杀死难者国家公祭日、国际马拉松、重要峰会论坛等重大活动举办期间，南京市将重大活动保障与秋冬季管控、重污染天气应急相结合，为探索区域大气污染联防联控积累了实际经验，实现从治理协同到响应协同的区域协同机制变迁。

四、 制度创新推动治污常态化

坚持以人民为中心，牢固树立和践行“绿水青山就是金山银山”的理念，加快推进人与自然和谐共生的现代化，离不开强有力的外部约束。2023年习近平总书记在全国生态环境保护大会上指出，要健全美丽中国建设保障体系。[②] 江苏统筹各领域资源，汇聚各方面力量，打好法治、市场、科技、政策“组合拳”。具体到法治层面，就要始终坚持用最严格制度最严密法治保护生态环境。江苏一直致力于环境污染治理，取得了显著成绩。其中，法规和制度创新在保障污染治理常态化、法治化、制度化发展方面发挥了关键作用。

常态化治理，落实法规条例。江苏在法规和政策创新上突出常态化治理的理念，将环境污染治理纳入法治轨道。通过制定和完善法规和制度体系，明确了环境保护的基本原则和政策方向，为环境污染治理提供了坚实的法律基础。所出台的系列法规涵盖大气、水、土壤等多个环境领域，包括《江苏省大气污染防治条例》《江苏省水污染防治条例》《江苏省土壤污染防治条例》《江苏省固体废物污染环境防治条例》等，这些法规条例不仅规定了环境保护的基本原则和标准，还强调了环境治理工作的全过程管

① 赵辉、郑有飞、吴晓云等：《青年奥林匹克运动会期间南京市主要大气污染物浓度变化与分析》，《环境化学》2015 年第 5 期。

② 《习近平在全国生态环境保护大会上强调　全面推进美丽中国建设　加快推进人与自然和谐共生的现代化》，《人民日报》2023 年 7 月 19 日。

理，包括源头预防、监测评估、处置治理等各个环节。[①] 常态化治理理念使得治理工作更加全面、系统、有计划性，实现了环境污染治理过程的全覆盖。

法治化管理，强化环保执法。江苏在法治化管理方面注重强化环保执法力度，将法治理念贯穿整个治理过程。建立了完备的监管和执法机制，确保环保法规的刚性执行。通过严格的法律制度，规范了环保执法的程序和标准，确保了执法的公正性和权威性。各级环保执法部门通过定期培训、加强执法人员素质提升、强化监督机制等手段，不断提升执法水平，使执法更加专业、高效。法治化管理还体现在对违法行为的严格惩戒上。建立了完善的处罚机制，对违反环保法规的企业和个人进行严厉的处罚，以威慑违法行为。法治化管理提高了环保执法的效果，也降低了环保行政干预的风险，使得治理更加依法有力。此外，法治化管理也促使企业更加自觉地履行环保责任，形成了企业自我管理和监督的内外动力。

制度化发展，形成全方位治理格局。江苏通过法规和政策创新，逐步形成了全方位、多层次、多领域的治理格局。在治理中，建立环境污染源头治理机制，强化监测和评估体系，形成了覆盖全过程的治理体系。持续强化跨部门、跨地区的协作机制，促使各地区、各部门协同作战，形成制度化的整体治理力量，各级政府部门、环保机构、企业和公众之间形成了协同互动的工作模式。江苏环境污染治理制度化的发展，不仅提高了治理的针对性和操作性，还为未来的环保工作提供了可持续的制度基础。

案例 4-2　无锡江阴市：聚焦钢铁、化工、印染三大传统产业转型发展

2023 年，江苏以江阴市为示范，出台了《关于支持江阴建设生态环境治理现代化县域示范的意见》，聚焦江阴市钢铁、化工、印染三大传统产业转型发展，以及战略性新兴产业发展，从生态环境体制机

---

① 周中梁：《生态环境地方立法体系化的困境与展望——基于江苏省生态环境立法的分析》，《南海法学》2020 年第 12 期。

制改革、配套能力提升、管理政策支持等方面，提出了一揽子支持措施。《意见》将推动江阴市在体制机制、产业发展、基础设施建设等重要领域和关键环节改革取得标志性成果，生态环境治理体系和治理能力现代化水平全面提升，生态环境质量持续改善，成为中国式现代化环境管理政策县级范例。

第四节
构建安全生产防控体系

党的二十大报告强调，要坚持安全第一、预防为主，建立大安全大应急框架，完善公共安全体系。江苏始终把保护人民生命安全摆在首位，针对不断发现的新问题，切实加以改进提升，全方位拧紧强化安全生产管理“总开关”，以更高的标准、更严的要求、更实的措施，抓好全过程安全管控，全面提高公共安全保障能力。

一、 拧紧强化安全生产管理“总开关”

党的十八大以来，江苏大力推进应急管理体系和能力建设，全面强化防灾减灾救灾工作，有力保障了经济社会高质量发展和安全发展，全省各类生产安全事故起数和死亡人数同比实现“双下降”，安全形势持续稳定。

一是精准防范重大风险。省政府分管领导靠前协调推动，各位省领导认真落实“一岗双责”；各地、各部门聚焦重点任务，有力有序推进；省市县三级督导检查组持续开展驻地督导、联动督导。大力提升本质安全水平，分类管控危化品老旧装置，完成重点化工企业自动化改造验收；建成钢铁企业“智慧中心”，有转炉的企业全部砌设防爆墙，推动铝加工企业转型升级；煤矿建成“二道门”装置、智能化采煤面和煤巷掘进面等。

二是有力应对自然灾害。预警靶向到人，建成灾害预警信息应急广播发布系统，“一点一策”治理全省城市重要易涝点；为各地配备便携式卫星通信装备，确保断网、断电、断路情况下指挥调度畅通，强化地质灾害防范。

三是提升应急救援能力。协同机制得到完善，健全与交通运输、省军区等部门和单位的联动协同、资源保障等机制。[①] 优化预案体系，编制省级总体和专项应急预案，修订自然灾害、事故灾难应急响应手册，出台省级专业队伍和救援基地两个管理办法，推动省应急医疗救援中心基地建设，构建省级应急物资储备格局。

四是夯实应急管理基础。修订《江苏省安全生产条例》，出台关于强化应急管理体系和能力建设的决定，动态调整行政权力清单。加速科技信息化步伐，深度融合各类通信手段，完善省应急指挥信息系统，实现应急指挥“一张图”；加快“智慧应急”建设，优化风险报告，完善行政执法系统和风险监测预警系统。逐步加大人才培养力度，建成省级重点应急管理学院，新增应急管理相关专业。

二、 安全生产工作成效及经验

2019 年以来，江苏认真落实党中央、国务院有关决策部署，高标准、严要求、不折不扣推进安全生产专项整治“一年小灶”和“三年大灶”行动，[②] 持续深入破解重点领域安全生产治理难题，杜绝了重特大事故，消除了一大批风险隐患，本质安全水平有了明显提升，安全生产形势持续稳定向好。坚持立足长远，聚焦突出问题，广泛开展实践探索，创新制度措施，形成一大批务实管用的方法、举措，推动风险防控和安全管理全面迈上常态化和法治化轨道，形成了一些全国领先的“江苏经验”。

---

① 刘素霞、杜江霞、梅强等：《中小企业安全生产协同治理路径与机制》，《中国安全生产科学技术》2023 年第 11 期。

② “一年小灶”是指在国务院对江苏省安全生产问题进行专项整治的基础上，江苏省在重点行业领域出台了一系列具体的攻坚克难措施和方案。“三年大灶”则是在“小灶”的基础上，按照全国统一的部署，江苏省开展了更为全面的安全生产专项整治三年行动。

（一）建立保障安全生产的法规制度

2016年，省人大常委会审议通过了《江苏省安全生产条例》，要求安全生产工作应当以人为本，坚持人民至上、生命至上，把保护人民生命安全摆在首位，树牢安全发展理念，坚持安全第一、预防为主、综合治理的方针，从源头上防范化解重大安全风险，提升本质安全水平。该条例提炼了一批江苏特色做法，把经过实践检验的创新成果和有效措施提炼、固化、上升为法规，推动制度创新；同时，坚持问题导向，对标党中央、国务院要求，立足全省高质量发展走在前列的需要，聚焦安全生产工作中的现实问题加以规范解决；并建立健全安全生产责任体系，构建安全风险防范机制，进一步细化相关制度和配套规定，解决法律实施的“最后一公里”问题。

（二）率先实施工业企业安全生产风险报告制度

在全国率先出台《江苏省工业企业安全生产风险报告规定》，以政府规章的形式明确企业和监管部门的工作职责，推动企业自主查、主动报，落实企业履行安全风险辨识管控的主体责任，对存在的安全风险进行充分辨识、合理评估、有效管控、按期报告，保障了企业安全生产风险报告制度的强制性、持续性和规范性。

江苏率先实施企业安全生产风险报告制度的经验做法得到了国家应急管理部的肯定和多次表扬，不仅可以促进企业改他律为自律，落实企业主体责任，还可以推动企业规范生产行为，增强防大风险、除大隐患、控大事故的执法实效，从而筑牢安全发展基础。该《规定》入选2021年全国应急管理地方立法十大优秀案例，被应急管理部专刊介绍推广。①

（三）率先实施安全生产巡查工作制度

为督促落实安全生产责任，于2015年率先出台《江苏省安全生产巡

① 江田汉、吴军、曾明荣等：《基于案例比较的我国生产安全事故系统性风险实证研究》，《中国安全生产科学技术》2022年第10期。

查工作制度（试行）》，建立了全国领先的安全生产巡查工作制度。所谓安全生产巡察工作制度，是指企业或组织为了确保安全生产工作的有效实施和落实，要求对各项安全工作进行定期巡视和检查的制度。通过巡查制度的实施，可以及时发现安全隐患和问题，并及时采取相应的措施进行整改，确保安全工作有效开展。[①]

安全生产巡查工作制度要求，根据江苏省安全生产委员会每年度确定的专题，深入巡查了解，掌握真情实况，提出意见建议，推动安全生产工作。不断优化巡查方法，进一步提高巡查科学性、专业性和实效性，更好发挥巡查“利剑”作用，推动安全生产形势持续稳定向好。[②] 据此，江苏省安全生产委员会每年根据年度巡查主题成立若干个巡查组，巡查范围覆盖所有省辖市。从 2019 年至 2023 年 2 月，江苏共开展安全生产巡查 7 批，对省直单位、重点工业园区、重点工业企业和设区市的安全生产情况进行巡查。

---

① 李一奇、曾明荣、王立群：《地方安全生产立法质量评估模型构建与实践》，《安全与环境学报》2023 年第 9 期。

② 卢晓琳：《我省部署推进安全生产巡查工作》，《新华日报》2021 年 9 月 10 日。

第五章

推进高水平国土空间治理

习近平总书记指出，国土是生态文明建设的空间载体。[①] 要按照人口资源环境相均衡、经济社会生态效益相统一的原则，整体谋划国土空间开发，科学布局生产空间、生活空间、生态空间，给自然留下更多修复空间。国土空间治理体系和治理能力现代化，是国家治理体系和治理能力现代化的重要组成部分，也是促进人与自然和谐共生的必然要求。推进国土空间治理体系和治理能力现代化，在宏观上有助于筑牢“环境美”的国土空间格局，在微观上有助于强化“环境美”的国土秩序规范。围绕“强富美高”新江苏建设，立足“一山二水七分田”的自然地理基础，江苏加快重点功能区战略布局，优化国土空间总体格局，完善国土空间治理体系，不断夯实“美丽江苏”的国土空间基础。

第一节 以“1+3”重点功能区统领国土空间治理

国土空间是“环境美”的基础载体。江苏要结合地区实际，坚持问题导向、系统思维，围绕与“环境美”休戚相关的国土空间开发与保护问题，深入贯彻落实主体功能区管理，统筹城市群、都市圈、中心城市和农业主产区、生态功能区，构建优势互补、高质量发展的区域经济布局和人与自然和谐共生的国土空间总体发展格局。

一、“环境美”与国土空间治理的逻辑关联

国土空间治理是国家治理体系的有机组成部分，是国家经济、政治、文化、社会、生态文明“五位一体”治理体系在空间上的具体化。2019年，中共中央、国务院《关于建立国土空间规划体系并监督实施的若干意

---

① 《中共中央政治局就大力推进生态文明建设进行第六次集体学习　习近平：坚持节约资源和保护环境基本国策　努力走向社会主义生态文明新时代》，《人民日报》2013年5月25日。

见》提出，到2035年，全面提升国土空间治理体系和治理能力现代化水平。作为优化空间发展战略布局和空间要素优化配置的重要手段，国土空间治理是“环境美”的必然要求。“环境美”要求提升国土空间高效治理水平，完善国土空间现代化治理体系，缓解人民群众日益增长的美好生活需要与资源环境紧约束之间的矛盾，扎实推动人与自然和谐共生的现代化，为国土空间治理指引了重要方向，注入了强大动力。

江苏历来是富饶、美丽、宜居、令人向往的地方，素有“苏湖熟，天下足”“上有天堂，下有苏杭”的美誉，经济富庶、城镇密集，文脉绵长、名人辈出，这都与良好的生态有着极大的关系。① 2014年习近平总书记考察江苏时提出“努力建设经济强、百姓富、环境美、社会文明程度高的新江苏”的殷切期望。近年来，“环境美”的内涵不断丰富，逐渐涵盖自然生态之美、绿色生产之美、城乡宜居之美、水韵人文之美、区域善治之美等。从国土空间视角来审视，“环境美”是美丽江苏发展蓝图的总体概括，具有重要的战略引领作用，提出了国土空间开发与保护必须考虑资源环境承载能力，促进城镇、农业与生态空间协调融合，生产空间集约高效、生活空间宜居适度、生态空间山清水秀等要求。

以“环境美”为目标引领的国土空间治理，核心在于立足省情，统筹协调国土空间开发、利用与保护、修复的关系，完善国土空间治理体系，有力解决区域发展空间失衡、生态环境质量下降、资源利用效率不高等问题。通过完善国土空间规划治理体系，推进省域空间融合发展和区域空间特色塑造，持续优化“环境美”的省域空间布局。通过强化国土空间生态保护修复治理，加快绿色转型发展，全面提升生态环境质量，充分彰显自然生态之美。通过推进国土空间全域综合整治，优化城乡空间布局形态，推动城乡土地节约集约利用，提高国土空间综合利用效率。以国土空间高水平治理加快形成集约高效、生态良好、生活宜居的国土空间新秩序，使“环境美”的色彩更加绚丽，全面展现“美丽江苏”新图景。

---

① 本书编写组：《开创“强富美高”建设新局面》，江苏人民出版社2020年版，第177页。

二、“美丽江苏”建设的国土资源基础

江苏国土总面积144 700平方公里，其中陆域面积107 200平方公里，海域面积37 500平方公里。陆域面积中，平原占比68.9%，低山丘陵占比14.3%，水域面积占比16.8%，形成“一山二水七分田”的自然地理特征。[①]

平原：南部的苏南平原，中部的江淮平原，北部的黄淮平原和东部的滨海平原，组成了江苏国土的主体，使江苏成为中国地势最平坦、平原占比最高、国土利用最充分的省份之一。根据2020年统计数据，江苏耕地总面积达40 851.3平方公里，占陆域国土总面积的38.16%。同时，江苏耕地的本底条件好，适宜稻麦（油）轮作的优质水田占耕地面积的比重高达69.29%。[②] 数量大、质量优且空间分布相对集中的优质耕地资源，使江苏成为中国东部沿海地区少有的能够实现粮食供需大体平衡的经济强省和人口大省。丰富的耕地资源在区域景观生态中也扮演着重要角色，美丽的江南田园风光与壮美的现代城市风貌在江苏交相辉映、相得益彰。

低山丘陵：江苏的低山丘陵集中分布于西南和北部地区，主要由鲁南丘陵余脉、江淮丘陵岗地、宜溧和茅山山地、沿江老山和宁镇山地等构成。丘陵山地海拔较低、坡度较缓，是全省林草资源集中分布地区，也是许多优质特色农业的诞生地，出产了阳山水蜜桃、碧螺春茶等蜚声国内外的优质农产品。低山丘陵地区林木覆盖率高，既有春华秋实特色农业之美，也构成江苏重要的生态屏障，是城市“绿肺”和居民休闲的重要空间。

水域：“水韵江苏”江河湖泊密布，拥有长江、太湖、淮河、沂沭泗四大水系，太湖、洪泽湖等154个大小湖泊点缀其中，京杭大运河、淮河等723条骨干河道穿插流淌，形成了独特的跨江滨海河网水系格局。数量

① 江苏省国土资源厅：《面向新常态的节约集约用地战略体系：江苏省“双提升”行动理论与实践》，中国大地出版社2016年版，第7页。

② 统计数据来源：《江苏省国土空间规划（2021—2035年）》。

可观的河湖不仅带来丰富的淡水资源，[①] 同时发挥着重要的交通运输和景观生态功能。波光粼粼、舟来船往的江流运河，串联起生机盎然的田园、朝气蓬勃的新城与底蕴深厚的古镇，既是鸟类等物种迁徙生息的重要廊道，也成为江苏亮丽的风景。

党的十八大以来，江苏深入贯彻落实生态文明建设要求，有力推动“美丽江苏”建设，国土空间治理水平不断提升。但是，由于人口密度大、开发历史悠久，与“强富美高”新江苏建设的要求相比，尤其与“美丽江苏”建设的现实需求相比，国土空间开发与保护仍面临一些亟须解决的问题和现实挑战。[②] 交通区位优势显著的平原地区，是最适宜建设城镇和发展工业的地方，但往往工业化、城镇化与耕地保护的矛盾也更加突出。能否在平原地区协调好经济建设、农业发展与生态保护的关系，对“美丽江苏”建设具有重要影响。长期以来，城市建设和农业开发给生态建设带来了双重压力，部分河湖湿地退化萎缩，河湖水质与生态安全受到威胁，部分低山丘陵区森林植被减少，土地破碎化特征明显，生态稳定性和生态服务功能有所降低，对国土空间安全韧性产生不利影响。此外，江苏区域间经济发展水平差异显著，不同地区的国土开发利用水平分化明显，土地利用不优往往伴随着经济发展质量不高、生态环境不美、城乡用地结构和人口分布不均衡。在乡村人口减少的同时，农村居民点用地不减反增，乡村地区土地利用零散粗放、人居环境不佳的状况仍然较为突出。

国土空间治理是促进国土空间合理利用和高效保护的必要手段，但仍存在国土空间治理战略部署、发展路径、体制机制不完善等问题。建立健全国土空间治理体系，整体谋划国土空间开发与保护格局，是推进生产、生活、生态持续改善的关键举措，是保障战略有效实施、建设“美丽江苏”的重要抓手，同时也是促进人与自然和谐共生的现代化的必然要求。建设“美丽江苏”，要立足江苏自然资源实际，从国土空间开发与保护的

---

① 江苏多年平均水资源总量达 339.1 亿立方米（数据来源：《江苏省国土空间生态保护和修复规划（2021—2035 年）》）。

② 李如海：《落实重点功能区战略　持续优化国土空间格局》，《群众》2023 年第 6 期。

现实出发，深化实施主体功能区战略，优化国土空间格局，为推进高质量发展奠定坚实的国土空间支撑，让生产、生活和生态空间在有限的国土资源上“各美其美”。

三、“1+3”重点功能区战略布局

受自然地理、交通区位和历史因素等影响，江苏区域发展差距较为明显，分化为苏南、苏中、苏北三大区域。经济发达的苏南地区国土开发强度高、生态环境压力大；经济相对落后的苏中地区、苏北地区，则面临着国土资源利用粗放低效和经济不够优、环境不够美、人民不够富等问题。为了实现高水平区域协调发展，整体展现高质量发展之美，江苏以主体功能区理念为指导，打破苏南、苏中、苏北梯度发展模式，积极谋划合理分工、协调发展的重点功能区布局。

重点功能区是在区域发展理论基础上，对行政区划、主体功能区制度的深入探索，融合了行政区、经济区、主体功能区等理念，以主体功能区管理为引导，将破碎化的国土功能拼接起来，形成功能定位更加清晰、国土利用更加高效、地方合作更加融洽的区域发展新格局。[①] 2017 年 5 月，在苏北发展座谈会上，依据不同地区的自然禀赋、地理区位、发展阶段、功能定位等，江苏正式提出“1＋3”重点功能区战略构想，以统筹区域协调发展，激发地区发展活力，实现经济发展与生态建设“双赢”。在“1＋3”重点功能区战略中，“1”是指扬子江城市群，“3”指沿海经济带、江淮生态经济区和徐州淮海经济区中心城市。[②]

扬子江城市群由江苏沿江南京、镇江、常州、无锡、苏州、扬州、泰州、南通八个城市组成。城市群作为高级城镇化的重要形态，是一个国家和地区最具经济活力和竞争力的核心区域。[③] 党的二十大报告指出，以城

① 刘西忠：《省域主体功能区格局塑造与空间治理——以江苏“1＋3”重点功能区战略为例》，《南京社会科学》2018 年第 5 期。

② 本刊记者：《擘画“1＋3”功能区战略新蓝图》，《群众》2017 年第 19 期。

③ 方创琳、王振波、马海涛：《中国城市群形成发育规律的理论认知与地理学贡献》，《地理学报》2018 年第 4 期。

市群、都市圈为依托构建大中小城市协调发展格局。建设扬子江城市群是江苏贯彻新发展理念，落实长江经济带发展、长三角一体化等重大国家战略的重要载体。[①] 通过苏南、苏中融合发展，加快高端要素流通集聚，形成高端发展的新经济板块，以此来而支撑全省高质量发展并引领带动其他区域发展。扬子江城市群作为江苏经济的“发动机”，2023 年扬子江城市群对全省经济增长的贡献率为 71.4%。在国土资源开发、利用、保护与修复上，扬子江城市群的重点任务是进一步优化国土空间开发布局，提高城市群综合承载力，促进建设空间节约集约发展，进一步增强劳动人口集聚功能。同时，加快构建现代化农业产业体系，加强生态环境建设，优化生态格局，为城市群高质量发展打好优良的空间基础。通过打破区域壁垒、地域障碍，统筹不同城市发展，推动扬子江城市群建设最大限度实现资源要素自由流动和有效配置，努力将长江沿岸打造成为经济发达、人民幸福、生态良好、环境优美的现代化区域，进一步提升江苏在全国乃至全球经济中的地位。

江苏沿海经济带位于长三角北翼，东临黄海，跨越连云港、盐城、南通三市，是一个多重战略叠加的重点功能区。这里土地资源丰富，近 1 000 公里的海岸线上分布着 11 300 平方公里滨海湿地，面积居全国首位。其中，沿海滩涂面积超 5 000 平方公里，约占全国的 25%。受制于交通等多方面因素，长期以来，沿海地区成为江苏发展相对薄弱的板块，亟须破解国土开发与保护“两难”问题。2009 年，江苏沿海开发上升为国家战略，江苏沿海地区经济社会发展取得显著成效，为推动高质量发展奠定了坚实基础。近年来，在“1+3”重点功能区战略驱动下，江苏沿海经济带发展蓝图更加清晰，作为全省最大的潜在增长极，沿海经济带立足特色优势，着力构筑向海发展的“蓝色板块”，助力江苏打造海洋强省。在国土资源开发、利用与保护上，适度增加建设用地空间，通过土地综合整治等手段

① 李程骅:《中国特色城市群现代化道路的价值引领与实践进路——以扬子江城市群为样本》,《江海学刊》2022 年第 2 期。

进行农村居民点整合并居，拓展经济发展空间，加快工业化、城镇化发展步伐，增强资源要素集聚能力，提高对全省的经济社会发展贡献度。同时，加快优化农业发展空间，提升农业生产能力，加强近海生态空间修复与保护。依托沿海区位优势，加快构建现代海洋产业体系，发展海洋低碳经济，努力在滩涂综合开发创新、转型升级区域合作、绿色低碳可持续发展等方面走在全国前列。

江淮生态经济区包括淮安、宿迁全域以及里下河地区的高邮、宝应、兴化、建湖、阜宁等县（市），总面积 27 100 平方公里，是江苏生态资源最集中、土地开发强度最低的区域之一。根据重点功能区定位，该区域应发挥生态资源和国土资源优势，重点推进生态价值空间和农业现代化空间建设，全力探索生态产品价值实现机制，全面增强优质生态产品供给，努力打造全国可持续发展示范区。在国土空间利用与保护方面，深入践行“绿水青山就是金山银山”理念，适当提高重点生态功能区的比重，加强环境保护和生态空间修复力度，健全生态产品供给补偿机制，打通绿水青山向金山银山转化的制度、政策、机制通道，通过优化空间布局、强化治理保护、推进产业转型、构建绿色城镇体系，探索走出一条相对欠发达地区绿色发展、生态富民的先行路径。

淮海经济区核心区由江苏、山东、河南和安徽四省交界地区的 10 个城市组成，地处“一带一路”的交会区域，衔接长三角和京津冀南北两大国家级城市群，在国家区域发展格局中具有承东启西、连接南北的战略枢纽作用。但长期以来，区域发展面临经济与政策“双重低谷”窘境。[①] 2017 年，国务院批复《徐州城市总体规划（2007—2020 年）（2017 年修订）》，明确“淮海经济区中心城市”定位。江苏省委、省政府于 2017 年、2022 年先后制定了《关于支持徐州建设淮海经济区中心城市的意见》和《关于进一步支持徐州高质量建设淮海经济区中心城市的意见》，将淮

① 孟浩、黄贤金、杨俊等：《淮海经济区城市网络结构及优化发展构想》，《经济地理》2019 年第 12 期。

海经济区中心城市建设作为独立板块列入全省“1＋3”重点功能区战略进行重点谋划建设。2023年，徐州市地区生产总值8 900.44亿元，以其独特的发展速度在淮海地区处于领先地位。该重点功能区定位为加快优化城镇空间发展格局，提高对人才与外资的吸引力，构建现代综合立体交通体系，提高徐州的对外辐射能力以及淮海经济区内部交通通达度。同时，努力实现工业化、城镇化和农业现代化协调发展，推动城乡融合发展，大力推进土地综合整治，尤其要加强对采煤塌陷地的综合整治，以潘安湖为典型示范，实现国土资源高效利用和可持续发展的华丽转变。

四、“两心三圈四带”国土空间总体格局

江苏深入落实“1＋3”重点功能区战略，坚持“生态优先、带圈集聚、腹地开敞”的国土空间开发与保护思路，着力构建以都市圈和城市群为主体，以农产品主产区、重点生态功能区为支撑的“两心三圈四带”国土空间总体格局，使“美丽江苏”建设的国土空间格局更加清晰可行，为人与自然和谐共生的现代化实践提供空间支撑。其中，“两心”是指江淮湖群生态绿心与太湖丘陵生态绿心，“三圈”是指南京都市圈、苏锡常都市圈和徐州都市圈，“四带”是指扬子江绿色发展带、沿海陆海统筹带、沿大运河文化魅力带和陆桥东部联动带。

围绕全面推进人与自然和谐共生的现代化，江苏将优化保护太湖丘陵生态绿心和构建江淮湖群生态绿心作为优化国土空间格局、推动高质量发展和建设“美丽江苏”的先手棋。[①] 在太湖流域，以生态景观资源优越的山体和湖荡地区为基底，明确以城市、重点中心镇和特色镇为主体的城镇发展空间，形成生态空间开敞、城镇据点发展的空间格局。深化全流域系统治理，依托优美山水风光、历史文化遗存等资源，率先推进自然资源生态产品价值实现机制试点城市建设。在江淮生态经济区，促进人口、产业向中心城市和县城集聚，推进农村一二三产业融合发展，提升节约集约用

①《信长星在全省生态环境保护大会上强调　更加坚决扛起美丽中国建设的江苏责任　在推进人与自然和谐共生的现代化中走在前、做示范》，《新华日报》2023年9月14日。

地水平，加强小城镇和乡村基本公共服务设施空间保障，形成“生态绿底、城镇镶嵌”的国土空间格局。加大集中连片优质稳定的耕地保护力度，保障国家粮食安全。有序推进重要湖泊退田（养）还湖（湿），提升里下河地区湿地生态品质，推动绿色创新发展。

都市圈是新时代江苏推动经济高质量发展的着力点。南京都市圈重点提升城市首位度，带动周边城市发展，打造开放包容、协同发展的跨区域都市圈典范。依托长江水体、洲滩湿地及临江丘陵，强化生态空间协同保护和修复，探索跨界山体湖泊协同治理。重点发展都市生态农业，建设一批现代都市农业园区。苏锡常都市圈把握构建国内国际双循环相互促进的新发展格局机遇，推动深度融合、一体发展，接轨上海、联系周边、辐射长江以北。协同推进沿江、沿湖、沿河等岸线整治、生态修复，加强重点饮用水水源地、重点流域水资源保护，引导毗邻地区协同发展。鼓励农业空间适度规模集聚，促进特色农业与旅游业融合发展。在徐州都市圈，通过加力赋能、协同发展，提升徐州淮海经济区中心城市发展能级，增强产业支撑、创新引领、枢纽联系、品质生活、公共服务等能力和水平，以中心城市辐射带动周边地区圈层发展，引领淮海经济区快速崛起。① 加强重要跨境湖泊等流域治理和生态修复，确保南水北调东线水环境质量。推动一二三产业融合，促进黄河故道沿线地区富民产业发展。

“美丽江苏”建设的重点区域位于“四带”。② 一是扬子江绿色发展带。严格落实长江大保护要求，持续加强长江系统保护修复，推进长江左右岸、干支流及沿江地区河湖库协同治理。保护好长江文物和文化遗产，有序推进长江国家文化公园建设。推动扬子江城市群协同发展，促进沿江传统产业绿色化转型升级，优化产业创新载体空间布局，着力加快构建综合立体交通走廊，引导跨江融合发展，形成功能分工明确、要素自由流动的绿色发展带。二是沿海陆海统筹带。提升沿海港口服务能力，完善交通运

① 孙志高：《推进江苏区域协调发展的新方略》，《群众》2023 年第 1 期。
② 张国梁：《新空间蓝图支撑现代化建设“走在前”》，《群众》2023 年第 9 期。

输大通道建设和港口集疏运体系，提升中心城市发展能级，培育壮大临港新城，引导港产城融合联动，推动沿海经济带高质量发展。发挥独特的生态优势，构筑沿海生态安全屏障，协同推进海洋自然保护地建设与滩涂资源利用，加强侵蚀海岸综合治理，加快淤涨海岸湿地保护。合理利用盐碱地、滩涂资源，以高标准农田建设、土地综合整治为手段建设江苏大粮仓。三是沿大运河文化魅力带。加强大运河沿线世界文化遗产、历史文化名城名镇名村、文物和文化资源保护，综合国土空间用途管制、生态环境管控和河湖水利工程管理等确定分类分区保护要求。推进流域水生态修复、岸线整治，在保障运河防洪、输水、航运等主要功能的前提下，因地制宜规划建设滨水绿地、绿道等，着力打造“江苏美丽中轴”。四是陆桥东部联动带。着力提升出海通道功能，提升国际货运班列综合运输能力，进一步推动连云港海港、徐州陆港、淮安空港协同建设，集约节约利用产业用地，完善沿线基础设施建设，加强沿线城市联系，引导城镇点轴集聚。发挥区域农业资源优势，建设重要农产品生产保护区。加大重要湖泊湿地资源保护力度，加强跨界河流、水库和饮用水水源地、水源涵养区协同共保。

第二节

探索国土空间治理的江苏路径

江苏站在人与自然和谐共生的高度谋划高质量发展，逐步摸索出推进“环境美”的国土空间治理江苏路径。第一，构建功能互补、协调联动的区域发展新格局，支撑“环境美”的区域战略分工；第二，严格自然资源整体保护，划定“三条红线”与生态空间管控区域，守住“环境美”的安全底线；第三，建立健全全区域、全要素、全过程的国土空间管控制度，筑牢“环境美”的国土资源本底。

一、明确“环境美”的区域战略分工

围绕习近平总书记提出的“做好区域互补，跨江融合、南北联动大文章”的重要指示要求，江苏以区域协调发展战略、主体功能区战略为引领，加快省际协调发展，进一步明确区域战略定位、功能分工、发展举措，更高水平推动“1＋3”重点功能区建设，构建区域分工明确、优势互补、协调联动的区域发展新格局。沿江地区以跨江融合为重点，统筹产业转型升级和生态环境保护，建设高质量发展的绿色生态经济带。沿海地区以港产城融合发展为重点，加强自然岸线等生态资源保护修复，打造人海和谐的蓝色经济带。徐州作为苏北振兴的强引擎，以提升城市能级和功能为重点，增强辐射引领作用，打造极具实力的淮海经济区中心城市。江淮生态经济区以产业绿色化和生态经济化为重点，为江苏打造永续发展的“绿心”。

支持全省重点区域和板块围绕全产业链分工协作、优势互补、协同发展。以高端化、智能化、绿色化为方向，重点发展新兴产业和先进制造业，加快建立全国制造业高质量发展示范区。因地制宜发挥基础优势，加快产业转型升级和布局优化，提升全省产业体系整体竞争力。以扬子江城市群为重点，引导沿江地区完善新兴产业业态，支持南京都市圈、苏锡常都市圈协同培育战略性新兴产业集群和重点产业链，构建以服务经济为主、智能制造为支撑的现代产业体系；沿海经济带重点发展沿海经济、临港经济，增强中心城市要素资源吸纳能力，提升产业载体能级，促进临港产业绿色发展，大力发展海洋特色产业；江淮生态经济区聚焦重点产业，着力发展绿色经济，大力发展现代农业和生态旅游业。推动陆桥东部地区产业崛起，支持徐州打造区域性制造业高地，完善南北合作共建机制，重点打造一批先进制造业产业集群，巩固提升优势产业和企业。

衔接全国“两横三纵”的城镇化战略格局，立足省内南北城镇化发展特征差异，构建紧凑聚集、空间协同、功能互补的城镇空间。扬子江城市群促进人口向重要交通走廊地区集聚，整合中心城市和临江地区的空间资源，优化中心城市功能，提高临江开发水平，带动纵深发展。沿海城镇轴进一步壮大连云港、盐城、南通区域性中心城市的综合实力，整合沿海港口资源，推动港城联动开发，优化城镇空间布局，形成以区域中心城市为支撑、以沿海综合交通通道为纽带、以临海临港城镇为节点的城镇空间结构。沿运河城镇轴突出绿色、集约、特质发展，统筹布局精致中心城市、活力节点城市和舒适宜居小城镇，加快沿运河、淮河、黄河古道地区城市发展联动，协同推进生态经济集聚和交通走廊完善。南京都市圈以宁镇扬、宁马滁等同城化发展为重点，推动基础设施互联互通、科创产业深度融合、生态环境共保共治，建设跨区域现代化都市圈典范。苏锡常都市圈重点突出网络化城镇格局优势，加强区域联通，建立健全科技创新资源共建共享机制，提高参与国际产业竞争合作和本地优势产业海外布局能力，巩固增强开放高地整体优势，着力形成人口密集地区资源整合型区域一体化发展模式，塑造苏锡常都市圈开放创新新标识。徐州都市圈加强中心城市人口集聚和公共设施辐射带动能力，引领淮海经济区老工业基地和资源型城市全面振兴转型，沿区域重要交通通道布局新产业协同和开放创新载体，创新省际接壤地区协同发展长效机制，服务国内大循环不断迈上高水平。

二、 守住“环境美”的资源安全底线

习近平总书记反复强调，安全是发展的前提，发展是安全的保障。① 推进中国式现代化新实践，谱写“强富美高”新江苏现代化建设新篇章，必须守牢国土空间开发保护安全底线，推动实现更具韧性、更加安全的可持续发展。江苏坚持尊重自然、顺应自然、保护自然的理念，以国土空间规划为依据，把生态保护红线、永久基本农田、城镇开发边界作为调整经济结构、规划产业发展、推进城镇化不可逾越的控制线，筑牢更加公平、更有效率、更具安全、更显美丽的高质量发展的国土资源根基。②

①《习近平：关于〈中共中央关于制定国民经济和社会发展第十四个五年规划和二〇三五年远景目标的建议〉的说明》，《人民日报》2020 年 11 月 4 日。

② 王亚楠：《以生态文明为统领构建国土空间规划体系》，《中国自然资源报》2019 年 7 月 16 日。

国土空间“三条红线”，是指针对生态、农业、城镇三类空间，分别划定的生态保护红线、永久基本农田保护红线和城镇开发边界控制线。2019 年，中共中央办公厅、国务院办公厅印发《关于在国土空间规划中统筹划定落实三条控制线的指导意见》，提出按照生态功能划定生态保护红线，按照保质保量要求划定永久基本农田，按照集约适度、绿色发展要求划定城镇开发边界。江苏坚持统筹发展与安全，依据自身资源环境承载能力和国土空间开发适宜性，全面落实主体功能区战略，结合各地区比较优势，科学划定落实耕地和永久基本农田、生态保护红线、城镇开发边界并严格保护。

优先划定耕地与永久基本农田保护红线，保障粮食安全。永久基本农田是为保障国家粮食安全和重要农产品供给，实施永久特殊保护的耕地。江苏采取“长牙齿”的硬措施落实最严格的耕地保护制度，牢牢守住粮食安全的命根子。深入实施“藏粮于地、藏粮于技”战略，确保现状耕地应划尽划、应保尽保，严格落实耕地与永久基本农田保护红线的管控要求，不断优化耕地布局。坚决遏制耕地“非农化”，严格管控“非粮化”，在全国率先开展全省永久基本农田储备区更新工作，探索重大项目占用永久基本农田跨区域调剂补划机制，确保做到永久基本农田管得住、守得牢。[①] 2023 年，全年粮食播种面积 545.9 万公顷，比上年增加 1.5 万公顷；全年粮食总产量 759.5 亿斤，比上年增产 0.8%，实现粮食供需平衡，为国家粮食安全作出重要贡献。立足国家粮食安全和自身发展需求，江苏将继续实施最严格的耕地保护举措，推动现代城市、美丽乡村和特色田园相互映衬、和谐共存，确保 2035 年耕地保有量不低于 39 846.67 平方公里、永久基本农田保护面积不低 35 626.67 平方公里。

科学划定生态保护红线，筑牢生态安全屏障。生态保护红线是指在生态空间范围内具有特殊重要生态功能、必须强制性严格保护的区域，是保障和维护国家、区域生态安全的底线和生命线。具有水源涵养、生物多样

① 黄文娟：《严格耕地“管控” 筑牢粮食安全根基》，《群众》2023 年第 3 期。

性维护、水土保持、海岸防护等重要生态功能的区域，水土流失、海岸侵蚀等生态敏感脆弱区域，以及其他经评估具有潜在重要生态价值的区域，优先划入生态保护红线。江苏划定陆海生态保护红线范围不低于 18 200 平方公里。通过强化生态保护红线管理，推动江苏生态质量、稳定性和功能性稳步提升。

合理划定城镇开发边界，促进土地节约集约利用。城镇开发边界是在一定时期内因城镇发展需要，可以集中进行城镇开发建设、以城镇功能为主的区域边界，涉及城市、建制镇以及各类开发区等。江苏遵循保护优先、节约集约、紧凑发展等原则，基于自然地理格局和城市发展规律，通过划定城镇开发边界引导都市圈地区形成多中心、组团式的城市空间形态，引导中小城市紧凑布局，为生态建设和现代农业发展留下充足空间。同时，将目前基本没有人类活动、具有潜在重要生态价值的区域，包括沿海滩涂、尚未开发利用且具有特殊保护价值的无居民海岛，作为战略留白空间。

三、 率先划定生态空间管控区域

生态空间是指具有自然属性，以提供生态服务或生态产品为主体功能的国土空间，包括森林、草原、湿地、河流、湖泊、滩涂、岸线、海洋、荒地、荒漠、戈壁、冰川、高山冻原、无居民海岛等。要建设“美丽江苏”，良好的生态环境是基础。习近平总书记指出，发展经济不能对资源和生态环境竭泽而渔，生态环境保护也不是舍弃经济发展而缘木求鱼。[①] 江苏深入贯彻习近平生态文明思想，践行“绿水青山就是金山银山”理念，落实最严格的生态环境保护制度，将重要生态空间保护摆在突出位置，使良好的生态环境成为经济社会可持续发展的支撑。2013 年，《江苏省生态红线区域保护规划》划定 15 大类 779 块生态红线区域，总面积达到 24 103.49 平方公里。其中，陆域生态红线区域占全省国土面积的

① 习近平：《坚定信心　勇毅前行　共创后疫情时代美好世界——在 2022 年世界经济论坛视频会议的演讲》，《人民日报》2022 年 1 月 18 日。

22.23%。与此同时，出台并配套实施生态红线区域保护监管考核和生态补偿办法，省级财政累计安排生态补偿资金 100 亿元，推动生态空间管控措施落地。2018 年，《江苏省国家级生态保护红线规划》将自然保护区、森林公园的生态保育区和核心景观区、风景名胜区的一级保护区（核心景区）等 8 大类 407 个区域共 8 474.27 平方公里国土纳入国家级生态保护红线，占全省陆域国土面积的 8.21%，按照禁止开发区域要求实行最严格的国土空间用途管控。

为实现国家与省生态保护空间的有效衔接，2020 年江苏省政府印发《江苏省生态空间管控区域规划》。坚持保护优先、合理布局、控管结合、统筹协调、动态优化的基本原则，按照生态空间“功能不降低、面积不减少、性质不改变”的总体要求，根据江苏自然地理特征和生态保护需求，结合国民经济和社会发展规划、国土空间规划、生态环境保护规划和部门专项规划等，划定 15 大类[①] 811 块陆域生态空间保护区域，总面积 23 216.24 平方公里，占全省陆域国土面积的 22.49%。其中，国家级生态保护红线陆域面积为 8 474.27 平方公里，占全省陆域国土面积的 8.21%；生态空间管控区域面积为 14 741.97 平方公里，占全省陆域国土面积的 14.28%。同时，出台《江苏省生态空间管控区域调整管理办法》，动态优化生态空间管控区域名录、范围，确保具有重要生态功能的区域得到及时有效保护，提高生态产品和生态服务供给能力，深入推进“美丽江苏”建设。

四、 健全国土空间用途管制制度

国土空间用途管制的本质是对自然资源的载体进行开发管制，是政府运用行政权力对空间资源利用进行管理的行为。[②] 2019 年 5 月，中共中央、国务院发布《关于建立国土空间规划体系并监督实施的若干意见》指出，

① 即自然保护区、风景名胜区、森林公园、地质遗迹保护区、湿地公园、饮用水水源地保护区、海洋特别保护区（陆地部分）、洪水调蓄区、重要水源涵养区、重要渔业水域、重要湿地、清水通道维护区、生态公益林、太湖重要保护区、特殊物种保护区。

② 林坚、吴宇翔、吴佳雨：《论空间规划体系的构建——兼析空间规划、国土空间用途管制与自然资源监管的关系》，《城市规划》2018 年第 5 期。

要形成以国土空间规划为基础，以统一用途管制为手段的国土空间开发保护制度，全面提升国土空间治理体系和治理能力现代化水平。国土空间用途管制已经成为推进国土空间治理体系和治理能力现代化的一项基本制度，在空间治理体系中处于核心枢纽位置，发挥着承上启下的作用。

立足国土资源实际，江苏积极探索全区域、全类型、全要素、全过程的国土空间用途管制制度与体系。“十三五”时期，江苏开展国土空间用途管制和纠错机制试点，研制国土空间用途管制导则。推进土地利用计划管理改革，坚持计划供给与实际需求相统筹、用途管制与空间规划相统筹、重点保障与区域协调相统筹。结合《江苏省国土空间规划（2021—2035 年）》，加快健全全区域、全要素国土空间用途管制体系，制定国土空间分区准入规则和正负面清单，完善生产、生活和生态空间以及内部细分用途的转用规则，建立耕地、园地、林地、草地、水域、湿地、建设用地等资源要素的约束性转用规则，促进空间资源要素利用合理有序。加强对林地、湿地等重要生态资源的目标管控，严格历史文化保护相关区域的用途管制，明确海岸线和海陆交错带用途管制重点与政策。健全完善用途管制的全周期监测、全过程监管机制，对用途管制实施情况实行监督考核。通过构建全区域、全类型、全要素、全过程的国土空间用途管制体系，不断提升国土空间治理现代化水平。

第三节

国土空间治理成效

党的十八大以来，省委、省政府深入践行习近平生态文明思想，牢固树立“绿水青山就是金山银山”理念，制定印发《关于深入推进美丽江苏建设的意见》，统筹做好国土空间开发与保护，明确国土空间治理战略部署、空间布局、发展路径，国土空间治理取得明显成效，在推进“环境美”的过程中发挥了积极作用。

一、国土空间格局更加优化

把国土空间治理作为推动“美丽江苏”建设的重要抓手，深化落实“1＋3”重点功能区战略，城乡区域发展格局更趋协调。科学编制《江苏省国土空间规划（2021—2035年）》，统筹国土空间开发和保护，创新构建“两心三圈四带”的国土空间总体格局，以都市圈和城市群为主体，以农产品主产区、重点生态功能区为支撑，美丽宜居城市、美丽特色城镇、美丽田园乡村有机贯通的空间形态已逐步显现。2019年江苏率先开展“美丽宜居城市建设试点”，2021年美丽宜居城市试点完成率达90.6%，为全面推进美丽宜居城市建设提供了可复制、可推广的经验。江苏全力推进园林城市建设，截至2023年，已建成44个国家园林城市（县城）、9个国家生态园林城市、19个江苏省生态园林城市，国家生态园林城市数量居全国第一。党的十八大以来，江苏积极推进农村基础设施建设和农村人居环境治理，累计整治18.9万个自然村，建成1 300多个康居乡村。2017年以来，累计建成593个省级特色田园乡村，省、市、县三级联动开展示范建设，建成1万多个美丽宜居乡村。①

二、国土空间保护更加有力

江苏划定陆海生态保护红线约18 200平方公里，生态空间管控区域约14 700平方公里，覆盖了60%以上的森林生态系统和50%以上的湿地生态系统。严格执行生态公益林占补平衡，省级以上公益林达3 860平方公里。强化湿地保护，出台《江苏省湿地保护条例》，发布63处省级重要湿地名录，自然湿地保护率从46.2%提高至58.9%。有效保护了生物多样性、水源涵养和水土保持功能，有效解决水土流失、生物生境破碎化等问题，生态系统服务功能显著增强。

滨海湿地修复、岸线整治、海岛保护、海湾综合整治和沿海防护林建

① 许海燕、王静：《绿水青山间，绘就美丽江苏新画卷》，《新华日报》2023年9月12日。

设陆续展开，海洋生态环境质量明显改善，海洋生态防灾减灾能力明显提升。近年来，江苏累计修复海岸线超 300 公里，布局实施连云港、南通和盐城等国家级海洋生态保护修复重大工程，目前已完成滨海湿地修复面积 1 800 公顷，清除互花米草 800 公顷。近岸海域水质稳中向好，2023 年近岸海域水质优良比例达 92.7%，优于国家下达的考核目标 28.5 个百分点。实施秦山岛、连岛等海岛保护修复，回补海沙约 18 公顷，种植植物 7 万余棵。其中，连岛整治修复及保护被评为 2023 年自然资源部海洋生态保护修复 9 个典型案例之一。持续开展滨海盐碱地改良工作，制定《滨海盐碱地生态化整治技术规程》地方标准，推广应用面积达 1 万余亩，拓展了土地资源，保护了生态环境。

深化推进长江岸线综合整治，持续开展长江两岸造林绿化、河湖湿地保护修复等生态修复工程，建设沿江、沿河水资源保护带和生态隔离带，巩固打击非法码头、非法采砂成效，努力建设长江流域“最美岸线”。全面落实长江“十年禁渔”任务，加强生物多样性保护，出台进一步加强生物多样性保护的实施意见，扎实开展生物多样性本底调查，全省物种数更新到 6 903 种。开展“拯救江豚行动”，全面完成退捕禁捕任务，江豚种群数量稳定增长。十多年来，江苏坚持把保护修复长江生态环境摆在压倒性位置，累计关闭 4 900 余家化工企业，取消 26 家化工园区定位，累计退出长江生产岸线 81 公里。① 2020 年 11 月，习近平总书记在江苏考察期间，对南通五山地区滨江片区生态环境的“沧桑巨变”给予肯定。

制定《江苏省生态补偿转移支付暂行办法》，以主体功能区生态功能划分为依据，加大财政转移支付力度。如苏州市率先颁布《生态补偿条例》，累计投入生态补偿资金超过 80 亿元，将 165 个生态湿地村、64 个水源地村纳入生态补偿范围，有效保护了太湖饮用水水源地。连云港市出台

① 群众杂志社特别报道组：《青绿江山绘长卷——推进人与自然和谐共生现代化的生动实践》，《群众》2023 年第 18 期。

了《关于加强海洋生物资源损失补偿管理工作的意见》，南京市制定了《南京市生态保护补偿办法》，生态补偿机制逐步健全。

“十三五”期间，江苏各级政府签订耕地和永久基本农田保护责任书22.31万份。建立各级补充耕地指标交易平台、自行协商、省配给等方式相结合的省域内补充耕地指标跨市域易地调剂机制。继续强化永久基本农田划定与保护，全省耕地保有量7 745.76万亩，永久基本农田面积为5 880.16万亩，超额完成国家下达的目标任务，切实保障粮食安全。[①] 扎实推进土地综合整治，持续优化城乡建设用地布局，改善农业生产条件，实施土地综合整治458.62万亩，农村建设用地整理超30万亩，新增耕地234.47万亩，适宜机械化耕作的土地面积稳步提升，农业生产配套设施和农田基础设施更加完备。[②] 出台《江苏省耕地保护补偿激励暂行办法》，明确对耕地和永久基本农田保护工作成效突出的设区市、县、乡镇及村集体给予奖励，耕地补偿机制逐步健全。

三、 国土空间利用更加高效

江苏是经济大省、人口大省，却是自然资源小省，以占全国1.1%的国土创造了占全国10.2%的经济总量，土地开发强度高，人均耕地少，耕地后备资源严重不足，长期面临着较为紧张的自然资源与生态环境约束。正是在这种压力下，江苏对自然资源保护和节约集约用地的认识更加深刻。为此，2014年以来，省委、省政府把节约集约用地上升为全省重大战略，全面开展节约集约用地“双提升”行动，实施“空间优化、五量调节、综合整治”三大战略。开展多层次城镇建设用地节约集约利用评价，明确低效用地范围，推进城镇低效用地再开发。“十三五”以来，全省建设用地供应存量占比由30%提升到65%，单位地区生产总值建设用地使用面积“十三五”期间下降25%，“十四

① 统计数据来源：《江苏省“十四五”自然资源保护和利用规划》。
② 统计数据来源：《江苏省国土空间生态保护和修复规划（2021—2035）》。

五”以来再下降 11%。[①] 同时，鼓励支持地方开展富有地域特色的实践探索。

苏州市经济、人口高度集聚，长期面临经济发展用地需求大与耕地保护压力大的双重制约。为此，苏州积极探索实施“三优三保”[②] 行动，通过优化农用地结构布局、优化建设用地空间布局和优化镇村居住用地布局，做到保护资源更加严格、保障发展更加有力、保护权益更加有效。南通市结合沿海发展战略，制定“海陆统筹”用地方案，通过节约集约创新、空间布局优化、耕地保护升级、土地整治示范、生态建设优先五个专项行动，引领土地节约集约利用。扬州市根据地方实际，提出“四优四提”节约集约用地路径，即优化政策体系，推动管理提档；优化盘活机制，推动用地提质；优化监管流程，推动项目提效；优化模式技术，推动特色提亮。在全省上下积极探索推动下，2013 年以来，江苏国土资源利用效率不断提升，单位土地地区生产总值稳步大幅提高。

同时，江苏稳慎引导农村宅基地自愿有偿退出，加快推进集体经营性建设用地入市改革，盘活存量建设用地，活化城乡土地资产。“十三五”时期，江苏盘活低效用地 70 万亩，2022 年完成低效用地再开发 22.4 万亩。规范推进批而未供和闲置土地处置，2018 年以来累计处置批而未供土地 90 万亩、闲置土地 14 万亩，处置规模位居全国前列。[③] 土地整理复垦开发取得突出成果，2013 年以来验收土地整治累计项目 7.5 万个，总建设规模 1 241.6 万亩。科学规划城市地下空间，加强合理复合利用，因地制宜推进综合管廊建设，扩宽城市发展空间，增强综合承载能力，提高土地资源综合利用效率。

---

① 张国梁：《全空间全要素全方位服务保障美丽江苏建设》，《中国自然资源报》2023 年 11 月 7 日。

② “三优三保”即通过优化农用地结构保护耕地、优化建设用地空间布局保障发展、优化镇村居住用地布局保障权益。

③ 江苏省自然资源厅：《以自然资源高水平保护高效率利用助推江苏高质量发展继续走在前列》，《中国自然资源报》2023 年 6 月 21 日。

第四节
深化国土空间治理促进“环境美”

在人多地少、资源环境约束紧张的背景下，江苏积极总结国土空间治理的经验与规律，不断健全国土空间开发保护制度，逐步完善国土空间治理体系，全面提升国土空间治理水平，以高水平保护促进高质量发展，提升自然资源与生态要素利用效率，推动国土空间治理体制机制创新。在国土空间持续深化治理中，促进“美丽江苏”建设。

一、建立完善的国土空间治理体系

以土地和空间资源优化配置为核心，建立完善国土空间治理体系，是国家治理体系和治理能力现代化的重要体现。[①] 长期以来，江苏坚持运用系统思维，以问题为导向，面向政府、市场、社会组织及公众等主体，综合运用行政、经济、法律、协商等手段，持续优化生产、生活、生态空间整体布局，统筹山水林田湖草沙等生态要素系统治理，增强国土空间治理各项措施的关联性和耦合性，不断发展完善国土空间治理体系（图 5－1），提升国土空间治理综合水平，更好地保障“美丽江苏”建设。

完善国土空间规划体系，以《江苏省国土空间规划（2021—2035年）》为统领，着力形成由省、市、县（市、区）、乡（镇、街道）国土空间总体规划、专项规划和详细规划组成的国土空间规划体系，严格落实国土空间约束性指标和管控要求，加强底线约束，为各类国土空间活动提供基本遵循。建立覆盖全域、全类型、全过程的国土空间用途管制制度体系，构建国土空间用途管制基本框架、技术方法、法律政策和运行体系，

① 曲福田、马贤磊、郭贯成：《从政治秩序、经济发展到国家治理：百年土地政策的制度逻辑和基本经验》，《管理世界》2021 年第 12 期。

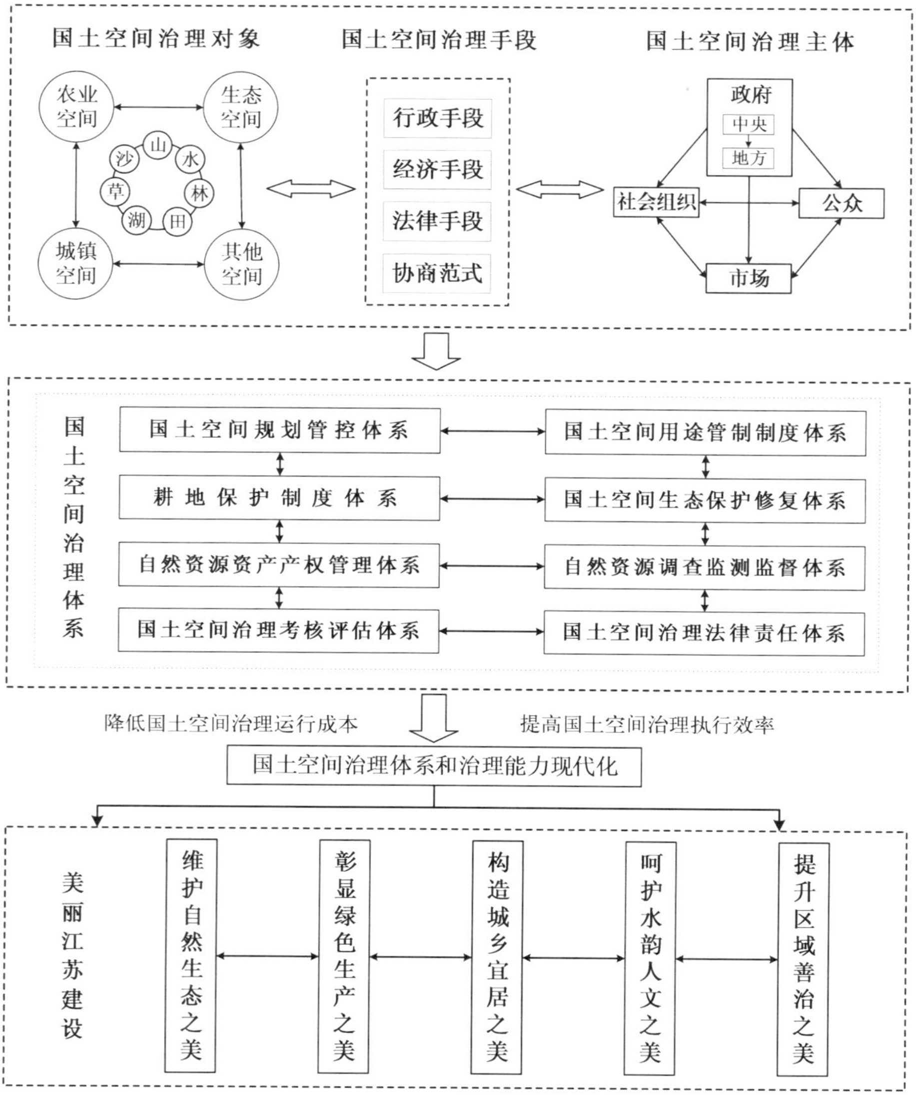

图 5－1　以国土空间治理推动美丽江苏建设逻辑

明确分区分级国土空间用途管制原则、内容、程序等，并加强与相关法律修订的衔接。完善耕地保护制度体系，强化耕地三位一体保护，创新耕地和永久基本农田保护机制。构建协同化的国土空间生态保护修复体系，提升生态质量和稳定性。构建法制化的自然资源产权管理体系，健全自然资源资产管理制度。全面落实自然资源资产产权制度改革要求，推进自然资源资产的市场化配置，深化自然资源行政审批制度改革，建立健全自然资源资产监管和法规体系，促进自然资源系统保护与高效利用。构建智慧化的自然资源调查监测监督体系，夯实自然资源管理基础。以新型基础测绘和自然资源科技创新体系建设为基础，全面开展自然资源统一调查、监测评价和确权登记，推进自然资源资产信息化管理系统平台建设，建立健全自然灾害监测与预警体系，提升自然资源治理支撑能力。构建国土空间治理考核评估体系，坚持定量与定性评估结合、自我评估和第三方评估结合，健全国土空间治理动态评估、跟踪、预警机制，总结国土空间治理过程中出现的问题，及时采取必要对策。[①] 建立国土空间治理法律责任体系，落实国土空间治理主体责任。以全方位的国土空间治理体系，持续推进美丽江苏建设。

二、 以高水平保护促进高质量发展

如何协调好发展与保护的关系，是建设“美丽江苏”亟须解决的重要问题。习近平总书记指出，高水平保护是高质量发展的重要支撑，生态优先、绿色低碳的高质量发展只有依靠高水平保护才能实现。[②] 深入贯彻落实绿色发展理念，在高水平国土资源保护中实现国土空间高质量发展，是推进“美丽江苏”建设的重要途径。

采取“长牙齿”的硬措施夯实农业绿色高效发展资源根基。在优先划定耕地和永久基本农田的基础上，以粮食生产功能区和重要农产品生产保护区为重点，依据地理格局、自然资源条件，划分出五大农业区。其中，徐淮农业区大力发展高效节水灌溉，提高农业生产机械化和设施化水平；里下河农业区提高排涝降渍能力，提升农业设施和智能化水平；沿海农业区统筹利用陆海资源，大力发展现代化农业和现代化渔业；沿江农业区发挥先发优势，打造绿色农业发展先行区；宁镇扬丘陵农业区依托都市圈资

① 王旭雁、朱洪蕊：《绘就自然资源保护利用新蓝图》，《中国自然资源报》2021年9月9日。
② 习近平：《推进生态文明建设需要处理好几个重大关系》，《求是》2023年第22期。

源，推动特色农业和都市农业发展。江苏针对不同农业区特点强化耕地资源保护，推广绿色高效的现代化农业生产方式，实现农业发展与城镇化和生态建设相得益彰。

强化耕地数量、质量、生态“三位一体”保护。构筑耕地和永久基本农田综合立体监管体系，进行全要素、全过程实时智能监管。有序实施土地综合整治，积极开展破碎化耕地整理合并、提质改造，形成集中连片、优质高效的耕地，为农业机械化和规模化经营提供基础保障。系统推进国土空间全域综合整治和耕地生态修复，统筹推动高标准农田建设、农业面源污染防治等，改善耕地生态环境，有效提升耕地气候调节、土壤保持、水文调节和维持生物多样性等生态功能。最严格的耕地保护制度和持续的耕地保护投入，有效地推动了江苏农业绿色高效发展，为江苏经济高质量发展奠定了重要资源根基。

采取高水平的生态保护和修复措施夯实江苏可持续发展根基。江苏以生态本底、资源状况和“两心三圈四带”的国土空间开发保护总体格局为基础，构建“五区三带”① 的国土空间生态保护和修复总体格局。在总体格局的统筹下，构建协同化的国土空间生态保护和修复体系，以自然资源调查监测体系，摸清自然资源生态本底，开展土地、矿产、湿地等关键自然要素的专项调查，查清数量、质量、结构等多维度信息。科学划分自然保护地类型，稳妥推进自然保护地整合优化，加快构建以自然保护区为主体、自然公园为基础的自然保护地体系，培育国家公园。建立健全省自然资源动态监测网络，完善自然生态系统监测预警体系，以卫星遥感、大数据等技术实现对自然要素全要素、全流程、全覆盖的现代化监管，促进实现生态风险预警、报告和处置。严格执行生态保护修复负面清单制度，杜绝违背自然规律、破坏自然环境和生态系统的行为。建立健全生态产品价值实现机制，拓宽绿水青山转变为金山银山的路径，促进人与自然和谐共

① 五区：太湖流域综合保护修复区、长江干流综合保护修复区、淮河—里下河综合保护修复区、沂沭泗流域综合保护修复区、海洋综合保护修复区。三带：长江沿线生态保护修复带、运河沿线生态保护修复带、滨海沿岸生态保护修复带。

生的高质量发展。

以高水平的历史文化遗产保护彰显“水韵江苏”魅力。历史文化是展现城市魅力的关键所在，习近平总书记曾指出，历史文化是城市的灵魂，要像爱惜自己的生命一样保护好城市历史文化遗产，[①] 让居民望得见山、看得见水、记得住乡愁。[②] 江苏通过强化国土空间对历史文化遗产和自然景观资源的载体作用，构建国家遗产保护空间体系，突出“水韵江苏”的风貌特色。通过落实各类历史文化保护红线的保护范围和管控要求，将相应历史文化遗产空间信息纳入国土空间规划“一张图”实施监督信息系统，保障文物保护、利用、考古等合理空间需求。通过完善多元共生的历史文化遗产分类保护，保护历史文化名城整体空间格局和特色风貌，维护名城赖以存在的自然环境，促进保护与更新有机融合。

2020 年 11 月 13 日，习近平总书记在扬州考察调研时强调，要把大运河文化遗产保护同生态环境保护提升、沿线名城名镇保护修复、文化旅游融合发展、运河航运转型提升统一起来，为大运河沿线区域经济社会发展、人民生活改善创造有利条件。[③] 江苏通过系统活化利用文化遗产和自然遗产，妥善处理自然、文化遗产与经济社会发展和生态环境保护的关系。大力支持大运河沿线文物和文化资源科学合理利用，在严格保护风景名胜、自然生态景观和历史文化的前提下，完善旅游服务基础设施建设，提升景区服务品质，塑造美丽绽放的自然人文旅游空间，发挥江苏江河湖海资源禀赋和自然人文遗产丰富的优势。

三、 推动国土空间治理机制创新

加快推进国土空间治理和生态保护相关立法，先后制定实施《江苏省土地管理条例》《江苏省环境保护条例》《江苏省湿地保护条例》等地方法

① 《习近平北京考察工作：在建设首善之区上不断取得新成绩》，《人民日报》2014 年 2 月 27 日。

② 《中央城镇化工作会议在北京举行　习近平李克强作重要讲话》，《人民日报》2013 年 12 月 15 日。

③ 《习近平在江苏考察时强调　贯彻新发展理念构建新发展格局　推动经济社会高质量发展可持续发展》，《人民日报》2020 年 11 月 15 日。

规，为国土空间治理的机制创新提供了较为完善的法制保障。

完善关于国土空间开发、利用、保护和修复的税收、补贴、奖励等激励政策，鼓励引导有利于“美丽江苏”建设的国土开发、利用、保护和修复行为。强化“党委领导、政府负责、部门协同、公众参与、上下联动”的耕地保护共同责任机制，将耕地保护纳入高质量发展综合考核指标体系，压紧压实耕地保护责任。构建“责任＋激励”“行政＋市场”的耕地保护机制，在全国较早出台《耕地保护补偿激励暂行办法》，鼓励各地区制定符合本地实际的耕地保护补偿激励政策。按照“谁保护、谁受益”的原则，省级累计投入 6.04 亿元耕地保护激励资金，调动了基层保护耕地的主动性和积极性。将水、森林、矿产、湿地等关键自然资源变化和生态破坏情况，以及生态保护修复带来的生态系统服务和产品价值纳入绿色 GDP 考核体系，提高地方创造生态价值的积极性。健全自然资源资产统计评价制度，依托自然资源资产负债表，强化领导干部自然资源资产离任审计，建立生态环境损害责任终身追责制。

加强国土空间治理的人才支撑和公众参与。着力培养国土空间治理领域的青年人才，合理引进省外、海外高端人才，完善人才流动与激励制度，推进高层次科技创新人才梯队建设。建立有利于科技人员潜心研究和专心创业的制度环境。持续支持国土空间治理基础理论、关键技术和管理政策研究，积极发挥高校院所的智库作用。以自然资源部支持的国土空间治理数字化转型为契机，系统推进理论创新、技术创新、制度创新，探索建设服务数字生态文明的数字生态基础设施，着力提升国土空间规划实施监测网络“智慧”能力。建立统一的国土空间自然资源监测、预警体系，及时掌握自然资源与生态环境动态，以科学技术进步推动国土空间治理机制创新，提升治理效率。探索国土空间治理的公众监督机制，构建国土空间管控区域监督、管理、保护等政策和公共宣传平台，定期发布监控、评价、处罚和考核信息，保障公众知情权、参与权和监督权。开展多种形式的公众参与活动，鼓励公众监督、举报违反生态保护制度的行为，引导公众自觉参与保护工作。

第六章

打造“水韵江苏”人文品牌

党的十八大以来，以习近平同志为核心的党中央把水生态环境保护摆在生态文明建设的重要位置，把解决突出水生态环境问题作为民生优先领域，谋划开展了一系列根本性、开创性、长远性工作。放眼全国，江苏依水而生、因水而兴，辖江临海、扼淮控湖，水域面积接近总面积六分之一，占比位居全国之首。这一独特的自然禀赋为江苏带来了人文生机和发展契机。江苏坚持统筹水资源、水环境、水生态治理，推动全省水生态环境质量持续改善，在太湖治理、长江大保护、大运河文化传承以及美丽海湾建设等重点工作中取得了新成效，为进一步为谱写“强富美高”新江苏现代化建设新篇章夯实了基础。

第一节 江河湖海汇聚的独特省域

涓涓不塞，是为江河；源源不断，是为奋斗。江河湖海孕育江苏这片发展热土，滋养一方百姓。江苏如同一颗交汇点上的明珠，汇通江淮之气概，畅达黄海之辽阔，统筹江河湖海的治水之道，发扬水韵江苏的人文特质，谋划水之蕴美的发展格局，扎实推进生态文明建设，写好美丽江苏水韵文章。

一、 江河湖海的统筹之道

江苏地势平坦、平原辽阔，水网密布、湖泊众多，海陆相邻，是全国唯一一个拥有大江、大河、大湖、大海的省份。省内分布有长江、太湖、淮河和沂沭泗四大水系，长江横穿东西 433 公里，大运河纵贯南北 690 公里，东部海岸线长 954 公里，境内有全国淡水湖排名第三、第四的太湖和洪泽湖，全省河湖水域占 16.9%，是中国水网密度最大的地区之一。但因地势平缓，水面坡降小，水体流动性偏低，交换周期较长，河湖自净能力较弱，水环境容量有限，水生态系统较为敏感，叠加伴随发展带来的废污水排放，造成水环境长期处于高压状态，水环境保护成为生态环境治理工作的重中之重。

为此，江苏扎实推进生态文明建设，系统谋划沿江、沿河、沿湖、沿海地区社会经济与水环境保护的协调发展，统筹推进太湖治理、长江大保护、大运河综合整治与美丽海湾协同建设，实践出了一条江河湖海共同治理的科学路径，在社会经济稳步发展的情况下实现了水环境质量持续好转。根据2012—2022年江苏省（生态）环境状况公报及国考断面数据统计，全省各类水环境指标明显改善，地表水环境质量总体提升至优级水平，全面消除劣Ⅴ类水体，达到或优于Ⅲ类比例从43.4%增长到91.0%。

二、 发扬水韵江苏的人文特质

壮阔的长江、浩瀚的黄海、延绵的运河、来而复去的黄河，在江苏大地上交相融汇，互补共长。2023年全国两会期间习近平总书记在参加江苏代表团审议时强调，希望江苏全省广大干部群众汇通江淮之气概、畅达黄海之辽阔，以当表率、做示范、走在前的果敢担当，上下一心、真抓实干、奋发进取，为谱写“强富美高”新江苏现代化建设新篇章实现良好开局。[①]“汇通江淮之气概、畅达黄海之辽阔”，既是习近平总书记对江苏全省广大干部群众的殷切希望，也是“水韵江苏”人文特质最鲜明的表达。

最具亲和力和代表性的水韵人文之地。“水”是江苏文化的基因。水滋养万物，水网密布、雨水充沛的江南成了著名的鱼米之乡。水滋养了江南风光，温润秀美的江南是历史上文人墨客魂牵梦萦之地。[②]

最具吸引力和开放性的水韵人文之地。江苏文化具有水韵的包容性和多元性，水韵格局让吴文化、金陵文化、淮扬文化、楚汉文化交相辉映，大运河文化、长江文化、江南文化、江海文化交融共生。“国朝文运之盛，

① 姜洁：《在高质量发展上继续走在前列（我和总书记面对面）》，《人民日报》2023年3月6日。
② 莫砺锋：《江南似水　温润柔软又无坚不摧》，荔枝网，2018年12月3日，http://news.jstv.com/a/20181203/1543846565301.shtml。

江苏为最”，从诗歌散文到书法绘画，从建筑园林到戏曲曲艺，每一种文化样态上，江苏都有杰出成就。①

最具发展力和创新性的水韵人文之地。江苏省13个设区市全部进入全国百强城市；近半的区县入列全国百强县和百强区；水韵江苏特有的人文精神熏染，让一批批大家引领中国艺术走向世界。

三、 谋划水之蕴美的发展格局

水是基础性的自然资源和战略性的经济资源，同时也是生态环境重要的控制性要素。河湖颜值是生态文明建设的重要底色。针对水生态损害、水环境污染等较为突出的问题，遵循“节水优先、空间均衡、系统治理、两手发力”的治水思路，以改善水生态环境质量为核心，先后出台水利发展、水文发展、重点流域水生态环境保护、长江流域水生态环境保护、淮河流域水生态环境保护等“十四五”规划，打造“江苏水网、幸福河湖、现代水利”，大力推进美丽河湖保护与建设，实现人水和谐。例如，苏州张家港东沙化工园区曾是地方经济发展的“主力军”，但是园区产业层次不高，对沿江周边环境影响很大。长江大保护启动以来，当地政府全面关停环保不达标、安全没保障的低端落后化工企业，整体“腾笼换鸟”“凤凰涅槃”，发展智能装备、新型材料等产业，成功实现了“华丽转身”。②

案例6-1　泰州市：打造“一带一区两廊”水环境保护生态空间新格局

泰州市提出了“一带一区两廊”的水环境保护生态空间新格局。“一带”为“长江水道生态涵养带”，以饮用水安全保障、主要通江支流水质保持Ⅲ类、提升生物多样性为核心，全面推进风险管控和生境修复。“一区”即“里下河湖荡湿地生态涵养片区”，以农业面源污染治理、环境基础设施建设和水生态环境修复为核心，推动里下河湖荡

① 邵建东：《强化“水韵江苏”文化特质》，《新华日报》2023年9月19日。

② 王文坚、李军、黄凤等：《从“五个美丽故事”中，读懂“绿色江苏”密码》，《扬子晚报》2023年9月19日。

湿地水生态环境质量改善。“两廊”即“引江河—通扬运河—泰东河水生态廊道”和“南官河—卤汀河水生态廊道”。“两廊”承担涝时里下河腹部洼地排水、旱时引长江水灌溉、补充部分北调水源三重功能，重在加强污染防治及风险管控。

第二节
跨区域治理太湖污染

流域生态与区域发展的协同，是流域生态健康的基础，更是人类社会可持续发展的福祉。[①] 太湖自古就是世人眼中光华璀璨的明珠、文人笔下秀美绝佳的所在，但长期以来，粗放式发展造成环境透支，2007 年 5 月以太湖蓝藻暴发的形式呈现出来。江苏痛定思痛，提出要坚决打赢太湖污染问题整治攻坚战。特别是党的十八大以来，江苏深入贯彻落实习近平总书记关于“给太湖增添更多美丽色彩”的重要指示精神，持续克难突破，努力唱响新时代“太湖美”。

一、 唱响新时代“太湖美”

太湖是我国第三大淡水湖，水面面积 2 300 平方公里，以太湖为中心的太湖流域位于长三角腹地，地跨苏浙沪，面积 3.69 万平方公里，流域内河网如织、湖泊棋布，河网密度 3.3 公里/平方公里，出入太湖河流 228 条，是我国人口密度最高、社会经济最发达的地区之一。太湖流域素有“苏湖熟、天下足”的美誉，是流域洪水集散地、水资源调配中心和长三角水生态、水环境的晴雨表，还是长三角地区最重要的饮用水水源地。加强太湖流域保护治理，对于保障长江下游和长三角地区水安全、推动长三

① 黄贤金：《探寻流域生态与区域发展的最大公约数》，《群众》2017 年第 5 期。

角一体化发展和长江经济带共抓大保护具有重要意义。

随着太湖流域经济社会快速发展，太湖流域污染物排放量不断增加，富营养化程度不断加剧，环境污染的隐患悄然埋下。数据显示，1997 年至 2006 年，10 年间太湖平均水体水质由Ⅲ类下降为劣Ⅴ类，环太湖地区河流入湖水质平均浓度均为劣Ⅴ类，富营养化水平由轻度上升为中度。

2007 年 5 月 29 日，太湖蓝藻大规模暴发，导致无锡市供水危机，生活用水和饮用水严重短缺，太湖治理攻坚战由此拉开大幕，先后经历了应急防控、分类治理、集中攻坚三个阶段。①

（一）应急防控阶段（2007—2012 年）

为保障人民群众饮水安全，改善太湖水环境质量，国务院建立了太湖流域水环境综合治理省部际联席会议制度，江苏省政府成立省太湖水污染防治委员会，太湖治理管理体制机制初步形成。2008 年，国务院批复《太湖流域水环境综合治理总体方案》。在此基础上，2009 年省政府印发《江苏省太湖流域水环境综合治理实施方案》，进一步明确和细化了太湖治污方案。

这些方案的实施，有效防控了大面积水体黑臭的发生，使太湖流域水质趋好，富营养化程度由中度转为轻度。2012 年太湖湖体高锰酸盐指数、氨氮、总磷、总氮较 2007 年分别下降了 17.8%、75.8%、37.6%和 22.4%。15 条主要入湖河流年平均水质消除劣Ⅴ类。2012 年年底就实现了《实施方案》提出的 2020 年完成项目和完成率均超过 85%的目标。

（二）分类治理阶段（2013—2016 年）

这一阶段太湖治理标准进一步提升，太湖流域各地和省有关部门紧紧围绕治太目标，突出分类治理、长效管理，太湖治理成效得到进一步巩固。2016 年，太湖湖体水质为Ⅳ类，综合营养状态指数从 2012 年的 56.5 降至 54.6，高锰酸盐指数稳定达Ⅱ类，氨氮达到Ⅰ类，总磷达到Ⅳ类，总

① 资料来源：《江苏省太湖流域水环境综合治理规划（2021—2035 年）》。

氮改善至Ⅴ类，流域重点断面水质达标率较 2012 年提升 32.8 个百分点。15 条主要入湖河流年均水质全部达到或优于Ⅳ类。

（三） 集中攻坚阶段（2017—2020 年）

江苏省以推动中央环保督察问题整改为契机，于 2017 年 2 月开展“263”专项行动，太湖水环境治理为“六治”中的首治。这一时期，江苏省太湖流域工业污染削减，污染治理能力提升，养殖污染得到治理，供水保障水平交出了亮眼答卷，流域水质大幅改善。14 条主要入湖河流水质达到或优于Ⅲ类，8 个省界出境断面水质全部达到或优于Ⅲ类。124 个重点断面优Ⅲ比例为 92.6%，消除Ⅴ类断面。太湖湖体连续 12 年稳定在轻度富营养状态，湖体氨氮、高锰酸盐指数稳定在Ⅰ类和Ⅱ类，总磷、总氮稳定在Ⅳ类（图 6－1）。

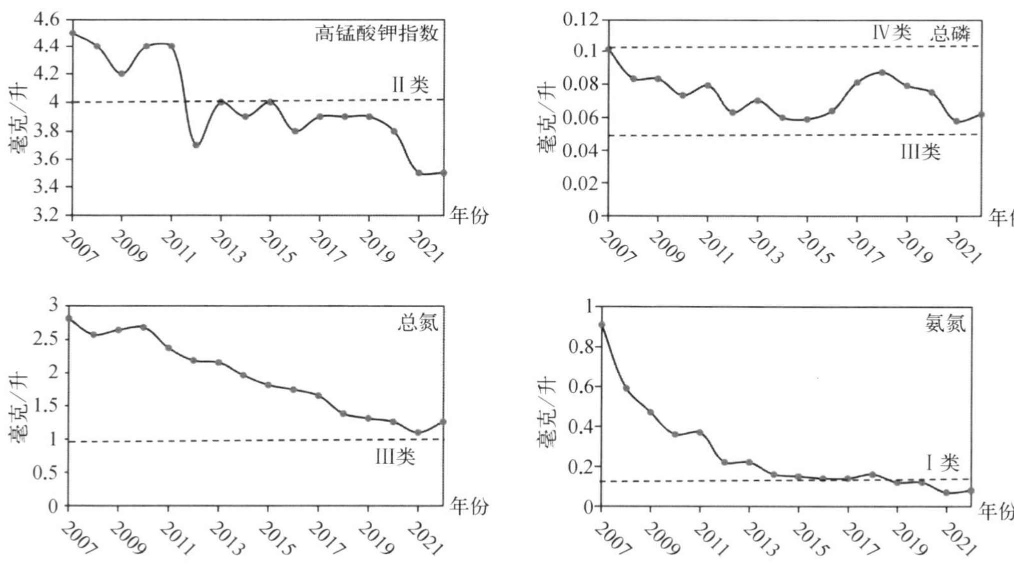

图 6－1 2007—2022 年太湖湖体主要污染物浓度变化

二、 湖泊治污的“江苏模式”

2007 年以来，尤其是党的十八大以来，在与湖共生的理念指引下，江苏着眼于根治太湖水质痼疾，从生态修复到产业调整协同发力，有效遏制了湖体富营养化趋势。湖体生境持续复苏，也为湖畔发展动能加速转化注入一泓活水，[①] 形成可复制、可推广的太湖治理"江苏模式"。

（一）多层级推进流域环境协同治理

2008 年，国务院建立太湖流域水环境综合治理省部际联席会议制度，两省一市统筹协调推进解决太湖治理中的重大问题。据此，沪苏浙共同提出建设"绿色长江三角洲"，并成立长江三角洲地区环境安全与生态修复研究中心，签署《长江三角洲区域环境合作倡议书》《长江三角洲地区环境保护工作合作协议（2009—2010 年）》等。常州、湖州、无锡、嘉兴、苏州等环太湖主要城市相继创建太湖论坛、协作会议、领导互访等协作平台，统筹处理各方利益诉求和矛盾冲突，逐步达成破解环境治理困境的集体行动机制。

（二）经济环境协调双赢

2007 年太湖供水危机后，江苏省委、省政府提出太湖流域 GDP 的增长不能再主要靠产业总量的扩张。经过转型发展，治污机制及体系不断完善的同时，经济实力明显增强，主要经济指标基本与世界发达经济体相当，走在了环境治理倒逼经济结构转型和优化的前沿，科技研发能力明显提高，建设流域水生态文明的经济和技术基础已基本具备。地方政府从单纯追求 GDP 的扩张，逐步转变到更加注重优化经济结构、提高经济效益和经济增长质量，积极探索经济发展方式与水生态文明相协调的可持续发展道路。太湖治理的实践，证明发展经济不能以破坏生态环境为代价，要实现经济发展与环境保护的双赢。

（三）重点治理与关键突破相结合

流域生态系统是一种多要素相互影响的复杂生态系统，必须坚持山水

---

① 段美菊、秦华江、刘宇轩：《这"四变"，让太湖回春》，《半月谈》2023 年第 4 期。

林田湖草沙一体化保护和系统治理。在太湖治理过程中，逐步形成了从入湖湖泊、湖泊群到出湖河流的综合治理体系，并强化目标协同、多污染物控制协同、部门协同、区域协同、政策协同，不断增强各项工作的系统性、整体性、协同性。

（四）创新管理制度建设

太湖治理是江苏生态文明建设的重中之重。创新管理制度有效地推动了太湖治理，创造了多个第一。比如：成立了第一个流域治理机构，组建正厅级建制的省太湖水污染防治办公室，履行太湖治理“组织实施、综合监管”职能；成立了第一个省级层面的专家咨询机构，国内知名专家被省政府聘为太湖水污染防治与蓝藻治理专家委员会成员，为太湖把脉，为治太决策提供技术咨询。① 还有，首创“河长制”“湖长制”，全面落实“断面长制”“浜长制”“片长制”等制度措施。在全国最早开展排污权有偿使用和交易、环境污染责任保险试点，实施与排污总量挂钩的财政政策，率先开展水环境资源区域补偿，建立全国第一个“双向补偿”机制。创新执法监督机制，组织开展省级生态环境保护督察，开展太湖安全度夏交叉执法行动，推行太湖流域跨界断面水质污染上游责任举证制度。

（五）高度重视法规制定与完善

1996 年，颁布《江苏省太湖水污染防治条例》（以下简称《条例》），为依法治太提供了明确具体的法律依据。2007 年蓝藻事件发生后，江苏及时对《条例》进行修订，之后又进行了四次修正，反映出江苏省在太湖水污染防治过程中面对不同时期新问题新认识的科学严谨态度。

（六）弘扬太湖水文化

弘扬太湖水文化，有助于提升太湖流域内市民的环保理念与生态意识，为此，沿湖各地都十分重视水文化建设。2023 年 9 月 20 日，太湖水文化馆

① 朱乐先：《太湖治理十年路》，《群众》2017 年第 8 期。

在苏州揭牌，这是太湖水文化建设的重要标志性工程。太湖水文化馆是国内首个全方位宣传和沉浸式体验太湖水文化的展示和交流平台，生动展示水资源对太湖流域文明的贡献，对于流域治水、用水、护水等方面的智慧与努力，以及与水相关的流域文化艺术和民俗风情等，采取展览、互动、体验等多种方式，全方位展现太湖水文化的独特魅力，提升公众爱水、惜水、节水、护水的意识，努力打造成为展现太湖文明的最美窗口和长三角蓝色珠链中最耀眼的明珠，为长三角一体化高质量发展注入新的活力。

总之，太湖治理是一个长期、艰巨、复杂的过程。十六年治太，太湖治理进入爬坡过坎阶段。2022 年 7 月，国家发展和改革委、生态环境部等部门首次对太湖治理提出了“长三角高质量发展的重要生态支撑、长三角区域水安全保障重要载体、全国湖泊治理的标杆”三个重要的功能定位，并将太湖治理目标从“两个确保”发展为“确保饮用水安全、确保不发生大面积水质黑臭，不断提升生态环境治理现代化水平，提高流域防洪保安和水资源配置能力”。这对流域水环境治理提出了新的、更高的要求。[①]

为进一步响应国家对太湖治理的新定位、新要求，2023 年 6 月，江苏发布《推进新一轮太湖综合治理行动方案》，提出进一步推进“控源减污、生态扩容、科学调配、精准防控”，推动太湖生态不断向好，为打造世界级生态湖区奠定更加坚实的基础，为全面推动长江经济带高质量发展、提升长三角生态绿色一体化发展水平提供更有力的支撑。

第三节

共抓长江大保护

2016 年 1 月 5 日，推动长江经济带发展座谈会首次提出长江大保护战

① 王伟健：《守一湖好水　护万顷碧波》，《人民日报》2023 年 3 月 21 日。

略，要求通过加强生态环境保护和修复，实现长江流域生态环境的持续改善和长效保护，确保长江水资源的可持续利用和生态安全。党的十九大报告明确提出，“以共抓大保护、不搞大开发为导向推动长江经济带发展”。江苏积极贯彻习近平总书记重要讲话重要指示精神，推进长江大保护各项要求落实见效。

一、开创依法治江新局面

长江大保护战略是长江流域经济社会发展到一定阶段后实现可持续发展、迈向更高端发展层次的内在要求，是习近平总书记对流域区域发展理念的重大创新。[①] 2020 年，我国第一部流域法律《中华人民共和国长江保护法》颁布，将长江大保护战略进一步提升到法律层面予以贯彻落实，并转化为国家意志和全社会行为准则。基于此，江苏迅速构建完善了流域规划与管控制度体系、水污染防治制度体系和生态环境修复制度体系，开创了全面依法治江新局面。

（一）以空间规划为基础的流域规划与管控制度体系

《长江保护法》确立了包含国家发展规划、空间规划、专项规划、区域规划在内的流域规划体系。[②] 基于此，不断完善相应的规划要求：《江苏省国土空间规划（2021—2035 年）》在生态空间方面尤其强调构建依水共生的生态空间格局，要求严格河湖水域空间管控；《江苏省“三线一单”生态环境分区管控方案》中以沿江 1 公里为纵深，划定了长江岸线优先、重点和一般管控区，积极推进长江生态空间管控；《江苏省重点流域水生态环境保护“十四五”规划》及《江苏省长江流域水生态环境保护“十四五”规划》明确要求，到 2025 年，长江流域（不含太湖）水生态环境持续改善，地表水国考断面达到或好于Ⅲ类水体比例不低于 92.5%，劣Ⅴ类

① 吕忠梅：《筑牢长江大保护的法治之基》，《光明日报》2021 年 1 月 5 日。
② 刘佳奇：《〈长江保护法〉中生态环境保护制度体系的逻辑展开》，《环境保护》2021 年第 3 期。

水体全部消除。2022 年推出《南京市长江岸线保护条例》[①]，组织编制了《南京市长江岸线保护详细规划（2022—2030）》，进一步突出长江岸线的规划引领和重点管控。

（二）以全方位污染防治为核心的水污染防治制度体系

水污染防治是保护和改善流域水环境的核心抓手。近年来，江苏把修复长江生态环境摆在压倒性位置，铁腕治理污染，系统修复生态，全力推动长江大保护和绿色高质量发展。通过出台与国家法律法规相配套的地方性法规、政府规章、规范性文件，统筹推进重点污染物收集处置、监测监控、应急处置和执法监管等能力建设。例如，针对流域性水污染，于 2004 年 12 月在全国率先制定《江苏省长江水污染防治条例》，并先后三次修正。针对沿江排污，江苏省先后制（修）订《江苏省固体废物污染环境防治条例》《长江船舶污染防治条例》，颁布地方标准《池塘养殖尾水排放标准》《化学工业水污染物排放标准》等，进一步规范了沿江化工行业、养殖业和船舶的污染防治工作。针对农业农村面源污染，江苏省以化肥农药减量增效、土地轮作休耕、畜禽粪污资源化利用为重点，持续加强农业面源污染治理。

（三）以多维度修复为指向的生态环境修复制度体系

长江流域拥有独特的生态系统，是我国重要的生态宝库。按照“山水林田湖草是一个生命共同体”的治理要求，江苏形成了以多维度修复为指向的生态环境修复制度体系，切实增强了长江（江苏段）沿线生态环境保护修复的系统性和整体性。一是遵循长江自然水文特性，实施具体的河湖水系修复。2019 年 5 月，省委、省政府发布《江苏省总河长令》，以全面推行河湖长制为契机，提出生态河湖行动计划，成为在全国

① 《南京市长江岸线保护条例》，江苏省第十三届人大常委会第三十二次会议批准，2023 年 1 月 1 日正式实施。

较早开展河湖水生态保护修复的省份。[①] 二是推进重点水域禁捕与水生生物栖息地修复。2021年颁布《关于促进和保障长江流域禁捕工作若干问题的决定》，率先将长江禁捕退捕写入省级地方性法规，规范长江流域禁捕及相关工作。三是沿江岸线的生态修复与整治。2022年制定出台《〈长江经济带发展负面清单指南（试行）〉江苏省实施细则》，设立长江干流及14条支流1公里范围内的“最严规矩”。针对主江岸线利用率高、生产型岸线占比高的实际，先后印发《关于进一步提升长江岸线保护利用水平　更好服务长江经济带高质量发展的意见》《江苏省港口岸线管理办法》《关于严格管控长江干线港口岸线资源利用的实施方案》等文件予以管控。

二、 塑造生态优先绿色发展主战场

2020年11月，习近平总书记在南京主持召开全面推动长江经济带发展座谈会，赋予长江经济带生态优先绿色发展主战场、畅通国内国际双循环主动脉、引领经济高质量发展主力军的新战略使命。[②] 但作为制造业强省，石化、钢铁、冶炼等基础产业集聚于长江两岸，“重化围江”是江苏发展的一大掣肘。为此，江苏积极推进沿江化工产业转型升级，深入开展长江保护修复攻坚战，为切实提升水资源环境承载力奠定坚实基础。

（一）提升长江水资源水环境承载力

资源环境承载力是区域可持续发展的基础。长江水资源水环境可持续承载是长江经济带可持续发展的基础，更是长江生态大保护的重要战略支撑。

水资源承载能力是指，可预见的时期内在满足合理的河道内生态环境用水和保护生态环境的前提下，综合考虑来水情况、工况条件、用水

---

① 陈杰：《知行合一，系统推进水生态修复——学习习近平总书记在参加十三届全国人大二次会议内蒙古代表团审议时的重要讲话精神》，《人民论坛》2019年8月。

②《习近平在全面推动长江经济带发展座谈会上强调　贯彻落实党的十九届五中全会精神　推动长江经济带高质量发展》，《人民日报》2020年11月16日。

需求等因素，水资源承载经济社会的最大负荷。[①] 从用水总量来看，2012 年江苏沿江八市中，泰州市和南通市水资源处于超载状态，其余六市均为不超载状态；通过实施严格的水资源管理制度，加快节水型社会建设，2015 年泰州市为临界状态，南通市达到不超载状态；2016 年起开始实施长江大保护战略，持续推进水资源可持续利用和经济发展方式转变，区域水资源承载压力得到进一步缓解，2022 年沿江八市已全部达到不超载状态。

根据生态环境部组织编制的《水环境承载力评价方法（试行）》，水环境承载力指在一定时期内，区域水环境系统在满足水质目标要求、保持可持续的自净能力和维持水生态健康的条件下，对区域人口、经济和社会活动的支持能力。结合既有研究评估，2012 年无锡市、常州市、苏州市与南通市为水环境承载压力最高的 V1 等级区域，其他市水环境承载压力处于 V2 和 V3 等级。2015 年，沿江地区整体水环境承载压力仍然处于中高水平，主要压力来源于水环境质量较差和工业废水排放。江苏通过不断抬高环境准入门槛、大幅提高污染物排放标准、实施区域限批、强化新建项目总量控制和排污许可证制度、加强对建设项目的环保执法检查等措施，从源头上控制新增污染物排放，[②] 到 2023 年，沿江八市水环境承载压力均明显下降。

表 6-1　水环境保护压力评价指标体系

指标体系	单位	V1	V2	V3	V4
工业废水排放量/用水总量	万吨/亿立方米	>1 000	1 000—600	600—300	<300
工业 COD 排放总量/用水总量	吨/亿立方米	>2 000	2 000—1 000	1 000—480	<480

① 刘洋、孙磊：《辽宁省朝阳市县域水资源承载能力评价》，《水利发展研究》2017 年第 6 期。

② 李娜、开晓莉、刘宁等：《基于饮用水健康风险评价的江苏省产业结构调整对策研究》，《环境保护科学》2011 年第 5 期。

续表

指标体系	单位	V1	V2	V3	V4
工业氨氮排放总量/用水总量	吨/亿立方米	>120	120—80	80—30	<30
评价河长优于Ⅲ类水比例	—	<40%	40%—60%	60%—80%	>80%

（二）沿江化工产业实现绿色转型发展

沿江化工园区集中了江苏 2/3 以上的石油和化学工业生产能力，形成了门类齐全、产业链较为紧密的集群优势，是我国千万吨级炼油基地和百万吨级乙烯生产基地之一，化学农药、有机化学原料、合成材料和专用化学品经济总量在全国占有举足轻重的地位。但化工产业发展也给长江黄金水道的环境造成了不利影响。多年的监测数据显示，长江经济带单位面积化学需氧量、氨氮、二氧化硫、氮氧化物、挥发性有机物排放强度是全国平均水平的 1.5—2.0 倍。①

面向“共抓大保护、不搞大开发”要求，2016 年以来江苏制定了“17+1”问题整改方案②，系统开展化工企业安全环保整治提升和化工行业安全生产专项整治工作，严格落实整改责任制和销号制，累计关停沿江化工企业 3 500 多家。其中：沿江八市关闭化工企业数量占全省关停总数近 80%；长江干支流沿岸两侧 1 公里、太湖一级保护区和城镇人口密集区等环境敏感区域内化工企业应关尽关；压减沿江 1 公里范围内化工生产企业 145 家，取消 25 家化工园区的定位，72.6 公里生产岸线转为生活、生态岸线。③ 长江干流江苏段水质连续 6 年保持Ⅱ类。化工行业安全生产事故数量得到有效控制，安全生产水平显著提升。2022 年化工园区高质量发

① 陈军飞、顾岩：《政企携手推动江苏沿江化工产业转型升级》，《水利发展研究》2021 年第 11 期。

② 国家 2018 年长江经济带生态环境警示片披露了江苏 17 项生态环境突出问题，对此，江苏省委、省政府高度重视，并在此基础上主动将“化工围江”纳入问题清单，制定出台“17+1”问题整改方案。

③ 贲腾、付奇：《和谐共生，绘就长江沧桑巨变》，《新华日报》2023 年 2 月 27 日。

展综合评价 30 强名单中江苏沿江地区就占 10 家。[①]

（三）长江保护修复攻坚战取得积极进展

江苏准确把握整体推进和重点突破的关系，从生态系统整体性和长江流域系统性着眼，统筹山水林田湖草等生态要素与生态系统单元，全面做好长江生态环境保护修复工作，生态修复和环境保护取得显著成效。

问题整改积极迅速，水生态环境持续向好。坚持问题导向，严格落实国家问题整改。国家 2018、2019 年长江经济带生态环境警示片披露的“17＋1”项问题已于 2020 年 6 月底前全部整改到位，并积极开展问题常态化自排自查，长江江苏段水环境质量达到最好。2022 年，江苏省长江流域总体水质稳定在优级水平。长江干流江苏段各断面水质均符合Ⅱ类，同比保持稳定；长江主要支流断面水质全部达到或好于Ⅲ类。[②] 同时，强力推进禁捕退捕工作，省河长办出台省级层面全国首个以河湖长制助力长江禁捕退捕工作的文件，助推 34 个国家级、省级水生生物保护区实行常年禁捕，长江干流江苏段及重要支流和通江湖泊暂定实行十年禁捕，水生生物保护区所涉河湖其他水域全面退捕。[③] 长江江苏段鱼类由 2017 年初仅检测到 48 种恢复至 2022 年的 76 种，中华鲟、胭脂鱼等国家重点保护野生动物身影重现长江下游。[④] 长江江苏段水生态健康正在逐步恢复。

综合整治入江排污口，生态治理能力显著提升。率先全面启动长江入河排污口监测和溯源工作，对所有排污口进行溯源分类、命名编码，建立长江入河排污口名录。省政府开展了以“三消除”“三整治”“三提升”为主要内容的城镇污水处理提质增效精准攻坚行动，实现市区和县城污水处

---

① 即南京江北新材料科技园、江苏省泰兴经济开发区、扬州化学工业园区、江苏扬子江国际化学工业园、江苏常州滨江经济开发区、江苏常熟新材料产业园（江苏高科技氟化学工业园）、国家东中西区域合作示范区（徐圩新区）、镇江新区新材料产业园、南通经济技术开发区化工园区、如东洋口化学工业园。

② 资料来源：《2022 年江苏省生态环境状况公报》，2023 年 5 月。

③ 程瀛：《江苏以河湖长制助力长江禁捕退捕》，《人民长江报》2020 年 10 月 3 日。

④ 群众杂志社特别报道组：《青绿江山绘长卷——推进人与自然和谐共生现代化的生动实践》，《群众》2023 年第 18 期。

理厂全覆盖，乡镇污水处理设施覆盖率达99.7%。印发《江苏省长江保护修复攻坚战行动计划实施方案》，编制《江苏省主要入江支流环境综合整治方案》，加强入江河道整治工作。同时，防范沿江环境风险，组织推进沿江环境风险源排查，绘制风险地图。2016年起，全省排查设区市和太湖流域县级城市建成区黑臭水体共458个，2018年年底治理完成310个，2019年整治完成148个，基本实现了13个设区市及太湖流域全部9个县城建成区消除黑臭水体目标，提前一年完成国家确定的目标任务。

强化空间管理，岸线整治成效显著。印发《长江（江苏段）两岸造林绿化工作方案》和《长江岸线保护和开发利用总体规划》，开展长江两岸大规模造林绿化行动，通过高质量植绿、大规模增绿、抢救性复绿，全面推进长江两岸宜林地植树造林，沿江两岸累计造林超过115万亩，长江干流两岸绿化行动基本完成。① 按照规划确定的岸线功能，严格分区管理和用途管制，优化空间布局，规范岸线利用，大力推进沿江区域生态保护修复和岸线项目清理整治。同时，着力打造长江沿线整治提升特色示范段。2019年率先建成第一批9个沿江特色示范段，2020年滚动实施南京一江两岸35公里滨江外滩建设等20个示范段建设工程，累计清退散乱污企业近千家、修复湿地4万余亩、植树造林4.6万亩。2022年，长江江苏段生态岸线占比提高到64.1%，岸线利用率较2018年高峰期下降了6%；长江湿地保护率从实施长江大保护之初的55.2%提高到68%，长江岸线湿地生态环境明显改善。

三、 长江大保护答卷的江苏经验

长江江苏段产业、城镇、人口相对密集，随着工业化、城镇化快速推进，长江江苏段过度开发问题愈加凸显。为此，江苏创新构建共抓大保护新格局，通过长江沿岸化工有序退出、高科技赋能、长江文化公园建设等多个方面建设交出长江大保护答卷。

---

① 李益进、邢少佳、孙健云：《全力推进长江岸线保护修复工作的实践》，《江苏水利》2020年第21期。

（一）通过专项行动有效缓解“化工围江”

长期以来长江沿岸重化工业高密度布局，是我国重化工产业的集聚区。有媒体多次报道，沿江“化工围江”问题突出。要下大力气抓好落后产能淘汰关停，采取提高环保标准、加大执法力度等多种手段倒逼产业转型升级和高质量发展。据此，江苏实施最严格的标准，对沿江化工企业进行铁腕整治：严格落实长江经济带发展负面清单和产业结构调整指导目录，大幅缩减化工企业数量；制定出台“江苏省化工园区规范发展综合评价指标体系”和“江苏省化工园区（集中区）环境绩效评价体系”，量化化工园区评价标准；实施化工园区循环化改造工程，大力发展一体化循环经济。[①]

（二）高科技赋能破除长江大保护难点

生态环境领域的科技创新是国家科技创新体系的重要组成部分，是推动生态环境问题解决、绿色低碳高质量发展的利器。[②] 长江经济带发展过程中面临着区域生态环境保护不平衡、不协调等问题，亟须通过加大科技支撑，统筹上下游、干支流、左右岸，共同解决流域性、区域性复杂生态环境问题。[③]

在此背景下，江苏省积极探索美丽长江数字化治理体系，建成生态环境监测数据库，推进“非现场”监管方式常态化，从“靠人盯”转为“靠数治”，把“事后罚”变为“事前防”。[④] 江苏已实现沿江八市园区自动监控全联网，推动 2.8 万家企业安装在线监控，在卫星遥感、走航车及嗅辨等技术加持下，建成“天空地一体化”生态环境监测监控网络。其中，长江南京段“生态眼”智慧感知平台运用低轨卫星、亿像素摄影机、5G、物联网等建

---

① 吴传清、叶云岭：《破解“化工围江”难题的“湖北样本”和“江苏样本”》，《西部论坛》2020 年第 6 期。
② 李海生：《以科技协同创新助推长江大保护》，《光明日报》2023 年 10 月 7 日。
③ 李海生：《以科技协同创新助推长江大保护》，《光明日报》2023 年 10 月 7 日。
④ 李莉：《美丽江苏“含金量”更足“含绿量”更高》，《中国环境报》2023 年 9 月 12 日。

立的“天地空一体化”生态环境要素监控体系，基本可实现长江南京段“可视、可控、可管”，为长江大保护提供了智慧支撑。

（三）以文惠民保护传承弘扬长江文化

长江是中华民族的母亲河，其造就的千年历史文脉，是中华民族的代表性符号和中华文明的标志性象征。习近平总书记要求，“要把长江文化保护好、传承好、弘扬好，延续历史文脉，坚定文化自信”。① 传承长江千年文脉，深入发掘长江文化的时代价值，推动中华优秀传统文化创造性转化、创新性发展，是推动长江经济带高质量发展的内在要求，也是继续推动文化繁荣、建设文化强国、建设中华民族现代文明的应有之义。②

例如，南京市启动编制长江国家文化公园南京段建设保护规划、长江文物保护利用专项规划纲要，加快构建多层次国家文化公园功能体系，③并先行探索建设长江国家文化公园数字云平台，打造数字时代绿色集约可持续的“云上文化长江”。④

第四节 谱写千年大运河新篇章

大运河全长近 3 200 公里，开凿至今已有 2 500 多年，是中华民族最具代表性的文化标识之一，也是民族文化历史的重要载体，起到沟通南北、贯联古今、启迪未来的重要作用。

---

①《习近平在全面推动长江经济带发展座谈会上强调　贯彻党的十九届五中全会精神　推动长江经济带高质量发展》，《人民日报》2020 年 11 月 16 日。

② 贺云翱：《深入发掘长江文化的时代价值》，《人民日报》2023 年 11 月 13 日。

③ 苏雁、李健：《江与城相融　人与江共生——江苏南京着力保护传承弘扬长江文化》，《光明日报》2023 年 11 月 13 日。

④ 苏雁、李健：《江与城相融　人与江共生——江苏南京着力保护传承弘扬长江文化》，《光明日报》2023 年 11 月 13 日。

一、落实大运河保护的共同责任

作为“中国大运河”的核心地区，江苏是大运河开凿历史最早的省份，也是大运河遗产类型最丰富、运河文化景观标志性最强的地区。[①] 大运河江苏段全长约700公里，占大运河总长的2/5，流经地区自然生态禀赋优越，拥有1个国家级自然保护区、3处国家重要湿地，生态保护红线区域面积1.35万平方公里，占全省生态红线总面积56％。[②]

大运河江苏段至今仍是经济运输的黄金水道，串联起9座国家创新型城市、38个国省级开发区。2020年11月习近平总书记考察江苏省时强调：“要把大运河文化遗产保护同生态环境保护提升、沿线名城名镇保护修复、文化旅游融合发展、运河航运转型提升统一起来，为大运河沿线区域经济社会发展、人民生活改善创造有利条件。”[③]

江苏以大运河文化带建设和大运河国家文化公园建设为指引，2020年在全国率先出台《大运河文化保护传承利用实施规划》，2021年编制完成《大运河国家文化公园建设保护规划》，并分别编制了大运河文化遗产保护传承、文化旅游融合发展、河道水系治理管护、生态环境保护修复、文化价值阐释弘扬、现代航运建设发展等6个省级专项规划，[④] 指导大运河沿线11个设区市制定出台地市实施规划，形成了统筹运河沿岸文化、生态、经济、社会各个领域的“1＋1＋6＋11”综合规划体系，以“守护文化根脉”“畅通生态绿脉”以及“壮大经济动脉”为主线，为中国大运河的保护传承及利用提供江苏经验。

---

① 陈尧：《基于阐释展示理念的文化遗产规划策略探索——以京杭大运河丹阳城区段为例》，《人民城市，规划赋能——2022中国城市规划年会论文集（09城市文化遗产保护）》，2023年9月23日。

② 邢俊霞：《提升京杭大运河江苏段生态环境保护水平的对策》，《商业经济》2023年第4期。

③《贯彻新发展理念构建新发展格局　推动经济社会高质量发展可持续发展》，《人民日报》2020年11月15日。

④《江苏：打造“美丽中轴”　焕发“千年运河”文旅魅力》，《中国旅游报》2021年9月29日。

二、 保护传承襟吴带楚的文化根脉

大运河江苏段襟吴带楚，是中国大运河的重要组成部分，其河道、水工设施、配套设施等各类遗存丰富。沿线形成了中国最发达的工商业城镇群，产生了吴文化、淮扬文化、楚汉文化、金陵文化等多种区域文化，演绎出漕运文化、盐业文化、水工文化、戏曲文化、民俗文化、工商文化、园林文化等特色文化形态，塑造出江苏“吴韵汉风”“水韵书香”的人文特色。在经历了文化遗产保护、文化带综合开发两个阶段的变迁后，针对大运河的保护传承和利用进入了以国家文化公园建设为主体的第三阶段，江苏省为此开展了丰富的建设实践。

（一） 大运河江苏段文化遗产保护现状

江苏省运河沿线有国家级历史文化名城 6 座、全国历史文化名镇 5 座、省级历史文化名城 3 座、省级历史文化名镇 13 座，现有的 60 余处历史街区和老街大多与大运河有关。[①] 文化和旅游部公示的第一批我国非物质文化遗产名录中，江苏省有 40 个项目入选，这些入选项目基本分布在运河沿线。[②]

表 6-2 江苏省运河文化遗产分布简表

<table>
<tr><td rowspan="5">历史文化城镇</td><td>国家级历史文化名城</td><td>徐州市、淮安市、扬州市、镇江市、苏州市、常熟市</td></tr>
<tr><td>国家级历史文化名镇</td><td>周庄镇、同里镇、角直镇、木渎镇、沙溪镇</td></tr>
<tr><td>省级历史文化名城</td><td>高邮市、常州市、无锡市</td></tr>
<tr><td>省级历史文化名镇</td><td>东山镇、角直镇、周庄镇、同里镇、西山镇、光福镇、木渎镇、震泽镇、沙溪镇、千灯镇、荡口镇、邵伯镇、沙家浜镇</td></tr>
<tr><td>省级历史文化保护区</td><td>无锡古运河历史文化保护区</td></tr>
</table>

① 彭锐、杨新海、林林：《江苏省运河文化遗产的保护与发展》，《苏州科技学院学报（工程技术版）》2008 年第 6 期。

② 束有春：《江苏运河文化遗产保护与展望》，《中国文物报》2006 年 9 月 2 日。

续表

非物质文化遗产	国家级	民间文学	白蛇传传说、梁祝传说、吴歌、苏州玄妙观道教音乐
		传统戏剧	昆曲、苏剧、扬剧
		曲艺	苏州评弹（苏州评话、苏州弹词）、扬州评话、扬州清曲
		民间美术	桃木坞木板年画、扬州剪纸、苏绣、扬州玉雕、惠山泥人
		传统手工技艺	宜兴紫砂陶制作技艺、宋锦织造技艺、苏州丝织造技艺、南通蓝印花布印染技艺、香山帮传统建筑营造技艺、苏州御窑金砖制作技艺、明式家具制作技艺、扬州漆器饰技艺、镇江恒顺香醋酿制技艺、雕版印刷技艺、制扇技艺、剧装戏具制作技艺、南通板鹞风筝、苏州甪直水乡妇女服饰

数据来源：彭锐、杨新海、林林：《江苏省运河文化遗产的保护与发展》，《苏州科技学院学报（工程技术版）》2008 年第 6 期。

（二）大运河文化遗产保护与传承

大运河用途管制空间涉及滨河生态空间、建成区（城市、建制镇）和核心监控区其他区域（"三区"）。核心监控区是指大运河江苏段主河道两岸各 2 公里的范围。滨河生态空间是指核心监控区内，原则上除建成区（城市、建制镇）外，大运河江苏段主河道两岸各 1 公里的范围。为此，2021 年 2 月，江苏印发《江苏省政府关于印发大运河江苏段核心监控区国土空间管控暂行办法的通知》，实施分类管控，统筹推进大运河文化遗产保护和生态环境保护提升、沿线名城名镇保护修复、文化旅游融合发展、运河航运转型提升等各项工作。[①]

以核心区管控为主要路径的大运河文化景观保护。核心监控区国土空间开发强度高，土地开发强度约 38.5%，沿河 1 公里范围内约 41.8%，[②]且沿线产业集聚，拥有 16 个国家级经济开发区、高新区，核心监控区内约含 2.2 万家企业、2.9 万公顷工业企业用地。此外，运河航运需求旺盛，大运河自徐州段起，分别与微山湖、骆马湖、洪泽湖、高邮湖、长江等主

① 王宏伟：《大运河江苏段核心监控区划定保护红线》，《江苏经济报》2021 年 4 月 13 日。

② 闵皓：《河道沿岸区域国土空间管控问题探讨——以大运河江苏段核心监控区为例》，《安徽农业科学》2021 年第 14 期。

要河流湖泊交汇，[①] 运河遗产保护面临较高压力，需要建立更严格的国土空间用途管制制度体系。

以规划为引领的大运河文化遗产传承。《江苏省大运河文化遗产保护传承规划》着眼于大运河遗产的整体保护与历史传承，突出“水韵江苏”的文化特质及大运河遗产活态传承的价值特点，强调遗产保护对运河沿线经济社会繁荣发展的积极推动作用，以及大运河中华文明重要地标建设的支撑引领作用。[②] 规划涵盖江苏省大运河文化带建设范围内的各类文化遗产，包括大运河核心物质文化遗产、关联物质文化遗产和非物质文化遗产共 2 080 项，形成以淮扬运河、江南运河 2 个文化遗产重点组群，故黄河—中运河、通济渠—淮河口、宁镇运河、胥河—秦淮河、两淮盐业等 5 个文化遗产组群的“2＋5”遗产保护空间布局，通过构建“7＋26＋N”[③] 重点工程项目体系支撑规划实施。

（三） 大运河文化带和国家文化公园（江苏段）建设

大运河国家文化公园的提出和建设是基于国家精神、国家认同、文化自信的重要创造，也是与国家（自然）公园并进的模式创新。[④]

作为中国大运河申遗牵头省份和大运河国家文化公园唯一重点建设区，江苏省第十四次党代会明确了“把大运河江苏段打造成世界文化遗产保护传承利用典范”的目标要求，以最高规格整体统筹推进，以创新举措挖掘文化内涵，以融合载体推进保护利用，以重大工程引领区域发展，奋力推动大运河文化带和国家文化公园江苏段建设成为示范样板。例如，淮安市大运河沿线精华段 125 公里，聚力打造人文、生态、富民、宜居的综合性画廊，努力将百里画廊建设成为“江苏大运河文化带精华空间、美丽

---

① 陈爱蓓：《推动江苏大运河文化带建设走在前列》，《群众》2021 年第 8 期。

②《擘画江苏大运河“美丽中轴”未来蓝图》，《新华日报》2021 年 6 月 8 日。

③ 其中七大工程分别为：文化遗产科学管理工程、文化遗产平安工程、大运河考古研究工程、核心文化遗产保护展示工程、关联文化遗产保护提升工程、非物质文化遗产保护传承工程、文化遗产传承弘扬工程。

④ 贺云翱：《中国大运河与世界互联互通》，《人民政协报》2023 年 10 月 23 日。

淮安高质量建设示范区、大运河沿线最美旅游目的地”[①]。

三、美丽中轴的生态绿脉

大运河是鲜活的生态绿脉，江苏在打造这一绿脉上探索新经验，推动生态文明在江苏更好地从理念化为实践。以水为魂，用心培育大运河生态文化，高质量推进南水北调东线工程清水廊道、江淮生态大走廊建设，统筹推进山水林田湖草一体化保护和系统治理，努力把大运河江苏段建成城河共生、人河相亲的美丽家园，打造成江苏地理版图上的“美丽中轴”。

（一）大运河沿线生态保护与修复

大运河江苏段沟通长江、淮河、太湖、沂沭泗水四大水系，串联太湖、高邮湖、洪泽湖、骆马湖、微山湖等江苏省内主要湖泊，横跨多种不同类型的自然、半自然、人工生态系统。[②] 但长期以来河道岸线资源开发利用过度，布局不合理，大量硬质化护岸建设造成生态系统功能弱化；过度开发属于热点区域的部分运河周边区域，挤占河湖生态空间，导致运河稀释的承载力过大，形成新的水环境污染，生态环境压力凸显。[③]

为此，江苏提出，大运河不仅是防洪排涝的“安全公园”、优化水资源调配的“民生公园”，还是强化饮用水水源的“幸福公园”、保护生物多样性的“生态公园”。[④] 实施富有成效的生态保护与修复工作，运河沿线生态环境得到明显改善。如2015—2020年运河沿线省考及以上断面水质优于Ⅲ类比例从59.5%上升到86.8%，全面消除劣Ⅴ类断面；2022年沿线各监测断面水质均达到或者好于Ⅲ类。出台《江苏省大运河生态环境保护修复专项规划》，推进江淮生态大走廊、南水北调清水走廊尾水导流利用

---

① 王冰：《着力打造“千秋淮扬”文化高地》，《群众》2023年第2期。
② 徐龙建：《江苏高品质推进大运河文化带和国家文化公园建设路径研究》，《江南论坛》2022年第11期。
③ 徐龙建：《江苏高品质推进大运河文化带和国家文化公园建设路径研究》，《江南论坛》2022年第11期。
④ 陈爱蓓：《推动江苏大运河文化带建设走在前列》，《群众》2021年第8期。

工程等重大项目建设，实行负面清单准入制度，严格保护水资源和生物多样性，主要污染物排放总量削减明显。同时全面推行绿色运输，在全国率先成功研发内河船舶生活污水处理装置，船舶改造数量位居全国第一。

（二）打造古运河整治工程“扬州模式”

扬州市全面推进瘦西湖活水工程、整治古运河城区段、打造运河风光带，对小秦淮河、古运河、漕运、邗沟河等进行全面清淤，兴建一系列与水有关的商业娱乐设施和大型涉水公园，推进街景改造，展现出大运河的生态、景观、市民休闲等多重功能。通过这些治理行动，扬州全城的水系得以贯通，多条河流水系得以“复活”。这一古运河整治工程被誉为“扬州模式”。

四、 文旅发展的亮丽名片

大运河江苏段是中国大运河沿线文旅资源数量最多、类型最全、密度最高的地区。《江苏省大运河文化旅游融合发展规划》明确提出，丰富运河以文塑旅内涵，推进运河遗产赋能旅游发展，构建运河特色文旅产品体系，营造主客共享的运河文旅空间，促进运河文旅产业融合发展，提升“千年运河·水韵江苏”品牌影响力，推动运河文明交流互鉴。

（一）构建文旅融合发展空间格局

大运河沿线地区是文旅资源富集区和运河旅游兴旺段。江苏省是列入大运河世界文化遗产点段最多的省份，7 个世界遗产区面积 95.7 平方公里、遗产河段长度 325 公里、遗产点段 28 处，分别约占全线的 1/2、1/3、1/3。[①] 大运河江苏段沿线分布有 10 个人类非物质文化遗产代表作名录项目、239 处全国重点文物保护单位、140 个国家级非物质文化遗产代表性项目、54 座国家历史文化名城名镇名村，以及 21 处全国爱国主义教育示

① 闵皓：《河道沿岸区域国土空间管控问题探讨——以大运河江苏段核心监控区为例》，《安徽农业科学》2021 年第 14 期。

范基地、22处全国红色旅游经典景区。随着中国大运河申遗成功、大运河文化带与大运河国家文化公园建设加快推进，大运河旅游步入蓬勃发展新时期。①

2021年发布的《江苏省大运河文化旅游融合发展规划》，谋划构建了“一轴三支三区多节点”的文旅融合发展空间格局，突出古通扬运河—串场河、通济渠（汴河）江苏段、胥河—秦淮河在大运河文旅融合发展中的重要作用，体现大运河江苏段连线织网、融汇交流的特点。②

（二）打造“千年运河 · 水韵江苏”品牌项目

大运河江苏段全线通航、湿地资源丰富、生态文化景观多样。江苏以大运河为纽带，串珠成线、以点带面，打造各具特色的地方文旅品牌和运河文旅精品线路，通过不断完善品牌体系、加强品牌推广、推出精品路线，提升“千年运河 · 水韵江苏”品牌影响力。

大运河沿线各市现有文旅产业相关企业2万多家，形成了出版发行、文化旅游、文艺演出等众多优势细分产业，文旅产业融合发展呈现良好态势。文旅产业规模增长迅速，沿线各市文化产业呈现快速增长趋势，产业增加值占GDP的比例达到5%，旅游产业增加值占GDP比重超过6%。③

完善品牌体系。以“千年运河 · 水韵江苏”文旅品牌为引领，推动运河沿线地区培育全域旅游、文旅节庆、文旅企业、文旅产品、夜间文旅消费等系列子品牌，共同演绎千年运河别样精彩。例如，扬州“运河原点 · 精致扬州”、淮安“水城淮安 · 运河之都”等有地域特色、有文化特质、有时代特征的城市品牌，擦亮了运河城市名片。④

加强品牌推广。立足大运河全域，举办大运河文化旅游博览会，创新

① 江苏省文化和旅游厅、江苏省文物局、江苏省发展和改革委员会：《江苏省大运河文化旅游融合发展规划》，2021年6月2日。

②《擘画江苏大运河“美丽中轴”未来蓝图》，《新华日报》2021年6月8日。

③ 张量、沈文：《大运河流域江苏段文旅产业融合的发展研究》，《2022社会发展理论研讨会论文集（三）》2022年第11期。

④ 江苏省文化和旅游厅、江苏省文物局、江苏省发展和改革委员会：《江苏省大运河文化旅游融合发展规划》，2021年6月2日。

内容和方式，通过设计举办主题演出、展览展示、主题论坛、运河演艺、国际人文交流合作等活动，打造成为大运河文化带建设的标志性项目、国际国内有重要影响的文旅融合平台。① 自 2019 年起，以“融合·创新·共享”为主题，在扬州、无锡、苏州等地成功举办了四届大运河文化旅游博览会，累计 47.6 万人次走进现场，线上受众超 8.2 亿人次，受到社会各界的广泛关注。②

推出精品线路。通过展示运河沿线中华优秀传统文化、革命文化和社会主义先进文化，串联沿线文化遗产、古镇古村、自然景观等一系列文物和文化旅游资源，打造一批世界级、国家级旅游线路，塑造大运河文化形象，彰显大运河文化神韵，引导人们在旅游中感知和认同大运河历史文化。

第五节
构筑向海发展的蓝色板块

江苏海岸带地处长江经济带发展战略、长三角区域一体化发展战略、淮河生态经济带发展战略等国家战略和“一带一路”倡议的叠加区域，是支撑沿海地区经济社会发展、承载江海河湖联动发展的关键地带。在“海上苏东”“沿海开发”“海洋强省”等区域发展战略积极推动下，沿海地区已然成为江苏区域经济发展的重要推动力和新的经济增长点。

一、 建设蓝色美丽海湾

“海湾”是深入陆地形成明显水曲的海域，是近岸海域最具代表性的

① 江苏省文化和旅游厅、江苏省文物局、江苏省发展和改革委员会：《江苏省大运河文化旅游融合发展规划》，2021 年 6 月 2 日。

②《6 大板块 17 项内容，第五届运博会 9 月 21 日苏州启幕》，《新华日报》2023 年 9 月 4 日。

地理单元。海湾生态环境较为脆弱，通常受人为活动，尤其是陆域人为活动影响显著，是我国海洋生态环境问题最为集中的区域，也是海洋生态环境综合治理的重点区域。[①] 蓝色美丽海湾的保护与建设是以推动实现海湾“水清滩净、鱼鸥翔集、人海和谐”，保障其持续满足人民对优美生态环境和美丽生活需要为目标，所开展的保持和改善海湾生态环境质量，以及开展海岸带生态修复、海域综合整治等相关工作的总称。

（一）海域综合治理的国家要求

《中华人民共和国国民经济和社会发展第十四个五年规划和 2035 年远景目标纲要》提出要“打造可持续海洋生态环境”“加快推进重点海域综合治理”“推进美丽海湾保护与建设”。2022 年年初，生态环境部会同国家发展改革委、自然资源部等共同印发《“十四五”海洋生态环境保护规划》，明确提出以美丽海湾建设为主线，在全国近岸海域划定 283 个海湾，着力推动海洋生态环境保护从污染治理为主向海洋环境和生态协同治理转变，将从单要素质量改善向海湾生态环境整体改善转变等要求，贯穿重点海域综合治理、陆海协同治理等海洋生态环境保护工作始终。[②]

（二）美丽海湾的江苏探索

江苏地处我国沿海中部，江淮下游黄海之滨，沿海滩涂和浅海面积居全国之首，海岸带资源丰富。江苏既是陆海统筹、江海联动的重要战略空间，也是重要的生态环境保护空间。发展海洋经济，绝不能以牺牲海洋生态环境为代价，一定要坚持开发与保护并举的方针，全面促进海洋经济可持续发展。为此，江苏在全国率先提出并制定了江苏省级美丽海湾成效评估指标体系，为全国美丽海湾建设提供了江苏模式。[③]

① 李方、许妍、付元宾等：《美丽海湾保护与建设总体思路探讨》，《环境保护》2021 年第 23 期。

② 柯昶：《以美丽海湾建设的生动实践深入推进新时期海洋生态文明建设》，《环境与可持续发展》2023 年第 3 期。

③ 徐尧、巫丹、袁鑫等：《江苏省美丽海湾建设实践路径及对策建议》，《海洋开发与管理》，2023 第 11 期。

加强顶层设计，科学制定建设方案。2021年印发的《江苏省“十四五”美丽海湾试点建设工作方案》，立足江苏省“滩多湾少”的海岸特征，结合沿海地区不同的自然本底条件，针对性地提出了滩净型、生态型、亲海型三种美丽海湾建设类型，明确了全省美丽海湾建设的时间表和路线图。2022年印发《江苏省“十四五”海洋生态环境保护规划》及《美丽海湾生态环境保护项目补助办法（试行）》，明确以改善海洋生态环境质量、提高社会公众获得感为核心，统筹推进污染治理、生态保护、应对气候变化，健全陆海统筹的生态环境治理制度体系，不断提高海洋生态环境治理体系和治理能力现代化，以海洋生态环境高水平保护促进沿海地区高质量发展。

坚持保护优先，加强项目运行监管。为进一步规范美丽海湾工程项目建设，2022年4月出台的《江苏省美丽海湾试点建设管理办法》对试点项目的开工建设、施工过程以及建成后的运行维护、监督管理、成效评估等全过程做出了明确细化规定。要求各地以解决突出环境污染问题为导向，确保海洋生态环境质量持续改善，保护好海湾自然生境的原真性和完整性，严格限制过度人工化改造，以全过程闭环模式管理美丽海湾建设。并为各湾区“量身定制”重点建设内容，从海湾环境质量、生态质量、人海关系、治理成效、长效机制和推广价值等方面评价建设成效。

二、 陆海统筹的治理成效

自党的十八大以来，江苏全面落实海洋生态环境保护职责，紧紧围绕提高海洋生态环境质量、推进主要污染物减排、强化生态环境风险防控、加强环境监管等重点工作，打好污染防治攻坚战，在海洋生态环境保护工作中取得显著成效。

（一） 陆海联动，融合发展

立足资源禀赋、机遇优势与发展基础，江苏着力塑造“缤纷百里”“生态百里”“蓝湾百里”的滨海特色风貌，初步形成了以石化和精细化工、海工装备、新能源等为主的特色产业体系。2022年江苏海上风电累计装机容量和年发电量均位居全国前列。连云港海工装备产值占全国1/4，海上风电装机容量达1 183万千瓦，居全国首位。与此同时，以连云港国家东中西区域合作示范区为代表的一批重大功能平台加快建设，港产城联动发展的格局也不断优化。

（二）蓝色海湾整治行动

2015年，党的十八届五中全会提出“开展蓝色海湾整治行动”，旨在改善近岸海域环境质量，恢复和提升生态功能，整治修复海湾、滨海湿地等重要生态环境的受损区。① 为此，江苏加强海岸线和海岛整治修复，全省累计修复海岸线超300千米，累计修复海岛岸线超10千米。② 加强滨海湿地保护与修复，进行滩涂互花米草除治、河口湿地生态修复与栖息地营造、自然保护区栖息地修复治理与生境修复，自然湿地保护率达60%。盐城黄（渤）海候鸟栖息地（第1期）列入世界自然遗产名录，填补了我国湿地类型世界遗产空白。③

（三）生态环境总体向好

近岸海域水质持续向好。2012年以来，随着不断加强海岸带综合治理力度，江苏近岸海域海水水质类别二类及以上水体占比呈现上升趋势，其中2021、2022年近岸海域水质优良率分别达87.4%、88.9%，提前完成“十四五”时期近岸海域水质优良率达65%的工作目标。全省入海河流水质状况总体为优，国考入海河流断面年均水质达到或好于Ⅲ类比例为93.9%，较2021年提高6.0个百分点。④

---

① 林雪萍、李昌达、姜德刚等：《蓝色海湾评估体系构建及初步应用研究——以温州市洞头区为例》，《海洋开发与管理》2020年第5期。

② 何卿、杨国栋、王雨等：《江苏生物多样性保护进展、问题及对策建议》，《环境监控与预警》2022年第4期。

③ 朱建书：《江苏：水润万物》，《森林与人类》2022年第11期。

④ 李媛媛、杨庆伟：《江苏：深入打好近岸海域综合治理攻坚战》，《中国环境监察》2023年第9期。

近岸海域海水浴场水质总体稳定。积极拓展亲海空间，提升亲海品质，加强亲海区环境综合治理，完善配套公共设施，提供公众临海亲海的幸福感。近岸海水浴场水质总体保持稳定，2020 年，江苏海水浴场水质优良率为 85.7%，呈现稳中向好态势。2021 年，各大海水浴场全年未出现水质等级差的情况，力争到 2025 年，海水浴场水质优良率达到 90%以上。

近岸海域海洋垃圾无害化处理力度增强。2018 年至 2022 年，江苏通过建立海上环卫制度，开展海湾、河口、岸滩等区域塑料垃圾专项清理行动，推动沿海市县建立海洋塑料垃圾清理工作长效机制。同时，组建专业队伍对海上及岸滩垃圾进行巡查，清理海上养殖废弃筏架和岸滩垃圾，并及时转运处理，提高"无废"海滩比例。预计在 2025 年年底前，实现岸滩和近岸海域海洋垃圾治理全覆盖。

近岸海域海洋生物多样性指数总体稳定。逐步构建了基于地面生态观测站、观测区和样线样方的省—市—县多层级生物多样性观测网络，进一步在沿海湿地等近海区域开展生态岛试验区建设，为生物栖息、繁衍、迁徙提供良好场所和生态通道。据 2023 年《江苏省水生生物资源与渔业水域环境状况公报》显示，与 2021 年相比，2022 年江苏近岸海域的水生生物资源保持稳定。

三、 人海和谐的江苏案例

美丽海湾推动人海和谐发展，完善治理体系，增强治理能力，[①] 海洋生态环境质量持续稳定改善，老百姓临海亲海的获得感和幸福感显著提升。江苏美丽海湾保护与建设实践中，盐城东台条子泥岸段及盐城大丰川东港分别入选全国首批美丽海湾优秀案例（全国仅 4 项）与第二批美丽海湾优秀案例（全国仅 12 项），为全国美丽海湾建设提供了经验。

案例 6－2 盐城东台条子泥世界自然资产保护地

东台条子泥岸段位于盐城市，因港汊形似条状而得名，2019 年成

① 李方、许妍、付元宾等：《美丽海湾保护与建设总体思路探讨》，《环境保护》2021 年第 23 期。

为全国首个滨海湿地类世界自然遗产——中国黄（渤）海候鸟栖息地（第一期）世界自然遗产的重要组成部分。

坚持源头管控，绘制绿色蓝图。建立湿地公园，设立条子泥湿地公园，实行重点区域封闭管理，营造优质的水禽栖息地，建立优良的湿地生态系统。2019 年发布《盐城市黄海湿地保护条例》，明确了黄海湿地保护管理体制，规定了名录管理制度、分级保护制度等管理措施。

坚持生态优先，彰显自然大美。彰显“自然美”，3 700 亩碱蓬“红地毯”杜绝一切开发利用，切实保护“潮汐草原”自然景观，最大限度保护条子泥湿地原生态面貌；采用传统的人工割草和机械翻土治理互花米草。突出“生态美”，在条子泥湿地距离候鸟觅食区最近的养殖区实施退养还滩，专门开辟高潮位候鸟栖息地，组织开展微地形改造、裸滩湿地恢复、生态环境整治等，成为全球生态湿地保护“最佳案例”。2021 年 10 月初，栖息地鸟调数量 13 万只，比 2020 年净增 3 万只，观测到的鸟类种群新增 22 种。世界上仅存 500 多只，有“鸟中大熊猫”之称的勺嘴鹬，近一半在条子泥觅食、换羽。作为全球濒危物种，小青脚鹬在条子泥湿地的种群数量从不到 600 只增长到 2022 年的 1 164 只。[①]

① 许海燕、赵冉：《大江巨变，尽展和谐相融新画卷》，《新华日报》2022 年 4 月 11 日。

第七章

加强自然生态保护与修复

“要坚持山水林田湖草沙一体化保护和系统治理，构建从山顶到海洋的保护治理大格局，综合运用自然恢复和人工修复两种手段，因地因时制宜、分区分类施策，努力找到生态保护修复的最佳解决方案。”[①] 这是习近平总书记在2023年全国生态环境保护大会上的讲话要求，为加强自然生态保护与修复指明了前进方向、提供了根本遵循。江苏积极响应并践行习近平总书记的号召，以建设美丽江苏为目标，开展了多项自然生态保护与修复的实践活动，展现出对人与自然和谐共生的责任与担当。

第一节 加快建设更高品质的“江南福地”

你善待环境，环境是友好的；你污染环境，环境总有一天会翻脸，会毫不留情地报复你。这是自然界的规律，不以人的意志为转移。纵观历史，放眼世界，只有“生态兴”，才能孕育出绚丽多彩的人类文明。江苏积极响应生态兴的战略要求，不断提升自然生态系统保护的新境界。

一、持续加强生态系统建设

党的二十大报告指出，要“提升生态系统多样性、稳定性、持续性”。生态系统是一个自组织、自适应的复杂系统，多样性、稳定性、持续性是反映生态系统健康的三个方面，它们之间互为条件、相辅相成。生态系统健康是人类赖以生存和发展的重要基础，提升生态系统多样性、稳定性、持续性是我国生态文明建设的重点与新兴领域。[②]

为提升生态系统多样性、稳定性、持续性，国家对推进生态保护和生

① 《习近平在全国生态环境保护大会上强调 全面推进美丽中国建设 加快推进人与自然和谐共生的现代化》，《人民日报》2023年7月19日。

② 尹仑：《用好传统生态习惯法 提升生态系统多样性》，《光明日报》2022年10月29日。

态修复、生物多样性保护、自然保护地体系建设、生态空间保护、山水林田湖草沙系统治理、森林河流湖泊湿地保护修复、生态产品价值实现等方面提出了诸多具体要求。

探索生态保护修复手段方面。习近平总书记指出，生态系统保护与修复必须以新时代中国特色社会主义生态文明思想为指导，正确处理自然恢复和人工修复的关系。[①] 综合运用自然恢复和人工修复两种手段，加大生态系统保护力度，切实加强生态保护修复监管，因地因时制宜、分区分类施策，着力提升生态系统多样性、稳定性、持续性，努力找到生态保护修复的最佳解决方案。[②]

全面落实生物多样性保护方面。2022 年 12 月，习近平总书记在《生物多样性公约》第十五次缔约方大会第二阶段高级别会议开幕式上的致辞中指出："万物各得其和以生，各得其养以成"。生物多样性关系人类福祉，是人类赖以生存和发展的重要基础。加快构建以国家公园为主体的自然保护地体系，建立自然保护区为动植物提供生存的栖息地，制定与完善物种保护和栖息地保护的法律法规，加强环保教育和宣传，是实施生物多样性保护的有效措施。

严守生态保护红线方面。要强化国土空间规划和用途管控，落实生态保护、基本农田、城镇开发等空间管控边界，实施主体功能区战略，划定并严守生态保护红线。这为划定和严守生态保护红线提供了科学指引和根本遵循。[③]

统筹推进山水林田湖草沙系统治理方面。持续推动山水林田湖草沙系统一体化保护和统筹治理，大力实施生态保护修复工程，加强生态系统保护力度，积极提升生态系统稳定性和可持续性。为正确处理人与自然关系，坚定不移走生态优先、绿色发展之路，建设美丽中国提供了科学

① 习近平：《推进生态文明建设需要处理好几个重大关系》，《求是》2023 年第 22 期。
② 孙金龙、黄润秋：《新时代新征程建设人与自然和谐共生现代化的根本遵循》，《人民日报》2023 年 8 月 1 日。
③ 陆昊：《全面推动建设人与自然和谐共生的现代化》，《求是》2022 年第 11 期。

指引。[①]

深入实施草原森林河流湖泊湿地保护修复方面。统筹水资源、水环境、水生态、水安全，协调水资源、水环境、水生态和水安全，加强对河流和湿地生态流量的管理，积极执行长江十年禁渔计划，推动河湖和湿地的生态保护和修复工作。针对农田过度利用、土壤污染、土地肥力下降等问题，坚持养地与耕地结合的原则，完善耕地休耕轮作制度，提高耕地的生产力。[②]

部署推进生态产品价值实现方面。习近平总书记强调："要建立健全生态产品价值实现机制，让保护修复生态环境获得合理回报，让破坏生态环境付出相应代价。"[③] 江苏省正着力加强生态产品的研发和创新，开发出更具竞争力和市场需求的生态产品，建立统一的生态产品质量认证体系，确保生态产品的质量和安全。

二、 描绘"生态兴"的新江苏画卷

2023 年 9 月 13 日，江苏省生态环境保护大会要求，在未来五年内，作为推动美丽江苏建设的关键阶段，必须加快推进生态环境质量的根本性改善。需要以更高的标准开展生态环境保护，同时采取措施预防和化解生态环境方面的各种风险。此外，还需提升生态系统的多样性、稳定性和持续性，以充分展现自然生态之美。党的十八大以来，江苏省全面贯彻落实习近平生态文明思想，始终坚持生态优先发展，在推进生态保护和生态修复工程、完善生物多样性、建立自然保护地体系等方面出台了一系列专项规划、法律法规，着力推进自然生态系统保护。

积极推动生态保护和生态修复，谱写生态新篇章。"生态保护修复是推进生态文明建设的重要举措，也是推动美丽江苏建设的一个重要抓手。"[④]

---

① 仲音：《走生态优先、绿色发展之路》，《人民日报》2022 年 8 月 17 日。

② 陆昊：《提升生态系统多样性、稳定性、持续性》，《人民日报》2023 年 1 月 12 日。

③ 习近平：《努力建设人与自然和谐共生的现代化》，《求是》2022 年第 11 期。

④ 洪叶：《向"绿"同行，共建生态美好家园》，《新华日报》2023 年 9 月 13 日。

2021 年，江苏省人民政府办公厅印发《江苏省自然生态保护修复行为负面清单（试行）（第一批）》，严格规范自然生态保护修复行为，防止发生超越生态环境承载力、严重违背自然规律的过度人工干预活动，引导实施科学的、积极的、适度的人工干预，坚决杜绝损坏、破坏自然生态的“伪生态”行为，切实加强自然生态系统保护。

完善生物多样性保护政策法规，促进和谐共生。不断加快完善生物多样性保护政策法规，为中国生物多样性保护贡献独特江苏力量。生物多样性保护的相关措施也在不断完善，省政府先后推动制定《江苏省生物多样性保护战略与行动计划（2013—2030 年）》《关于进一步加强生物多样性保护的实施意见》，2022 年编制发布了《江苏省生物多样性红色名录（第一批）》《江苏省外来入侵物种名录（第一批）》《江苏省生态环境质量指示物种清单（第一批）》等文件。在顶层设计推动下，生物多样性的就地保护和迁地保护得到不断加强。

建立健全自然保护地体系，打造生态名片。秉承自然保护地是新时代生态文明建设的核心载体和美丽江苏的重要象征，着力完善自然保护地体系建设。2021 年，江苏出台了《江苏省“十四五”自然资源保护和利用规划》，提出加快构建以自然保护区为主体、自然公园为基础的自然保护地体系，培育国家公园。全面落实自然保护地管理，建立健全基本政策法规、建设管理、监督考评等制度体系，为推动高质量发展走在前列、建设“强富美高”新江苏奠定良好的生态基础。

完善生态空间保护制度，筑牢安全屏障。牢牢将生态保护红线作为美丽江苏建设的绿色底色。早在 2013 年，江苏就出台了《江苏省生态红线保护规划》，在全国率先开展生态红线划定工作。随后陆续出台了《江苏省国家级生态保护红线规划》和《江苏省生态空间管控区域规划》，将国家级生态保护红线之外的生态保护区域划定为省级生态空间管控区域。至此，正式确立了生态空间分级管控制度和管控区域。

推进山水林田湖草沙一体化保护和修复，守护自然生态。自党的十八届五中全会提出实施山水林田湖生态保护和修复工程以来，出台了《江苏省“十四五”生态环境保护规划》，强调牢固树立“山水林田湖草沙是一个生命共同体”理念，以山水林田湖草沙一体化保护和修复为载体，实施区域生态系统综合治理修复、土地整理与土壤污染修复、生物多样性保护、流域水生态健康保护、矿山环境治理修复等系统修复工程。

启动长江大保护，保育自然资源。对标党中央、国务院“坚决打赢长江禁捕退捕攻坚战、持久战”的刚性要求，于2021年启动长江（江苏段）“十年禁渔”工作。严格执行《中华人民共和国长江保护法》并及时修订《江苏省渔业管理条例》，该条例是首次规定长江禁渔的地方性法规，对长江干流的禁止垂钓行为、资源保护措施以及非法渔具的监管等方面均做出了明确的法律规定。

完善生态补偿机制，彰显生态价值。通过积极推进生态保护补偿制度，特别是生态补偿转移支付制度，创新生态经营理念，丰富绿色发展路径。[①] 2013年，制定出台《江苏省省级生态补偿转移支付暂行办法》，建立了生态补偿转移支付制度。2022年3月，江苏省委办公厅、省政府办公厅印发了《关于深化生态保护补偿制度改革的实施意见》，进一步完善补偿机制，加大补偿力度，突出补偿重点，有力支撑重要生态产品价值实现。

三、 完成自然生态质量明显好转的“绿色答卷”

2012—2022年，江苏省的生态质量经历了从严重透支到显著改善的历史性转变，绿色已成为推动其高质量发展的鲜明底色和主要动力。[②] 这十年间，江苏省面对生态建设上的一系列挑战，采取了诸多保护举措进行生态保护，取得了不少成效，体现在以下关键方面：

生态服务功能呈优化提升趋势。根据《江苏省国土空间生态保护与修复规划（2021—2035年）》，全省生态服务价值总体较高，产水量最高值为1 146.92毫米/平方千米，固碳量最高值达265克/平方米。众多河湖湿

① 黄贤金：《生态文明建设与国土空间用途管制》，《中国土地》2019年第11期。
② 仲音：《绿水青山就是金山银山》，《人民日报》2022年8月18日。

地、滨海湿地、森林山地等得益于生态管控保护、生态修复治理力度的不断加强，生态供给、调节与支持等生态服务功能整体得到改善，退化区域较少。

生境质量整体水平提升。根据《江苏省国土生态保护与修复规划（2021—2035 年）》，全省生态综合指数等级为优和良的区域占全域75.9%，生境质量较高区域主要在太湖、石臼湖、骆马湖、洪泽湖、白马湖、高邮湖、运河、长江等重要河湖湿地，以及部分森林密集区与东部滨海湿地。

生态连通性呈上升趋势。依据《江苏省国土空间生态保护和修复规划（2021—2035 年）》，全省主要生态源地之间均有重要生态廊道分布，主要廊道形成“两纵三横”的整体格局。“两纵”指骆马湖—洪泽湖—高邮湖—长江沿线以及东部海岸带沿线；“三横”指骆马湖—连云港市滨海湿地、高邮湖—洪泽湖—兴化湖荡—盐城市滨海湿地，以及石臼湖—固城湖—茅山—宝华山—长荡湖—太湖—长江沿线，能够有效保证全省生态源地间的物质能量流动。

第二节
生态管控守护生态系统多样性

生态系统多样性是指生物圈内生境、生物群落和生态系统的多样性以及生态系统内生境差异、生态过程变化的多样性。[①] 这种多样性不仅构成了区域生态安全和生物多样性的关键生态基础，更是维持地球生态平衡的重要组成部分，因此保护生态系统多样性意义重大。为此，江苏省以严格的生态管控为基础，不断努力保护和守护生态系统多样性。

---

① 段晓梅：《城乡绿地系统规划》，中国农业大学出版社 2017 年版，第 126 页。

一、 守住美丽江苏的安全边界

江苏省通江达海，河湖众多，水网密布，自然资源要素齐全，生态系统类型多样，江苏始终把林地、湿地、重要水域等各类重要生态系统保护放在重要战略地位。

自然保护地体系构建是服务保障美丽江苏建设的生态基础。2023 年 11 月江苏自然资源厅提出要加强自然资源整体保护，守住美丽江苏的安全边界。[①] 坚持尊重自然、顺应自然、保护自然，构建江苏省自然保护地体系，严格林地用途管制和湿地总量管控，加强自然岸线保护，全面强化自然资源的整体保护。

生态空间管控是构建生态安全格局的有效手段。“江苏省施行的省级生态红线管控力度只能加大不能削弱。江苏省国土开发强度较大，这是回避不了的省情实际。”[②] 因此，必须加快由污染防治向污染防治与生态保护并重转变，切实加强生态保护红线和生态空间管控区监管。

森林生态系统保护是建设绿美江苏的重要抓手。2020 年 11 月江苏省林业主管部门提出，推进森林资源增长必须由成片造林向适地适树转变、由数量扩张向量质并升转变，使城乡面貌呈现有景必有林、有林必成景，着力强化平原绿化。

湿地生态保护修复是沿海地区推动高质量发展的关键举措。滨海地区，作为陆地与海洋的交汇点，是人类居住和活动的核心地带。它拥有无可替代的空间资源、丰富的生物多样性以及独特的自然优势，是江苏省经济与社会进步的关键区域之一。同时，滨海区域的治理与发展也对全球经济社会进步和文明发展产生深远影响。然而，受气候变化和人类活动的影响，全球的滨海地区正面临各种风险和挑战。2023 年 9 月江苏省政府主要领导在盐城市召开的全球滨海论坛会议上表示，江苏将通过构建滨海生态

① 张国梁：《全空间全要素全方位服务保障美丽江苏建设》，《中国自然资源报》2023 年 11 月 7 日。
② 许海燕：《奋力谱写人与自然和谐共生的江苏现代化建设新篇章》，《新华日报》2022 年 10 月 24 日。

保护修复与可持续发展的协同合作机制，以共建共享为原则，不断激发生态活力，挖掘蓝色经济潜力，从而为建设人与自然和谐共生的美丽世界贡献智慧和力量。

加强河湖生态保护治理，是呵护河湖生态环境、建设幸福河湖的关键环节和根本途径。① 2023 年 3 月，江苏省生态环境主管部门表示，“我们有信心实现将太湖打造为‘世界级生态湖区’的愿景”②。

二、 守护多样性精彩

自然保护地体系初步建立。近年来，江苏省认真贯彻落实中共中央办公厅、国务院办公厅《关于建立以国家公园为主体的自然保护地体系建设的指导意见》，积极稳步推进自然保护地体系建设。法律法规逐步完善，为自然保护地建设和规范管理提供了法律依据；管理类型逐步清晰，初步构建成类型相对齐全、分布较为广泛的自然保护地框架。截至 2018 年年底，江苏自然保护地共计 205 个，占全域面积的 8.01%；管理机构逐步建立，全省近 2/3 的自然保护地拥有独立或合并办公的管理机构；监督体系逐步加强，持续开展自然保护地“绿盾”专项行动。

生态空间保护区域延伸范围科学划定。2020 年，出台了《江苏省生态空间管控区域规划》，确定了自然保护区、风景名胜区、森林公园、湿地公园、饮用水水源地保护区、海洋特别保护区（陆地部分）、重要湿地等 15 大类 811 块陆域生态空间保护区域，占全省陆域国土面积的 22.49%。其中，国家级生态保护红线陆域面积占全省陆域国土面积的 8.21%，生态空间管控区域面积占全省陆域国土面积的 14.28%。全省 60%以上的森林（林地）生态系统和 50%以上的自然湿地生态系统得到有效保护，有效解决了水土流失、生物生境破碎化等问题，生态系统服务功能显著增强。

国土绿化提质增量。根据《江苏省“十四五”林业发展规划》，2010—2020 年，全省新增造林面积 41.66 万公顷，林木覆盖率由 22.5%增

---

① 韩全林：《保护河湖生态 筑牢美丽江苏绿色基底》，《群众》2022 年第 24 期。

② 王伟健：《守一湖好水　护万顷碧波》，《人民日报》2023 年 3 月 21 日。

至24%。2023年，森林抚育面积2.8万公顷，活立木总蓄积量达9 609万立方米，单位面积蓄积量55.33立方米/公顷，林种结构更加优化。

湿地保护体系逐步建立。根据《江苏省湿地保护规划（2023—2030年）》，2010—2022年，全省湿地面积从70万公顷增长至399.8万公顷。截至2023年，全省有世界自然遗产地1处，国际重要湿地3处，省级重要湿地63处，建立省级以上湿地公园76处，其中国家湿地公园（含试点）28处、省级湿地公园48处，湿地自然保护区11处，湿地保护小区671处，全省自然湿地保护率从43.8%（2015年）提高到64.3%（2023年），覆盖全省重要自然湿地的保护体系基本形成。

三、 增强生态系统多样性的关键举措

按照省委、省政府决策部署，江苏统筹山水林田湖草沙一体化保护和系统治理，大力推进人与自然和谐共生的现代化建设，推动江苏省高质量发展“走在前、做示范”。

（一） 持续推进生态空间管控

江苏是全国率先划定省级生态空间管控区域的省份，全省形成了国家级生态保护红线与生态空间管控区域相结合的生态空间保护格局。

管控源头，强化生态保护区域准入门槛。从2018年开始，先后印发《江苏省国家级生态保护红线规划》《江苏省生态空间管控区域规划》《江苏省生态空间管控区域监督管理办法》《关于进一步加强生态保护红线监督管理的通知》，引导建设项目对国家级生态保护红线和生态空间管控区域进行避让，严格控制项目准入，严禁不符合主体功能定位的各类开发活动。总体上实现了对生态保护红线区域的严格保护，有效维护了全省生态安全。

强化监督，推动监督管理评估常态化。为建立最严格的生态空间管控制度，保障生态环境安全，2022年3月，下发了《关于开展全省生态空间保护区域生态破坏问题监督工作的通知》，要求各设区市尽快建立生态空

间保护区域监管制度，依托省级以上监管平台，每年至少开展一次针对国家级生态保护红线和生态空间管控区域内违法违规开发建设活动的全面监控，形成长效机制。

（二）加强重要生态系统保护

江苏依托自然资源禀赋，加快生态保护制度建设，推进林地、湿地与水域系统保护，提升生态系统质量。主要举措如下：

多措并举推进林地保护进程。一是科学规划。以《绿色江苏现代林业工程总体规划》《江苏林业“十三五”规划》《江苏省“十四五”林业发展规划》等为总体规划，编制《江苏省林下经济发展规划（2019—2022年）》《江苏省林地保护利用规划（2010—2020年）》等多个专项规划，明确了“一区二带三网四片多点”的发展布局和建设进程。二是改革创新。通过推进和深化林权制度改革，促进生产要素优化配置，大力实施林业项目，盘活森林资源。三是严格考核。林木覆盖率被纳入江苏省“两个率先”、“八项工程”、生态文明建设和农业现代化工程等考核指标体系。加强对各项工作完成情况的考核通报，推动了全省林业资源数量质量稳步提升。

多渠道融合促进湿地保护高质量发展。一是促进相关法律法规出台及修订。编制了《江苏省湿地保护条例》等一系列法规制度，将自然湿地保护率纳入省生态文明建设考核指标体系。二是实施湿地保护工程。确定、公布湿地保护名录，因地制宜加强湿地公园、湿地保护小区建设，恢复和提升湿地生态功能。加大湿地自然保护区建设管理力度，加强保护区基础设施、生态修复、科普宣教和科研监测建设，全面提高保护管理能力。三是推进湿地生态监测网络体系建设。建设省级湿地监测网络中心和太湖、洪泽湖、长江、淮河等重要湿地监测站，科学设置监测站点，完善监测站点基础设施，提高湿地保护管理科技水平。

（三）整合优化自然保护地体系

为完善自然保护地体系建设，2020年江苏省委办公厅、江苏省政府办公厅正式印发《关于建立健全自然保护地体系的实施意见的通知》，全面开展全省自然保护地整合优化工作。2023 年 4 月，进一步整合原有自然保护地，形成《江苏省自然保护地整合优化方案》，正式上报国家林草局。整合优化后全省自然保护地为 144 个，总面积 83.51 万公顷，占全域面积的 7.80%。

第三节 生态修复确保生态系统稳定性

自然生态系统具有自我调节能力，但当受到的干扰或胁迫超过阈值时，生态系统往往难以自我恢复，需要通过人为干预方可恢复或修复到相对稳定的平衡状态。因此，只有坚持山水林田湖草系统治理，才能守住自然生态安全边界，促进自然生态系统质量整体改善。近十年来，江苏省积极推进生态修复，构建更加稳定、健康的生态系统。

一、构筑生物共同体内涵的生动实践地

生物共同体（biotic community）是相对于人类的生物存在状态，意为“生活在一定生态环境内、相互作用着的动植物种群的总体”[①]。山水林田湖草生命共同体，其内涵首先是生物共同体，其次是人与自然的生命共同体。

“山水林田湖草是一个生命共同体”“人与自然是生命共同体”“共同构建人与自然生命共同体”等生态文明理念彰显着“共同体”责任意识，构建了人类命运共同体的绿色动力，表达了一种尊重生命的绿色价值观。2021 年，省政府办公厅印发《江苏省“十四五”自然资源保护和利用规划》，提出了基于“山水林田湖草生命共同体”的要求，构建协同化的生

① 孙宏：《薇拉·凯瑟作品中的生物共同体意识》，《外国文学研究》2009 年第 2 期。

态系统保护修复体系，以提升生态系统质量和稳定性。

二、 交出生态系统稳定性持续向好的成绩单

江苏省一直以来都在积极推进生态修复提升生态系统的稳定性，成效初步显现：2019 年确定了首批省级山水林田湖草工程试点，并根据不同生态修复类型，分别选择高淳区、宜兴市、贾汪区和金坛区开展工程试点，起到了示范和引领作用，据此大力实施全方位系统综合治理修复、流域水环境保护治理、土地整治与污染修复、矿山环境治理恢复等工程；全面推进生态河湖建设，开展重点河湖污染防治与退圩还湖还湿工程。例如，2023 年太湖水质达 16 年最好水平，打造了太湖生态修复“样板工程”。洪泽湖等 9 个湖泊恢复水域面积 170 平方公里，洪泽湖恢复调蓄库容 1 亿多立方米。腾退长江岸线 60.3 公里，长江江苏段生态环境质量逐年变好。加强了淮河流域和南水北调东段生态修复、湿地净化以及生态补调水等工程建设，推进尾水资源化利用，全面提升淮河流域水质；持续推进海岸线修复，陆续开展了沿海防护林、滨海湿地修复、岸线整治修复、海湾综合整治、退圩还湿、退养还湿等工作，截至 2023 年，全省累计修复海岸线超 300 公里。根据生态系统类型统筹布局生态修复示范区域，着力打造生态修复示范样板，其中苏北丘陵岗地、长江沿线、运河沿线及环太湖 4 个重点生态修复示范区域取得了令人瞩目的成绩。

（一） 徐州市潘安湖采煤塌陷地治理

潘安湖，原本是徐州市贾汪采煤塌陷最严重的地区之一，塌陷面积 3 万余亩，积水面积达 3 600 余亩，平均塌陷深度为 4 米，最深处深达 20 余米。采煤所致塌陷一度给贾汪留下了“满目疮痍”：地表下沉、耕地损毁、房屋开裂，群众生产、生活乃至生命财产安全等均受到不同程度的影响。

针对潘安塌陷地形复杂、塌陷程度不一、损毁程度严重等实际情况，当地政府遵循“因地制宜，综合整治”的原则，首创“基本农田再造、采

煤塌陷地复垦、生态环境修复、湿地景观建设”四位一体的建设新模式,[①]按照“高效农业区、生态修复区、湿地景观区”三大片区功能进行精心设计，形成了总规划面积52.87平方公里、核心区面积15.98平方公里、外围控制面积36.89平方公里的潘安湖湿地生态经济区建设发展蓝图，并在2019年通过国家湿地公园试点验收。

（二）南通市五山及沿江生态修复整治

南通市区南部濒临长江，由于历史原因，以往南通沿江岸线港口产业单一、效能偏低，散货码头设施老旧，生产工艺落后，能耗和污染大,[②]加上港区陆域空间狭窄，港城接合地带成为南通主城区脏乱差的集中区域。[③]

2016年以来，南通五山及沿江地区启动生态修复和保护，腾退污染企业，整体搬迁港口，修复生态，增绿植绿，建成国家森林公园。经过生态修复保护，五山及滨江地区生态环境彻底蜕变，初步显现林地、绿地、湿地“三地”相融，绿化、美化、文化“三化”相生，自然美、林草美、景观美“三美”相映的保护成效，“水清岸绿人流连”的景象得以重现，推动构建了沿江人与自然和谐新格局。[④] 2020年11月，习近平总书记考察南通五山及沿江地区生态时，给予了“沧桑巨变”，“流连忘返”[⑤] 的高度评价。

（三）扬州市运河三湾生态修复

2020年11月，习近平总书记在考察扬州运河三湾生态文化公园时，对保护好利用好古运河文化遗产，推动古运河重生作出了重要指示。扬州高点定位、高标推进，将三湾片区升级改造作为市委、市政府力推的重大城建项目，从搬迁企业、拆除码头、清理违建着手，有序开展污染治理。修复后的

---

① 金凤：《修复生态“伤疤” “百年煤城”徐州显山露水》，《科技日报》2020年10月30日。

② 群众杂志社调研组：《“沧桑巨变”当样板 “流连忘返”写新卷》，《群众》2021年第1期。

③ 何聪、姚雪青：《生产岸线退，生活岸线进》，《人民日报》2019年11月28日。

④ 黄贤金：《构建沿江人与自然和谐新格局》，《学习时报》2020年12月18日。

⑤《习近平在江苏考察时强调 贯彻新发展理念新发展格局 推动经济社会高质量发展可持续发展》，《人民日报》2020年11月15日。

运河三湾已成为扬州城市南部名副其实的绿肺和生态氧吧。区内绿地面积60公顷，绿化覆盖率高达83%，运河三湾水质常年保持Ⅲ类以上；先进的“圈层”设计，为野生动植物提供了不受打扰的宁静空间，仅核心区域就栖息着40多种鸟类，重现了运河三湾清水绿岸，探索了人水和谐的平衡空间。①

（四）苏州市太湖湖滨国家湿地公园生态修复

2020年11月，习近平总书记在考察江苏时强调，加强生态环境系统保护修复，从生态系统整体性和流域系统性出发，统筹考虑水环境、水生态、水资源、水安全、水文化和岸线等多方面的有机联系，追根溯源，系统治疗。②

太湖湖滨国家湿地公园始终坚持“生态立园”，最大限度保留原生湿地生态和自然风貌，保护和恢复湿地生物多样性。截至2023年，累计投入2.5亿元，构筑生态岛屿35万平方米，种植挺水植物27万平方米、湿生树种1 430余棵，创新实施生态浮岛并搭建浮岛网架7.4万平方米，种植植被13.6万平方米。其中，建成了首个太湖综合性生态环境损害赔偿示范基地。2013年成功获批国家5A级旅游景区，先后被授予“全国自然教育学校”“全国林草科普基地”等荣誉称号，成为提高生态系统稳定性的典型模范。

三、巩固生态系统稳定性的重要行动

江苏省在生态系统稳定性保护方面采取了许多措施，旨在改善生态系统的健康和功能，促进生态系统保持稳定，提升生态系统质量。

（一）推进一体化保护和修复

江苏践行山水林田湖草生命共同体理念，全面建立规划体系、制度体系和工程体系，依托矿山生态修复、海洋生态修复、全域土地综合整治等

① 黄贤金：《探寻生态与发展的“最大绿色公约数”》，《新华日报》2017年9月13日。
②《习近平在江苏考察时强调　贯彻新发展理念构建新发展格局　推动经济社会高质量发展可持续发展》，《人民日报》2020年11月15日。

一批重大生态保护修复工程和项目，系统推进山水林田湖草一体化保护和修复。

（二）建立健全生态保护修复标准规范

2012—2023 年间，先后出台《长江经济带废弃露天矿山生态修复工作指南》《江苏省海岸线整治修复工程技术要求》《江苏省海岸线整治修复工程验收技术要求》《县级国土空间生态保护和修复规划编制指南》；建立了国土空间综合整治项目监管系统；出台《土地综合整治项目客土调查和检测工作指南》《江苏省采煤沉陷区界定和分类标准》《江苏南水北调东线湖网地区山水林田湖草沙一体化保护和修复工程及资金管理暂行办法》，全面规范工程项目建设。江苏在生态保护修复制度供给、技术规程制定、机制探索等方面不断创新，为加快推进生态保护修复工作提供了制度保障，增强了生态保护修复的“向心力”。

（三）增添生态保护修复新动能

积极探索多元化投入机制，江苏省自然资源厅与江苏省农发行签订合作协议，撬动政策性金融资本，助力国土空间全域综合整治。积极推进生态化整治，支持南京、无锡、常州、苏州开展国土空间生态整治试点工作，因地制宜对腾退建设用地进行生态化整治。持续优化生态化整治模式，按照系统治理的要求，促进生态整治实现由点到面、以用为主、“用治并举”的升级，有力支持了地方经济发展，全面提升了生态系统质量。

（四）验证和丰富生态修复模式

人与自然和谐共生的实践成效凸显，主要生态修复模式如下：

工程修复为主、植被修复为辅的废弃矿山生态修复模式。江苏以工程恢复为主，强调因地制宜、“一矿一策”，大力推进废弃矿山修复，构建科学的植被群落结构，提高矿区生态系统稳定性。如徐州市金龙湖宕口公园主要通过机械削坡、危石清理、设置主动防护网、回填采石坑等措施，消除崩塌、滑坡和滚石等安全隐患；采用挂网喷播新技术进行山体坡面覆绿，消除矿山山体白化现象；同时依据原有的山形地貌，种植少量乔灌木，并点缀少量景观设施，使矿山的生态环境与周边自然环境相融合，保护生态系统结构和功能稳定。

发挥自然生态系统降解能力的生态安全缓冲区建设模式。江苏率先在全国探索开展生态安全缓冲区建设，出台《江苏省生态安全缓冲区建设管理办法（试行）》和四种类型（生态净化型、生态涵养型、生态修复型、生态保护型）项目建设技术指南，规范全省生态安全缓冲区建设工作。生态安全缓冲区是以自然生态保护和修复为核心，在长江、太湖、京杭大运河沿岸、城市近郊等区域，通过采取人工湿地、水源涵养林、沿河沿湖植被缓冲带和隔离带等生态环境治理与保护措施，修复河湖、湿地生态，恢复和提高生态系统完整性，不断提升生态碳汇、涵养水源、保持水土、净化水质、保护生物多样性等生态功能。截至 2023 年，累计建成生态安全缓冲区 67 个，部分缓冲区出水水质基本达到地表水准Ⅳ类标准，提升了生态系统碳汇能力和生物多样性功能，改善了人居环境质量。

以退渔还湿为主的海岸带生态修复模式。秉承“基于自然的解决方案”理念，通过地形和水文塑造，恢复原生湿地生境，营造珍稀鸟类栖息地等措施，提高海岸带湿地生物多样性、碳汇能力及生态资产价值。盐城市海岸带生态保护修复项目，采用“海堤生态化建设＋海岸线整治＋退渔还湿”技术措施，修复滨海湿地生态系统，打造生态减灾协同增效的海岸带立体防护体系；东台川水湾海岸带和射阳海洋生态保护修复子项目，通过开展岸线岸滩修复、河口海湾生态修复、外来入侵物种防治、退养还海等生态保护修复措施，增加生物多样性，恢复滨海湿地生态系统，提升海岸带生态系统结构完整性和功能稳定性。[①]

退圩还湖与生态清淤并举的湖泊水域生态修复模式。江苏推进实施太

---

① 吴靖梅、陈秋健：《盐城湿地国家级珍禽自然保护区缓冲区射阳段生态修复模式及修复工程研究》，《环境科学与管理》2023 年第 4 期。

湖地区生态修复工程，通过退圩还湖、生态清淤及滨岸带、湖区生境改善等治理措施，全面提升区域河湖生态系统。苏州太湖湖滨国家湿地公园始终坚持“生态立园”思想，最大限度保留原生湿地生态和自然风貌，保护和恢复湿地生物多样性。2014—2021 年间，公园鸟类总数从 147 种增加至 191 种，恢复乡土水生植物 13 种、鱼类 33 种，这成为江苏省 2021 年首届“最美生态修复案例”。

生态渗滤岛与沼泽湿地恢复并举的湿地生态修复模式。常熟市南湖生态修复工程被列为该市 2013 年“第一号民生工程”，通过多种修复模式的叠加恢复湿地。生态渗滤岛模式，实施地形改造、湖底清淤疏浚、堆砌新堤岸、推进增绿补绿工程，区域水质由Ⅴ类提升至Ⅱ类；草本沼泽湿地模式，对原养殖区域的沼泽湿地保留原有的鱼塘肌理，贯通小区块水系，通过湿地植物和微生物净化污染；森林沼泽湿地模式，对南湖清淤后的底泥堆放区域进行湿地植被恢复，吸引众多动物，提升湿地生物多样性。

第四节
生物保护提升生态系统持续性

生态系统持续性是生态系统健康生存和不断发展的能力。在环境干扰或胁迫不超过阈值的前提下，生态系统可通过自身的反馈机制维护其稳定性和持续性；当干扰或胁迫超过阈值时，则会导致生态系统反馈机制严重削弱甚至丧失，从而导致生态系统服务功能严重退化，威胁生态安全。生物多样性是生态系统稳定性、持续性的基本保障。

一、 树立生物保护的风向标

高度重视和推动生物多样性保护。2023 年 9 月，全省生态环境保护大会明确提出，要坚决扛起美丽中国建设的江苏责任，在推进人与自然和谐共生的现代化中走在前、做示范，提升生态系统多样性、稳定性、持续性，充分彰显自然生态之美。

深入开展生物多样性调查。2017 年，江苏在全国率先组织开展生物多样性本底调查，对物种濒危情况、生境胁迫情况、物种间的消长规律等开展系统研究，同时加快生物多样性保护立法，完善“损害者担责、保护者获补偿”的生物多样性保护机制。这体现了江苏作为中国生物多样性保护的先行者和主力军，建设成为美丽中国省域范例的重要决心。

加快推进和完善生态保护补偿制度。生态保护补偿制度是激发生态系统保护积极性的重要手段。2022 年 4 月，江苏省委办公厅、江苏省政府办公厅印发《关于深化生态保护补偿制度改革的实施意见》，要求充分发挥政府开展生态保护补偿、落实生态保护责任的主导作用，加快推进江苏生态保护补偿制度改革。2023 年 4 月，江苏召开全省财政资源环境工作会议，会议要求，积极探索生态产品价值实现财政支持政策，着力构建绿水青山转化为金山银山的政策制度体系。研究制定自然资源领域生态产品价值实现试点财政奖励政策。推进长江流域、太湖流域跨省横向生态保护补偿机制建设，深化全省水环境区域补偿政策，探索海洋生态保护补偿机制建设。

二、 打造生物多样性保护大省

江苏不仅是经济强省、文化名省，更是生态环境保护、生物多样性保护大省。新征程上，江苏始终把生物多样性保护作为重要抓手，促进生态系统持续性保护。在生物多样性保护的顶层设计以及生物多样性调查、监管与宣传等方面，江苏都取得了相当不错的成效。江豚、东方白鹳、黑脸琵鹭、黄胸鹀等对生态环境变化敏感的指示物种频繁现身，成为江苏自然生态质量改善的鲜明写照。

顶层设计逐步完善。2013 年，江苏省政府成立生物多样性保护委员会，统筹推进生物多样性保护与管理。先后出台了《江苏省生物多样性保护战略与行动计划（2013—2030 年）》《关于加强长江江苏段水生生物保护工作的实施意见》《江苏省自然生态保护修复行为负面清单（试行）（第一批）》《关于进一步加强生物多样性保护的实施意见》等系列文件，深入开展《江苏省生物多样性保护条例》立法调研。积极推动将生物多样性保护纳入各地区、各部门、各有关领域中长期规划，制定和完善生物多样性保护相关政策制度，不断强化生物多样性主流化，实施生物多样性保护重大工程，实施最严格的执法监管。省内一大批珍稀濒危物种得到有效保护，生态系统持续性不断增强，走出了一条江苏特色的生物多样性保护之路，为中国实现"昆蒙框架"① 确定的目标贡献江苏力量。

持续推进保护机制创新。2021 年 3 月，出台了《关于加强生物多样性保护工作的意见》，推动全省生物多样性保护工作。东方白鹳、中华虎凤蝶等珍稀濒危物种分布区域不断扩大，苍鹰、豹猫等顶级掠食者的记录不断增加，水蕨、中华水韭等对环境质量要求极高的敏感物种的野生种群重新出现。基于本底调查成果，同步制定《江苏省生物多样性红色名录（第一批）》《江苏省生态环境质量指示物种清单（第一批）》，指导物种分级管理与监管。

深入扎实开展调查观测。为摸清生物家底，使生物多样性保护更具系统性、专业性，2017 年原江苏省环保厅下发《关于开展生物多样性本底调查试点工作的通知》，在全国率先开展县级行政单元的生物多样性本底调查，调查范围覆盖全省 95%的县域，重点物种的种类和数量较历史数据均有较大突破，生物种类"家底"脉络日益清晰。基于对调查成果的总结、分析与评估，发布《江苏省生物多样性观测能力（一期）建设方案》，按照"一横两纵＋"（"一横"为沿长江区域，"两纵"为沿大运河、沿海区域，"＋"为低山丘陵区域等）的分布格局，推进建设 20 个生物多样性观测站点，支撑沿江湿地、湖泊湿地、滨海湿地、森林生态系统的持续性观测评估与示范应用，全面提升生物多样性观测能力。

---

① 即《生物多样性公约》第十五次缔约方大会（COP15）第二阶段会议成果：《昆明-蒙特利尔全球生物多样性框架》。

全面提升监管力度。深入推进“绿盾”自然保护地强化监督，一批违法违规问题得到有效解决，为生物多样性保护提供强大的制度保障。开展徐州、宿迁、盐城、淮安等地监管试点，发现的疑似违法问题已完成整改，强化生态保护红线监管。落实长江“十年禁渔”工作，完成长江干流、水生生物保护区及所涉湖泊其他水域退捕任务，加大非法捕捞专项整治力度，促进长江水生生物多样性可持续发展。建立打击野生动植物非法贸易联席会议制度，扎实开展严厉打击野生动物违规交易专项执法行动、打击整治破坏野生植物资源专项行动，制止和惩处了一批破坏生态系统、物种和生物资源的行为。

不断强化保护共识。创新发展生物多样性保护共识模式。成功举办“江苏省—日本爱知县自然和生物多样性保护专题交流活动”，加入“爱知生物多样性目标地方政府联盟”，持续提升江苏生物多样性保护的国际影响力。积极参与联合国《生物多样性公约》缔约方大会第十五次会议（COP15）地方展区建设，以“美丽江苏”为主题搭建线上展馆，访问人数超过 200 万。定期组织生物多样性新闻发布会，举办“5・22”国际生物多样性日主题宣传、“蔷薇花信”等系列活动，扩大公众对生物多样性保护管理工作的了解和参与途径。积极支持扬州中国大运河博物馆建设，成立江苏省生态环境科教宣传基地，倡导生态文化共建共兴共享。

总体来看，已逐步建立了具有江苏特色的生物多样性保护机制，生态空间保护区域的面积和数量均呈现上升趋势，保护面积覆盖了至少 22.5％的陆地和内陆水域以及至少 27.3％的海洋区域，自然保护区面积达江苏省总面积的 5.5％，超过 60％的森林（林地）以及超过 50％的湿地得到有效保护，自然保护区内的长江江豚、麋鹿、丹顶鹤等旗舰物种种群稳定增长，保障了生物多样性维持、特殊物种保护、水源涵养、洪水调蓄等重要功能，为谱写“强富美高”新江苏现代化建设新篇章夯实生态根基，不断满足人民日益增长的对优美生态环境的需求。

三、 提升生态系统持续性的创新举措

江苏在生态系统持续性保护方面采取了许多有力措施，包括健全生态

保护补偿机制、推进自然保护区建设、创新以生物多样性保护为主导的“生态岛”试验区建设模式等，对提升自然环境之美发挥了重要作用。

不断健全生态保护补偿机制。通过积极推进生态保护补偿制度，特别是生态补偿转移支付制度，创新生态经营理念，丰富绿色发展路径。2013年起，制定出台了《江苏省生态补偿转移支付暂行办法》《江苏省生态红线区域保护监督管理考核细则》和《江苏省生态红线区域保护监督管理考核暂行办法》等，建立了以生态红线保护为基础的生态补偿转移支付制度，而后在2020年修改为重点生态功能区转移支付制度。近十年来，省财政累计给予重点生态功能区转移支付纵向补偿154亿元。[①] 2022年3月，江苏省委办公厅、省政府办公厅印发《关于深化生态保护补偿制度改革的实施意见》，进一步完善补偿机制，加大补偿力度，突出补偿重点，有力支撑重要生态空间和生态系统多样性的保护工作。

深入推进自然保护区建立与保护工作。针对不同自然保护区面临的突出问题以及指示性物种保护需求，结合国家及省级自然保护区的示范作用，不断优化自然保护区生态系统。

（1）盐城作为世界生物圈保护区，守护独特生态资源。基于自然的解决方案实现生态修复优化，通过退养还滩、生态补水、污染控制和综合整治等措施，科学合理地稳步实施湿地修复项目，生物多样性持续提升。盐城湿地珍禽国家级自然保护区越冬地的丹顶鹤人工种群繁育连续4年取得突破，人工种群数量由2016年的100只增长到2023年的283只。2022年首次观测记录到蓑羽鹤，区内记录鸟类达418种，其中鹤类7种。

（2）淮安白马湖湿地公园维系了淮河入江水系的重要生态节点。白马湖湿地位于白马湖南部水域，西承淮河流域最大湖泊洪泽湖来水，南经阮桥河、避沉沟出湖，依次通过宝应湖、高邮湖后流入长江，是淮河入江水系的生态节点。该湿地2014年获批省级湿地公园，2020年12月获批国家

① 王梦然：《积极发挥财政保障职能 我省绘就生态补偿三条路线图——搞好生态不吃亏 合理收下“保护费”》，《新华日报》2022年4月26日。

湿地公园，2023年正式列入国际重要湿地名录。由于早期大规模进行圈圩，发展围网养殖，在实施保护以前白马湖不仅为劣Ⅴ类水质，而且基本失去了湖泊的防洪、除涝、灌溉等功能。白马湖生态修复，是南水北调东线工程调水的需要，是淮安主城区备用水源地建设的需要，也是湖泊功能恢复的需要。通过开展退圩还湖、清水入湖、清淤净湖、生态养湖“四湖工程”，湿地生态环境明显改善，湖泊水质稳定在Ⅲ类，部分水域达Ⅱ类标准，自然湿地面积比2014年增加了21.34%，生物多样性显著提升。[①]

（3）盐城大丰麋鹿国家级自然保护区打造了动物种群迁地保护与就地保护的一个成功样板。由于自然环境恶化导致栖息地丧失，以及人类过度捕猎，中国特有的麋鹿数量急剧减少。我国于1985年启动了麋鹿重引入项目，1985年和1987年先后从英国引回39头麋鹿。1998年11月，国家选定在大丰实施有计划的野生放养实验。经过30多年努力，麋鹿种群数量从一开始的39头发展至2023年的7 840头，麋鹿保护成效显著。

（4）镇江长江豚类省级自然保护区。长江江豚是长江里仅存的鲸豚类动物，镇江是江豚重要的栖息地之一。2003年省政府批复同意成立江苏镇江长江豚类省级自然保护区。通过构筑江豚保护“立体网”，建立水陆空立体监测网络，持续开展保护区水生生物资源本底和生物多样性调查，促进保护区科学化管理及遥感监测评估。2023年，保护区内长江江豚种群数量为26头，约占长江干流江苏段长江江豚总数的21.3%；长江镇江段江豚种群数量达到34头，约占长江干流江苏段长江江豚总数的27.9%。

创新以生物多样性保护为主导的“生态岛”试验区建设模式。江苏紧扣加强生物多样性保护的任务，以及生物多样性的特点和规律，在关键区域先行先试、创新发展，探索开展“生态岛”试验区建设。结合河湖水系特征，基于生态系统功能重要性及生态敏感性，以水系流向、自然保护地分布、生态质量指数（EQI）、生态保护红线、生物多样性热点区域、物种

① 潘俊强、姚雪青、吴君：《保护水环境　维护生物多样性——守护湿地之美》，《人民日报》2024年2月1日。

迁徙选择等为重要依据，出台《江苏省生态岛试验区建设方案》《江苏省生态岛试验区实施计划》《江苏省“生态岛”试验区项目管理办法（试行）》《江苏省“生态岛”试验区申报技术指南》《江苏省“生态岛”试验区奖补办法（试行）》等，构建“四带三区多点”的自然生态保护总体格局，形成“斑块—廊道—节点”多层级生态安全网络，形成一套完整的江苏省“生态岛”试验区建设制度体系，确保“生态岛”试验区的可操作性和可实施性。其中，苏州太湖生态岛试验区项目2021年年底启动一期湿地修复工程，至2023年3月已完成保护和恢复湿地面积31.8万平方米。2022年，在苏州市、吴中区两级配套的15.6亿元投资支持下，金庭镇环太湖湿地带、碳汇林等一批生态项目已开工建设，已种植2 000亩成片树木。该项目积极发挥生态“大斑块”的链接效益，打通物种迁徙和基因交流的生态通道，“国蝶”宽尾凤蝶和有着3亿年历史的植物“活化石”松叶蕨的现身，成为太湖生态岛生态持续向好的有力证明。①

① 任靖、张倩：《全国人大代表、江苏省生态环境厅厅长王天琦：以生态岛建设推动太湖生态持续向好》，《中国环境报》2023年3月9日。

第八章

建设高品质城乡宜居环境

高品质宜居环境是人民幸福生活的载体，体现着人们对建设美丽家园的期盼。习近平总书记在2023年全国生态环境保护大会上强调，“把建设美丽中国摆在强国建设、民族复兴的突出位置，推动城乡人居环境明显改善”，“以绿色低碳、环境优美、生态宜居、安全健康、智慧高效为导向，建设新时代美丽城市”。[①] 推进城乡人居环境建设是美丽江苏建设的重要内容。近年来，江苏统筹美丽宜居城市建设和城市更新行动，持续推动生态宜居美丽乡村示范建设和特色田园乡村建设，将城市更好融入自然、村庄焕发现代气息、人民拥有更美好家园的目标付诸实践，极大提升了人民的获得感、幸福感、安全感，加快实现人与自然和谐共生的现代化。

第一节
人居“环境美”与城乡人居环境建设

城乡人居环境的建设需求随着社会经济发展而变化。改革开放以来，“先治坡，后治窝”的人居环境建设思路逐渐改变，城乡居民居住面积得到较快增长，但居住环境系统性建设还难以满足人民对美好生活的需求。江苏省委明确提出，要重视城乡环境整治提升，充分彰显城乡宜居之美。[②] 人居“环境美”成为江苏城乡人居环境建设的新标杆。

一、 充分彰显城乡宜居之美

为完善配套服务设施，打造高品质人居环境，全面彰显城乡人居环境之美，2016年，省政府办公厅发布了《江苏省“十三五”美丽宜居城乡建设规划》，提出“三居递进，五美联动”的人居环境建设总体思路，为打

① 习近平：《以美丽中国建设全面推进人与自然和谐共生的现代化》，《求是》2024年第1期。

② 黄伟：《信长星在全省生态环境保护大会上强调　更加坚决扛起美丽中国建设的江苏责任　在推进人与自然和谐共生的现代化中走在前、做示范》，《新华日报》2023年9月14日。

造城乡人居“环境美”奠定了基础。

（一）城乡协调的乡村复兴发展

乡村人口城镇化迁移、乡村住区分散是打造美丽宜居环境面临的难点，为此，《江苏省“十三五”美丽宜居城乡建设规划》基于城乡协调之美的建设思路，要求优化城镇功能，提升城镇服务水平，加强城乡统筹规划，以城乡设施建设推动乡村地区有序复兴，重塑乡村活力，明确了以兴旺乡村产业、完善基础设施和公共服务、改善乡村住房条件、治理乡村环境污染为重点任务的乡村人居环境建设内涵，还提出了大力推进危旧房改造的工作要求。2013 年，苏州市同里镇等 8 个镇、南京市石塘村等 12 个村分别入选住建部美丽宜居小镇及村庄示范名单。

（二）配套完善的适居服务建设

基础设施和公共服务是人居生活不可或缺的要素，推进城乡基本公共服务均等化是落实“以人为本、民生优先、共享发展”价值导向的必然要求。据此，基于全省基础设施建设的城乡、区域差距现状，《江苏省“十三五”美丽宜居城乡建设规划》要求统筹建设市政基础设施和公共服务设施，为城乡居民打造便利、舒适的居住环境。建设 15 分钟的生活设施服务圈，使城乡居民均能享受标准化的基本公共服务。

（三）文化交融的景观特色传承

文化是一个地方的“根”和“魂”。江苏地处吴、金陵、淮扬、中原多元文化交汇区域，既有“三山半落青天外，二水中分白鹭洲”的自然风光，也有“逶迤带绿水，迢递起朱楼”的文化盛景，既有“二十四桥明月夜”的优雅静谧，也有“吴台今古繁华地”的市井繁华，吸引着无数文人骚客驻足停留。但是，在快速工业化、城镇化的发展阶段，随着城市建设的突飞猛进，一些突出矛盾和问题也伴生而来，造成“千城一面，万镇同工”的窘境，这不仅和“以人为核心的新型城镇化”理念背道而驰，在某种程度上也形成了对文化和文明的创伤。[①] 党的十八大以来，党中央关于历史文化保护传承的一系列重大战略部署，为保护历史文化遗产、推动历史文化遗产与城乡建设深度融合指明了方向。[②] 在美丽宜居城乡建设中，江苏省积极营造文化交融之美，塑造城乡特色风貌，特别是将传统文化和地域文化之美融入城乡人居环境建设，在实现人居“环境美”目标任务过程中着力推进文化传承与复兴。

二、 健全城乡人居环境整治保障体系

江苏城乡人居环境建设，重视政策保障体系的构建，以全面提高城镇化质量、创造优良人居环境、促进产城融合发展为主要目标，推进城乡科学规划、有序建设、集约开发、高效运行和精细管理，全力打造充满活力、环境美丽宜居、文化富有特色、社会和谐文明的现代化城乡，[③] 全面推进美丽宜居城市建设。

（一） 率先开展全国美丽宜居城市建设试点

结合城乡一体化发展阶段及人居环境发展需求，江苏提出了“三居递进，五美联动”的规划体系。2016 年，《江苏省“十三五”美丽宜居城乡建设规划》明确要求综合“自然环境之美、景观特色之美、文化交融之美、城乡协调之美、和乐宜居之美”，递进推进建设全民共享的安居体系、配套完善的适居服务和品质优良的怡居环境。2019 年，住房和城乡建设部明确将江苏作为美丽宜居城市建设试点的全国唯一省份。2020 年 8 月，江苏省政府召开美丽宜居城市建设暨城镇老旧小区改造工作新闻发布会，计划用 3 年时间，探索美丽宜居城市建设方法，形成一批可复制、可推广的

---

① 王悦威：《中央纠偏“千城一面” 城镇化不能“没文化”》，中国政府网，2014 年 3 月 17 日，https://www.gov.cn/xinwen/2014-03/17/content_2640144.htm。

② 王世福：《城乡建设，如何保护历史遗存、守住文化根脉——我国城乡历史文化保护传承情况研究报告》，《光明日报》2021 年 12 月 30 日。

③ 陈涛、牛帅：《基于社会治理视角的美丽江苏建设》，《唯实》2020 年第 10 期。

经验。[①]

（二）绿色建成环境的法规制度

城市或社区基础设施等建成环境的可达性、街道连接性、土地使用多样性等，是改善居民生活、休闲方式的关键因素。为此，江苏逐步健全完善关于建成环境建设的法律法规，为开展绿色建成环境建设活动提供了明确的规范和指导。为促进绿色建筑发展，规范绿色建筑活动，节约资源，提高人居环境质量，推动新型城镇化建设，2015 年颁布并实施了全国首部省级绿色建筑发展条例《江苏省绿色建筑发展条例》，对与绿色建筑相关的规划、设计、建设、运营、改造、拆除、评价等行为作出规范。[②] 此外，还修订了《江苏省发展新型墙体材料条例》等相关条例。

（三）多元渠道的资金保障

资金是城乡人居环境建设的基础前提和实施保障。创新思路、激发活力，统筹整合不同来源的资金，提高资金使用效率和针对性，是城乡人居环境改造的重要工作内容。主要包括：省级专项引导资金向重大工程建设项目倾斜；探索建立以财政资金为引导、社会资本参与的多种投融资模式；加强与金融机构的合作，拓宽融资渠道，推动美丽宜居城乡建设。[③] 例如，2018 年启动苏北农房改善工作以来，省级财政每年投入资金达 100 亿元左右，重点用于改善苏北地区农民群众住房条件、农村厕所改造、村庄绿化、农村生活垃圾分类和资源化利用、农村公路建设等方面。除省级专项，苏北农房改善所需资金的重要来源是土地指标交易，包括建设用地增减挂钩指标、补充耕地指标。[④] 政策性金融全面支持江苏老旧小区改造，2021 年国家开发银行和中国农业发展银行作为国家政策性银行，为城市更

---

① 白雪、季宇轴、王梓怡：《建设“美丽宜居”，探索“江苏路径”》，《扬子晚报》2020 年 8 月 12 日。

② 施嘉泓、何常清：《迈向美好人居的江苏绿色低碳城市建设实践》，《人类居住》2021 年第 1 期。

③ 白雪：《政策性金融支持城市更新》，《新华日报》2021 年 4 月 20 日。

④ 张莹：《江苏乡村建设“1+3”特色品牌的分析》，《江苏农业科学》2023 年第 6 期。

新、新型城镇化、老旧小区改造、美丽宜居城市建设、城市生态修复、历史文化保护和城市风貌塑造等领域，提供长期、高额和利率优惠的开发性资金支持。

（四）多主体协同治理

城乡人居环境建设是一个持续过程，江苏充分发挥政府、市场、社会组织和公众等主体作用，构建共治、共建、共享的协同治理机制。主要是：积极发挥政府行政主体作用，搭建沟通协调平台，引导多元主体更好、更直接地表达相关诉求。充分发挥企业市场主体优势，培育适合人居环境长效发展的市场主体，积极参与人居环境整治。如，2020 年苏州市全面部署实施了企村联建行动，合作领域涉及古镇保护、农村新产业新业态发展、农村环境治理等方面。[①] 加强社会组织在人居环境建设方面的专业素养培育，完善社会组织共治的相关规章制度，拓宽社会组织参与渠道，提高社会团体对城乡人居环境建设的参与度。给予居民充分的知情权、参与权和监督权，让居民在人居环境整治中有话语权，激发其参与共治的内生动力。如 2019 年，通过居民参与所在小区环境治理决策，全省推进 320 个老旧小区综合整治项目，130 个省级宜居示范居住区项目，惠及居民 25.3 万户。[②]

三、 城乡人居环境明显改善

江苏积极推进城乡人居环境建设，不仅加快实现了“三居递进，五美联动”的目标，还在生态绿色空间提升、城乡基础设施改善、住房建设等方面取得了显著成效，城乡人居环境明显改善。

（一）生态绿色空间持续扩大

江苏以建设和巩固提升国家森林城市、生态园林城市、绿化模范市县

① 徐成华：《国有企业助力乡村振兴：模式、瓶颈和对策——以苏州为例》，《常州大学学报（社会科学版）》2023 年第 3 期。

② 王晓映、刘玉琴：《江苏老旧小区改造共谋共建　改到百姓心坎上》，《新华日报》2020 年 5 月 15 日。

为契机，整体推进城市和农村绿化，积极打造宜居城乡环境。通过采取规划建绿、见缝插绿、拆违种绿等方式，将森林资源有机融入城市空间；通过持续开展绿美村庄建设，因地制宜、突出特色，推进庭院宅旁、公地绿地、村庄闲置地绿化，提升农村生态宜居水平；通过发展以森林为主体的城市公园、郊野公园，努力实现人民群众“推窗见绿，出门进园”。

江苏获得“联合国人居奖”和“中国人居环境奖”的数量，以及入选国家生态园林城市数量均居全国首位，率先实现国家园林城市的设区市全覆盖。① 全省园林绿化规模持续扩大，2022 年建成区绿地面积、公园绿地面积、人均公园绿地面积分别较 2012 年增长 37.8%、54.0%和 21.4%，建成区绿地率和建成区绿化覆盖率分别较 2012 年增长 2.12%和 2.09%。截至 2023 年，全省国家生态文明示范区、国家生态园林城市、国家森林城市分别增至 31 个、12 个和 9 个，绿化模范市县将近 50 个；2023 年全省新建绿美村庄 200 个，改造提升原绿美村庄 101 个，打造绿美古树村庄 10 个，目前全省建设绿美村庄超过 9 700 个。

（二） 城乡基础设施逐渐完善

城乡住区主要宜居指标得到提升。2012 年，江苏部分城乡基础设施尚存短板，经过 10 多年的发展完善，到 2023 年，城市用水普及率、城市生活垃圾无害化处理率、农村卫生厕所普及率、农村自来水普及率等指标已达到“天花板”，城市污水处理率超过 97%，城市污水处理厂集中处理率超过 92%。尤其是在特色田园乡村、苏北农房改善、城乡用水、农村厕所革命、城镇生活污水处置、生活垃圾处理设施等关键环节，取得了显著成效。

城乡垃圾处理能力全面提升。江苏在全国率先普遍推行覆盖城市和农村的生活垃圾分类制度。截至 2023 年，全省城市生活垃圾无害化处理率达 100%，共有生活垃圾焚烧厂 66 座，日处理能力 8.62 万吨，位居全国

① 周岚等：《新时代城市治理的实践路径探索——以江苏“美丽宜居城市建设试点”为例》，《现代城市研究》2020 年第 2 期。

第二；厨余垃圾处理设施58座，日处理能力1.2万吨，基本实现了县以上城市处理全覆盖；设区市生活垃圾回收利用率达39.8%，生活垃圾资源化利用率达83.5%，建筑垃圾资源化利用率达70.4%，提前两年完成了住建部确定的“十四五”目标任务。

（三）住房建设等方面取得了显著成效

江苏着力推动城镇保障性住房建设，全面推进城市老旧社区、城郊棚户区及乡村农房改造。在政府及多方社会主体共同参与下，居民的住房条件逐渐改善，人民幸福感日益提升。

在城镇保障性住房建设方面，2011—2021年，江苏城镇常住人口保障性住房覆盖率已由10.60%提高到25.56%。近两年江苏连续将发展保障性租赁住房列入省政府民生实事，截至2023年底，全省已筹集保障性租赁住房42.9万套，完成“十四五”规划的73.97%。截至2023年底，全省已累计改造老旧小区约1.4万个，惠及城乡老旧小区居民约500万户。连续11年把棚户区改造列入为民办实事项目，截至2023年累计实施棚改约315.06万套（户），900余万群众“出棚进楼”，城镇棚户区改造完成任务总量位居全国第一，连续多年获得国务院“真抓实干”表彰。2012—2020年期间，全省累计改造农村危房22.9万余户，实现了存量农村四类重点对象危房动态“清零”。2018年以来，苏北地区超过30万户居民的住房条件得到改善。[①]

第二节
美丽宜居城市建设

党的十八大以来，先后召开的中央城镇化工作会议和中央城市工作会

① 吴琼：《精绘山水人城和谐相融新画卷》，《新华日报》2022年7月27日。

议等，要求“着力解决城市病等突出问题，不断提升城市环境质量、人民生活质量、城市竞争力，建设和谐宜居、富有活力、各具特色的现代化城市”①。江苏是中国城镇化发展的典型缩影，从 1978 年到 2022 年，城镇化率从 13.7%增长到 74.4%，步入了城镇化相对稳定发展的中后期和城市更新、品质提升的重要阶段。美丽宜居城市建设成为江苏解决好快速城市化过程中积累的突出短板问题、促进城市由“外延式扩张”为主向“内涵式发展”为主转变的重要抓手。

一、 美丽宜居城市的内涵与建设思路

宜居城市是满足人民日益增长的美好生活需要的重要空间载体。2019 年 11 月，习近平总书记在上海考察时指出，“城市是人民的城市，人民城市为人民。无论是城市规划还是城市建设，无论是新城区建设还是老城区改造，都要坚持以人民为中心”②。人民群众对城市功能需求的核心，即在于美丽和宜居。江苏围绕“美丽”“宜居”“城市”三大目标愿景，提出了“三居递进、四美与共、五城相宜”的建设思路，③ 体现了江苏城市建设的丰富内涵。

（一） 美丽宜居城市的内涵

城市一直是人类体验美好生活的空间。从 19 世纪开始，以理想都市建设和田园城市运动等为背景，人们更加追求城市的舒适、便利和美观。总体来看，美丽宜居城市更加注重城市的宜居性、可持续性、适应性。这符合人类社会的特征，因为人类活动必须以人为本，尊重人的需求和权利，保障人类健康和幸福。④ 尽管城市发展阶段以及需求存在差异性，但美丽宜居城市的内涵至少应包括基础设施便利、生产高效环保、居住舒适

① 《中央城市工作会议在北京举行 习近平李克强作重要讲话》，《人民日报》2015 年 12 月 23 日。

② 《习近平：深入学习贯彻党的十九届四中全会精神 提高社会主义现代化国际大都市治理能力和水平》，《人民日报》2019 年 11 月 4 日。

③ 周岚、施嘉泓、丁志刚：《新时代城市治理的实践路径探索——以江苏“美丽宜居城市建设试点”为例》，《城市发展研究》2020 年第 2 期。

④ 吴良镛：《区域规划与人居环境创造》，《城市发展研究》2005 年第 4 期。

性高、环境质量良好、精神文化繁荣、人民满意度高等方面。[①]

（二）“三居四美五城”的建设思路

从城市的复杂性看，美丽宜居城市建设需要系统思维。江苏“三居四美五城”的城市建设思路即体现了系统思维的要求。

围绕“宜居”的“三居递进”。安全包容的安居体系，强调的是政府基本公共服务“普惠性、基础性、兜底性”责任，要构建住房保障体系，让全体人民住有所居；均好共享的适居服务，强调的是以“完整社区”[②]为努力方向，提供均好共享的社区服务；绿色优质的乐居环境，强调的是为城市居民打造品质卓越的绿色宜居环境，建设适用经济美观的绿色建筑，倡导健康文明的生活方式。

围绕“美丽”的“四美与共”。自然秀美，强调的是城市建设发展要以园林绿地系统有机串联城市，实现“让自然融入城市”；人文韵美，强调的是保护城市的历史文化记忆，彰显城市的文化个性，建设有历史记忆、地域特色、民族特点的美丽城市；建设精美，强调的是要以“一代人有一代人的使命”的责任意识，推动精益建造、数字建造、绿色建造、装配式建造等新型建造方式，致力推动“让今天的城市建设成为明天的文化景观”；生活和美，强调的是城市是人民安居乐业的生活空间，通过城市建设精致化、城市管理精细化、城市治理人性化，塑造有序包容、宜居宜业的生活环境，努力把城市建设成为人与人、人与自然和谐共处的美丽家园。

围绕“城市”的“五城相宜”。“五城”，是指安全城市、包容城市、舒适城市、魅力城市和永续城市。安全城市，强调的是城市要为居民生产

---

① 张文忠：《中国宜居城市建设的理论研究及实践思考》，《国际城市规划》2016年第5期。

② “完整社区”的概念由清华大学吴良镛院士较早提出。他指出，人是城市的核心，社区是人最基本的生活场所，社区规划与建设的出发点是基层居民的切身利益，不仅包括住房问题，还包括服务、治安、卫生、教育、对内对外交通、娱乐、文化公园等多方面因素。既包括硬件又包括软件，内涵非常丰富，应是一个“完整社区”（Integrated Community）的概念。完整社区建设既包括创造宜居的社区空间环境，也包括塑造社区共同意识和凝聚力。

生活提供安全的保障，安防网络能抵御或积极应对各种灾害；包容城市，强调的是城市居民享有各得其所的多元化生活环境，要提高新市民的公共服务供给短板，营造全龄友好空间；舒适城市，强调的是城市居民可以便捷享有完善和优质的各项服务，要提升市政基础设施建设质量，建设公交优先和慢行友好城市；魅力城市，强调的是城市形神兼备的吸引力，形成具有独特魅力的城市特色空间体系；永续城市，强调的是不仅要考虑当代人的需要，还要为子孙后代的发展留有空间，不断提升城市的可持续发展能力。①

（三）“三居四美五城”的内在逻辑

“三居递进、四美与共、五城相宜”是有机联系、辩证统一的整体。“三居递进”强调的是老百姓的居住需求，是美丽宜居城市建设的工作原点。从“安居”到“适居”再到“乐居”，从住房到配套公共服务再到生活场所营造，努力为人民群众提供更舒适的居住条件，满足其由基本向高层次演进的居住追求。“四美与共”强调的是城市、人以及周边大自然联结成生命共同体。自然秀美、人文韵美、建设精美、生活和美是“美丽中国”在城市层面的实践探索，是“美美与共”的价值体现。“五城相宜”强调的是美丽宜居城市建设的综合愿景。“安全、包容、舒适、魅力、永续”五方面兼顾物质空间硬环境与经济社会人文软环境，符合人居环境科学和城市发展的世界共识，是国家“五位一体”总体布局在城市层面的具体落实。②

二、 美丽宜居城市建设的重点任务

2022 年 1 月，江苏省政府 2022 年政府工作报告明确提出，加快美丽宜居城市建设，加快城市更新步伐。江苏美丽宜居城市建设的任务框架，

---

① 周岚、施嘉泓、丁志刚：《新时代城市治理的实践路径探索——以江苏“美丽宜居城市建设试点”为例》，《城市发展研究》2020 年第 2 期。

② 周岚、施嘉泓、丁志刚：《新时代城市治理的实践路径探索——以江苏“美丽宜居城市建设试点”为例》，《现代城市研究》2020 年第 2 期。

主要包括美丽宜居城市系统建设、美丽宜居地区集成改善、美丽宜居城市共同创建等重点任务，并明确了建设引导和行动内容，形成了目标导向、问题导向与结果导向的完整闭环。

（一）美丽宜居城市系统建设

住房系统优化、设施水平提高和特色魅力彰显，是美丽宜居城市系统建设的重点任务。

一是推进住房系统优化。针对快速城镇化带来的“城市病”，面向部分城市中低收入群体、新市民青年就业群体等提供可负担住房，稳步推进新市民住房条件改善，探索为流动性大的城市服务人员提供临时住房。例如，宿迁和泰州建设“城市港湾”“城市驿站”，合理拓展复合型设施，为特定人群提供临时休息场所。

二是推进设施水平提高。着力推进公共服务设施提升、交通畅行有序、供水水质提升和安全管控、水环境综合治理、生活垃圾分类和治理、城市公厕提标便民、通信网络优化完善、地下管网升级改善、城市防灾减灾、生态修复和建设等方面工作，促进各类型、各层级公共服务设施合理设置、集约运行，同时兼顾复合利用需求。例如，注意各地黑臭水体整治与沿岸空间环境品质提升的紧密协同。

三是推进特色魅力彰显。着力推进实施历史文化保护传承复兴、公共空间活力培育、滨水空间塑造与品质提升、城市园林绿地功能提升、城市空间特色园区塑造、城市空间界面景观优化、多元文化活动组织、大事件推动建设水平跃升等行动。例如，创新历史空间的活化利用方法，避免“孤岛式保护”，合理植入功能，注重传统营造技艺传承。

（二）美丽宜居地区集成改善

美丽宜居地区集成改善包括住区综合整治和街区整体塑造两方面重点任务。

推动住区综合整治方面，包括老旧小区（住房）系统整治、既有住区改善提升、新建住区建设提标、住区家园共同塑造等行动内容。例如，老旧小区改造从局部、专项、以条为主和多头治理的方式，向综合整治、集成改造、系统推动转变，并结合适老化住区、宜居住区等统筹推动。

推动街区整体塑造方面，针对服务功能和品质活力不足问题，一些城市打破“墙”界，创造共享融合的社区单元，软硬件改善并举，实现环境改善转向家园营造；同时，统筹推进街区安全保障、生活服务提升、日常出行改善、全龄友好、健身空间建设、小微空间改造、城市家具到界面优化等方面的行动内容。

（三）美丽宜居城市共同创建

美丽宜居城市建设包括合力推动提升、体制机制创新、提升建设品质等重点任务。

合力推动提升方面，江苏着力推进优化完善体系、发动群众参与、加强宣传培育、优化制度引导和强化社区治理等行动内容。美丽街区改造过程中，注重广泛发动群众参与意愿征集、共商设计等工作。

体制机制创新方面，江苏探索规划设计水平提升创新、精益建设质量管控、运行管理方式优化、城市综合管理创新、城市更新机制创新等行动内容，推动城市高质量发展和治理能力提升。

提升建设品质方面，江苏探索建立城市总建筑师制度，创新城市设计和建筑设计理念、方法和管理制度，建立建筑设计方案审查、备案制度，深入推进全过程工程咨询和以设计为龙头的工程总承包制度，同时推行设计师负责制等。

（四）美丽宜居城市建设目标

美丽宜居城市建设是改革破题、动态完善、不断提升、长期实践的过程，有待在实践过程中发展完善。

江苏省明确要求，积极探索美丽宜居城市建设的方式方法、标准体系、政策机制，推动建成一批美丽宜居城市建设样板，形成一批可复制、可推广的优秀经验；到 2025 年建成更多美丽宜居住区、街区、小城镇、城市。2035 年时，全省城市基本达到美丽宜居城市的标准，形成一批具有江苏特色、代表江苏水平的美丽宜居城市，让人民群众明显地感受到城市美丽宜居水平不断提升带来的美好生活。[①]

三、 美丽宜居城市的建设模式

2020 年 11 月，习近平总书记在江苏考察时指出，“处理好城市生产生活和生态环境保护的关系，既提高经济发展质量，又提升人民生活品质”[②]。为实现美丽宜居城市的建设目标，江苏积极探索“低碳城市”“智慧城市”“海绵城市”等新模式。

（一） 促进城乡绿色低碳发展

2023 年 7 月，习近平总书记在全国生态环境保护大会上强调，“要加快推动发展方式绿色低碳转型，坚持把绿色低碳发展作为解决生态环境问题的治本之策”[③]。低碳城市是通过消费理念和生活方式的转变，在保证生活质量不断提高的前提下，有助于减少碳排放的城市建设模式和社会发展方式，[④] 是我国美丽宜居城市建设的内在要求，受到各方重视和积极响应。[⑤]

江苏立足“双碳”目标，将绿色低碳发展理念融入城市可持续发展中城乡住房建设领域各项重点工作，并取得积极成效。2023 年 7 月 12 日，南京、常州、淮安、镇江四市获评国家低碳城市试点优良城市。2023 年 6 月 14 日，江苏在全国率先出台《江苏省城乡建设领域碳达峰实施方案》，提出到 2025 年，全省绿色建筑规模总量保持全国最大、建筑碳排放强度

---

① 王晓映、白雪：《美丽江苏建设，“宜居”篇吹响号角》，《新华日报》2020 年 8 月 4 日。

②《习近平在江苏考察时强调 贯彻新发展理念构建新发展格局 推动经济社会高质量发展可持续发展》，《人民日报》2020 年 11 月 15 日。

③《习近平在全国生态环境保护大会上强调 全面推进美丽中国建设 加快推进人与自然和谐共生的现代化》，《人民日报》2023 年 7 月 19 日。

④ 戴亦欣：《中国低碳城市发展的必要性和治理模式分析》，《中国人口·资源与环境》2009 年第 3 期。

⑤ 张泉、叶兴平、陈国伟：《低碳城市规划——一个新的视野》，《城市规划》2010 年第 2 期。

力争全国最低，到2030年，全省住房城乡建设领域完成碳达峰任务。这必将推动江苏城乡建设围绕美好人居的目标进一步向绿色、低碳方向有力转型。

（二）建设新型智慧城市

智慧城市是继数字城市和智能城市后的城市信息化高级形态，是信息化、工业化和城镇化的深度融合，[①] 其核心是以一种更智慧的方法提升城市运行效率和治理水平，为居民创造更美好的城市生活。[②]

2020年4月，习近平总书记在浙江考察时强调，“运用大数据、云计算、区块链、人工智能等前沿技术推动城市管理手段、管理模式、管理理念创新，从数字化到智能化再到智慧化，让城市更聪明一些、更智慧一些，是推动城市治理体系和治理能力现代化的必由之路，前景广阔”[③]。

一是重视顶层设计。江苏先后出台“十四五”期间数字政府、信息化和市政基础设施等方面的发展规划，为推进智慧城市建设指明方向。例如，多部门联合出台《关于加快推进江苏新型城市基础设施建设的实施意见》等政策文件。

二是加快基础设施建设。江苏统一部署实施了“宽带江苏”“光网江苏”“高清江苏”“无线江苏”等重大工程，大力推进5G、IPv6、大数据中心、工业互联网、车联网、北斗导航等新一代信息基础设施建设，探索建设“城市大脑”，已基本实现各市县城区、重点中心镇5G网络全覆盖，夯实新型智慧城市发展根基。

三是强化试点示范。江苏各城市积极申报国家智慧城市建设试点，累计已有20个城市（区、县、镇）获得国家批准成为全国试点城市，数量位居全国各省前列。扬州、淮安和南通3市成为国家首批中欧绿色智慧城

---

① 辜胜阻、杨建武、刘江日：《当前我国智慧城市建设中的问题与对策》，《中国软科学》2013年第6期。

② 巫细波、杨再高：《智慧城市理念与未来城市发展》，《城市发展研究》2010年第11期。

③《习近平在浙江考察时强调：统筹推进疫情防控和经济社会发展工作　奋力实现今年经济社会发展目标任务》，《人民日报》2020年4月2日。

市合作试点。苏州、南京、无锡入选国家智慧城市基础设施与智能网联汽车协同发展试点城市。

（三）建设自然存积、自然渗透、自然净化的海绵城市

海绵城市，是立足我国水情特征，为解决资源短缺、水质污染、洪水、城市内涝、地下水位下降、水生物栖息地丧失等问题，提出的一个更为综合全面的解决方案。[①] 2013 年 12 月，习近平总书记在中央城镇化工作会议上的重要讲话中强调，“在提升城市排水系统时要优先考虑把有限的雨水留下来，优先考虑更多利用自然力量排水，建设自然积存、自然渗透、自然净化的‘海绵城市’”[②]。

2015 年，江苏在全国率先出台《关于推进海绵城市建设的实施意见》，组建江苏海绵城市技术中心，加强对海绵城市建设的技术支撑。2016 年，全省全面启动海绵城市建设省级试点示范创建工作，首批确定了常州、苏州昆山等 9 个省级试点城市和 15 个示范项目。2018 年，江苏省委、省政府将海绵城市建设纳入“高质量发展”指标体系，为全面推进海绵城市建设提供了积极引导。

截至 2020 年，江苏已累计建设 500 多个海绵城市示范项目，无锡、常州、苏州昆山等 14 市被确定为省级海绵城市试点城市。全省城市建成区 20％以上的面积基本达到海绵城市要求，有望到 2030 年全省城市建成区 80％以上的面积达到海绵城市要求。

四、美丽宜居城市建设的典型示范

美丽宜居城市建设的核心在于基于不同阶段人与自然和谐共生的需求，重塑城市空间及功能，这可以从徐州这一资源型城市的蝶变、苏州平江社区历史文化街区的改造，以及扬州公园城市等典型示范中得到印证。

百年煤城华丽蝶变——徐州荣膺“联合国人居奖”。2017 年 12 月，习

---

① 仇保兴：《海绵城市（LID）的内涵、途径与展望》，《建设科技》2015 年第 1 期。

② 习近平：《十八大以来重要文献选编》（上），中央文献出版社 2014 年版，第 603 页。

近平总书记在徐州考察时强调，“要让人民过上幸福美好的生活”。百年煤城徐州的华丽蝶变，积极践行了这一要求。徐州是一座生态欠账严重的百年煤城，由于早期粗放式的开发，留下了2万多公顷的采煤塌陷区。为全力打造生态宜居城市，变“生态疮疤”为“城市亮点”，徐州研究制定生态修复技术标准，大力开展生态环境建设，并注重通过系统性的城市改造来全面提升城市人居环境。①

擦亮古城“新名片”——苏州平江历史文化街区的整体保护与更新发展。2023年7月，习近平总书记在江苏考察时强调，“平江历史文化街区是传承弘扬中华优秀传统文化、加强社会主义精神文明建设的宝贵财富，要保护好、挖掘好、运用好，不仅要在物质形式上传承好，更要在心里传承好”②。

“一条平江路，半座姑苏城”，全长1 606米的平江路，被称为“没有围墙的江南文化博物馆”，是苏州古城迄今保存最典型、最完整的历史文化保护区。苏州细化明确古建老宅活化利用功能定位，纵深推进古城整体保护更新，促进古城环境面貌日渐优美、公共配套日益完善、交通组织日趋合理、百姓居住环境不断改善，贡献了古城保护的“苏州方案”。例如，潘祖荫故居完成了从古建老宅到现代商业酒店、文化活动场所的精彩蝶变，荣获联合国教科文组织颁发的“2023亚太文化遗产保护奖优秀奖”。③

让“好地方”好上加好——扬州宜居名城建设。2020年11月，习近平总书记在扬州考察调研时指出，“扬州是个好地方，依水而建、缘水而兴、因水而美，是国家重要历史文化名城”④。“美丽宜居城市建设”是打造“好地方”扬州的内在要求和重要支撑。2022年，扬州市世界运河城市论坛升格为国家级并成功举办，被授予“运河城市实施联合国2030可持续

① 王岩、张涛：《一场调研，解码百年煤城蝶变新路》，《新华日报》2023年11月23日。

②《习近平在江苏考察时强调 在推进中国式现代化中走在前、做示范 谱写“强富美高”新江苏现代化建设新篇章》，《人民日报》2023年7月8日。

③ 张威：《平江老宅获联合国教科文组织奖项》，《苏州日报》2023年12月23日。

④《习近平在江苏考察时强调 贯彻新发展理念构建新发展格局 推动经济社会高质量发展可持续发展》，《人民日报》2020年11月15日。

发展议程样板城市”称号，入选全省长江国家文化公园重点项目 2 个。

围绕国内著名、国际知名、业界盛名，扬州正致力打造文脉彰显、文旅融合的旅游目的地，争创国家级旅游休闲城市。例如，“扬州东关街园宅保护与传承复兴项目”荣获 2023 年度联合国教科文组织亚太地区文化遗产保护奖杰出奖。[①]

第三节

建设新时代鱼米之乡

“务农重本，国之大纲。”中华民族历来重视农业农村。改善农村人居环境，事关广大农民根本福祉，事关农民群众健康，事关美丽中国建设。特色田园乡村是既有现代文明、又具田园风光的美丽乡村。习近平总书记指出：“要把保护传承和开发利用有机结合起来，把我国农耕文明优秀遗产和现代文明要素结合起来，赋予新的时代内涵，让中华优秀传统文化生生不息，让我国历史悠久的农耕文明在新时代展现其魅力和风采。”[②]江苏作为拥有悠久历史的农耕文化地区，也是我国乡村建设的“率先区”，建设特色田园乡村无疑是基于省情的实践探索，是打造新时代鱼米之乡、谱写乡村现代化的江苏样本、为建设宜居宜业和美乡村贡献“江苏智慧”的重要路径。[③]

近十年来，江苏紧扣“特色”“田园”“乡村”三大要旨，推动特色田园乡村建设。一方面，注重乡村差异性、多样性的凸显，多角度、全方位

---

① 杨名院、张孔生：《扬州古城保护项目获评亚太地区文化遗产保护奖“杰出奖”》，《扬州日报》2023 年 12 月 25 日。

② 中央农村工作领导小组办公室：《习近平关于“三农”工作的重要论述学习读本》，人民出版社，中国农业出版社 2023 年版，第 118 页。

③ 严铸、李红波：《建设新时代鱼米之乡的地方实践——江苏特色田园乡村建设路径分析》，《城乡建设》2023 年第 12 期。

发掘省内各具特色的乡村聚落形态、资源禀赋和地域文化，培育村落的独特气质；另一方面，基于人们对田园生活的向往，着力保留乡村田园风貌，塑造具有乡土韵味的居住家园；同时统筹利用乡村的多元价值，促进优质资源要素向乡村流动，推动乡村文明的复兴，让村民享受到更好的公共服务，过上更有品质的生活。①

一、 特色田园乡村建设的主要特征

特色田园乡村不是简单地复制过去的乡村建设模式，也不是简单的乡村美化行动，它既是展现社会主义新农村建设成效的直观窗口，又是传承乡愁记忆和农耕文明的当代表达，也是农村发展“一村一品”和生态保护修复的空间载体，其建设过程还是组织发动农民、强化基层党建、培育新乡贤、提高社会治理水平、重塑乡村凝聚力的有效途径。习近平总书记指出，“环境好了，生活才能更好。良好的人居环境是广大农民的殷切期盼，要坚持绿色发展，打造农民安居乐业的美丽家园，让良好生态成为乡村振兴的支撑点”②。为此，推动出台了《江苏省特色田园乡村示范区建设指南（2022 年版）》《特色田园乡村建设标准》《江苏省特色田园乡村评价命名标准》，为特色田园乡村建设指明了建设方向和建设要点。

（一） 构筑体现江苏聚落特征的乡村居住格局

江苏大部位于长江中下游平原，地形以平原和丘陵为主，湖泊河流纵横交错，水网密布。其中，中部及南部地势平坦、水网密布，形成星罗棋布的散居聚落；在河道稀少的苏北地区，则更适合建设大量人口聚居的乡村聚落。③ 从而在平原、平原水网、沿海平原、湖滨江滨、沿海山地和低山丘陵等不同地带，总体遵循着顺河而居、依山就势、以水为界的聚落特

① 张伟、许珊珊、袁晓霄：《工业化后期乡村振兴的创新实践——浅议江苏特色田园乡村建设》，《共享与品质——2018 中国城市规划年会论文集（18 乡村规划）》，中国城市规划学会、杭州市人民政府，2018 年。

② 习近平：《打造农民安居乐业的美丽家园》，新华网，2023 年 6 月 20 日，http://www.news.cn/politics/2023-06/20/c_1129707793.htm。

③ 金其铭：《农村聚落地理研究——以江苏省为例》，《地理研究》1982 年第 3 期。

征，这些聚落特征是在长期的农业生产和农村发展过程中形成的，体现着农村聚落与自然环境的融合共生。

特色田园乡村建设要充分尊重江苏省在地形地貌和水资源分布上的自然地理特征，继承原有村庄和山水林田湖草等自然要素有机融合的关系；继承一贯的人地和谐理念，在村庄建设工程中巧妙利用山体、水体等自然基底，因形就势规划农房、公共活动与街巷用地；合理控制村庄规模，对大规模聚居点实施组团化布局，将河流水系、树林植被与人造的道路网络结合起来，使得村庄生活生产空间与自然环境共生共融，将绿水青山的起伏环绕与人居建筑、阡陌贯穿的错落有致结合在一起，彼此映衬，展现自然人文结合之美。

（二）把公共基础设施建设的重点放在农村

习近平总书记强调，要“继续把公共基础设施建设的重点放在农村”[①]。农村的基础设施、公共服务短板，是农村居民长期的急难愁盼问题。[②] 2024年中央一号文件也明确要求推进农村基础设施补短板。特色田园乡村建设，在契合乡村地区的景观特征和社会经济基础的前提下，积极建设满足村民生活需要和产业发展需求的基础设施和公共服务设施，并形成了集交通设施、垃圾处理、污水处理、卫生厕所、水电基础、公共服务等于一体的系统化评价标准。

（三）孕育地方村落的独特气质与性格

特色田园乡村建设要在文化传承上留住乡村的“魂”，“留得住青山绿水，记得住乡愁”。充分发掘乡村的个性和特色，融入生态文化、历史文化、民俗文化等元素，才能根牢魂定，孕育出村落的独特气质与性格。[③]

① 《习近平在中央农村工作会议上强调　坚持把解决好“三农”问题作为全党工作重中之重　促进农业高质高效乡村宜居宜业农民富裕富足》，《人民日报》2020年12月30日。

② 周人杰：《提升农业农村基础设施水平》，《人民日报》2022年11月23日。

③ 王伟健：《乡村复兴，守住文明之根——江苏建设特色田园乡村观察》，《人民日报》2017年9月1日。

对于村庄已有的乡土文化遗产，如祠堂、民居等传统建筑，就其建筑形式进行公共化或景观化改造，如将旧民居改造为图书馆、村民活动室等公共空间；对于历史街巷，采取原址保护原则将其肌理引入新的村庄布局中，实现古今协调；对于传统手工艺、地方戏曲等文化传统，注重开展对应的文化教育和传统技艺培训。通过数字化、信息化建设，以新媒体平台推动乡土文化走出当地，形成更好的“乡愁”传播体系。①

（四）让良好生态成为乡村振兴的支撑点

农业农村绿色发展，是建设宜居环境、守住乡愁的需要。乡村振兴必须保护生态环境，乡村产业发展必须是绿色发展。当前江苏的村庄治理在空气污染治理、河塘污染治理和绿化建设等方面还存在明显的不足，与村民对乡村环境的高期望之间还有差距。② 据此，江苏积极加强乡村生态环境建设。

特色田园乡村建设在规划上，严格控制村庄开发建设区域，坚决守好生态红线，限制污染源头；保护和修复村庄主要水源地，连通河道沟塘，清理淤积，重现“碧水”；持续打好农业农村污染治理攻坚战，一体化推进乡村生态保护修复；扎实推进化肥农药减量增效，推广种养循环模式。

（五）让农村既充满活力又稳定有序

2022 年 12 月的中央农村工作会议上，习近平总书记强调，要完善党组织领导的自治、法治、德治相结合的乡村治理体系，让农村既充满活力又稳定有序。③

特色田园乡村建设的核心是人，乡村复兴的目的也是人。在保障农民权益不受损的前提下，特色田园乡村建设围绕“集体强”“乡风好”的总体目标，提升乡村基层治理能力，塑造富有特色的新乡贤文化，汇聚集体

① 张海梅、王昕：《文化认同视角下江苏省特色田园乡村建设研究》，《农村经济与科技》2019 年第 8 期。

② 张萌、郑华伟、高春雨等：《基于农民主体视角的村庄环境整治满意度研究——以江苏省 4 个地区的调查为例》，《中国农业资源与区划》2018 年第 4 期。

③《习近平在中央农村工作会议上强调　锚定建设农业强国目标　切实抓好农业农村工作》，《人民日报》2022 年 12 月 25 日。

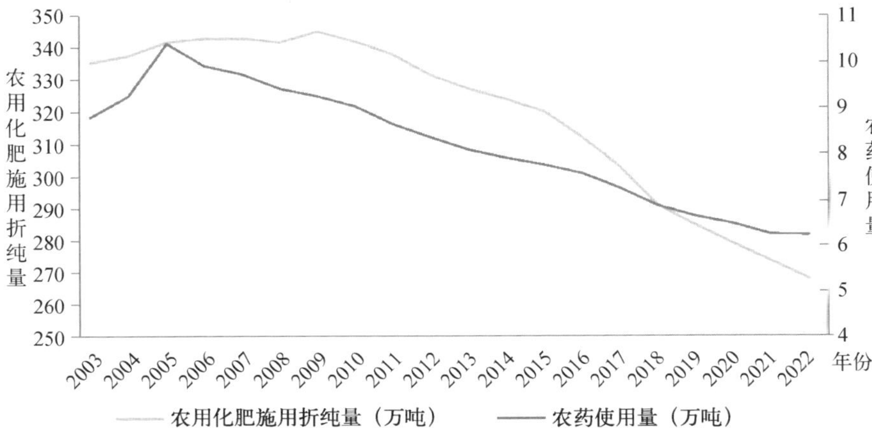

图 8－1　2003—2022 年江苏省农用化肥与农药用量变化图

经济组织、社会资本、地方政府等更多元的共建力量。充分发挥村民主体作用，增强村民的参与度和获得感。开展新时代文明实践工作，促进社会文明，丰富乡村文化活动，发动村民自觉整治自家环境、维护村庄公共环境，营造友好、融洽的乡风民风，塑造“特色治理”典型。①

（六）让产业兴旺推动乡村振兴

产业兴旺是乡村振兴的重要基础，是解决农村一切问题的前提。② 只有加快发展乡村产业，实现乡村产业振兴，才能更好推动农业全面升级、农村全面进步、农民全面发展。特色田园乡村建设从振兴农业和推动创新产业向农村集聚两个方面着手，发展乡村特色产业。

习近平总书记深刻指出：“中国人的饭碗任何时候都要牢牢端在自己手中，我们的饭碗应该主要装中国粮。”③ 要用仅占全球 9％的耕地养活占全球人口 20％的中国人，就必须发展好农业，留得住农民，保护好耕地和

① 严铸、李红波：《建设新时代鱼米之乡的地方实践——江苏特色田园乡村建设路径分析》，《城乡建设》2023 年第 12 期。

② 《国务院关于促进乡村产业振兴的指导意见》，《农民日报》2019 年 6 月 28 日。

③ 习近平：《正确认识和把握我国发展重大理论和实践问题》，《求是》2022 年第 10 期。

乡村空间。[①] 为此，江苏通过引入现代农业技术，促进农业产业链整合，形成特色农业竞争力，发掘农业的多元价值，将更多农业发展的利益留给农民、留在农村。

随着田园风光、山水景观越来越成为稀缺资源，广袤的乡村地区越来越受到人才的青睐，也蕴含着建设创新型乡村的巨大潜力。例如，依托全省发达的专业分工市场、便利的交通基础设施与物流产业，结合电子商务和农业、乡村工业以及手工艺产品的“淘宝村”，便是创新型特色田园乡村的一抹亮色。[②]

二、 特色田园乡村建设的主要模式

2024 年中央一号文件明确要求，坚持产业兴农、质量兴农、绿色兴农，加快构建粮经饲统筹、农林牧渔并举、产加销贯通、农文旅融合的现代乡村产业体系，把农业建成现代化大产业。鼓励各地因地制宜大力发展特色产业，支持打造乡土特色品牌。从乡村资源禀赋的差异与重点特色产业的选择来看，江苏初步形成了特色田园乡村建设的四种模式。

（一） 特色农业型

农业是乡村的根本，乡村振兴的关键在于乡村产业的振兴。“一方水土养一方风物”，江苏拥有丰饶优质的农林渔业特色产品资源，这是乡村振兴的重要本土资源依托。如苏州市昆山市巴城镇武神潭村、无锡市惠山区阳山镇前寺舍村、连云港市连云区高公岛村的特色田园乡村建设，分别与阳澄湖大闸蟹、阳山水蜜桃、高公岛紫菜等农产品地理标识品牌的塑造有机联动，实现了守住“农本”基础上的时代发展和进步。[③]

通过引入现代科学技术，改变传统农业“望天吃饭”的短板。通过纵

---

① 周岚、崔曙平、曲秀丽：《特色田园乡村：乡村建设行动的江苏实践》，《城乡建设》2021 年第 6 期。

② 周静、杨紫悦、高文：《电子商务经济下江苏省淘宝村发展特征及其动力机制分析》，《城市发展研究》2017 年第 2 期。

③ 周岚、崔曙平、曲秀丽：《特色田园乡村：乡村建设行动的江苏实践》，《城乡建设》2021 年第 6 期。

向整合，建立从田头生产、农产品加工到体验式乡村旅游和乡村文化消费的"1+2+3"产业链条。如徐州市铁富镇姚庄村围绕银杏这"一棵树"资源，推动形成生物制药、保健品、休闲食品和洗化用品等银杏深加工产业，逐步形成了集育苗、种植、销售、加工、旅游观光于一体的银杏全产业链。

互联网的发展拉近了农业生产与农业消费的距离，推动了乡村市场向其他区域的延伸拓展。如宿迁市沭阳县庙头镇仲楼村花木种植产业"上网"后，仅2020年就实现了销售额9 000万元，成了名副其实的"淘宝花木第一村"。

（二）特色工业型

乡镇工业在江苏的发展由来已久。早在1984年，费孝通先生阐述"苏南模式"时就指出，江苏乡镇通过政府主导发展集体经济，以实现乡村地区工业化。[①] 而伴随着市场化的推进，尤其是在江苏作为沿海省份逐步扩大对外开放的背景下，这些规模不大、各自为政、品类同化、污染明显的乡镇工业逐渐衰落。

特色工业型是对原有乡村工业进行转型发展，探索新苏南模式的特色田园乡村建设模式。这种模式在经济增长方式、产权制度、产业结构等方面均发生了根本性的革新和演进。在经济增长方式上，从原本消化农村剩余劳动力推动内生型增长转变为以外经、外贸、外资"三外"为主的外向型增长；在产权制度上，将原本模糊不清的集体所有制经济改制为产权明晰的混合经济模式；在发展路径上，推崇二三产业并举，减少污染绿色发展，推进乡村综合有效治理，实现城市与乡村"五位一体"（经济、政治、文化、社会、生态）的融合协调发展。[②]

---

① 费孝通：《小城镇·再探索》，《瞭望周刊》1984年第23期。

② 武小龙、谭清美：《新苏南模式：乡村振兴的一个解释框架》，《华中农业大学学报（社会科学版）》2019年第2期。

（三）特色文化型

“我国农耕文明源远流长、博大精深，是中华优秀传统文化的根”①。特色文化型特色田园乡村是指文化传承突出，具有保存完好的历史遗迹、民俗和传统技艺等文化资源，能够通过将村庄特色改造为旅游资源，发展服务经济、体验经济，实现文化和经济协调发展的乡村。

田野纵横、阡陌交织、鸡犬相闻的江苏“三生融合”乡村环境，正吸引着越来越多的城市居民下乡体验。例如，南京市江宁区江宁街道黄龙岘村围绕自身特色茶产业，营造“茶文化”环境，将赏茶园、采茶叶、观制茶、品美茶等对生产链条的体验和展示作为旅游产品推出，使游客可以深入了解村庄的生活情景，体味茶产业的悠然意境。

乡土民俗、红色丰碑、名人故里、传统手工，无一不是重要的文化传承，也不乏在今日重焕光彩的能力。如徐州市贾汪区马庄村通过传承振兴“徐州香包”这一国家级非物质文化遗产，建立民俗文化手工艺合作社。2017 年 12 月 12 日，习近平总书记在马庄村考察时便连连称赞村民制作的手工香包“真不错”“很精致”，并亲自掏腰包“捧场”，正印证了优秀传统文化的不朽魅力。②

艺术家群体在乡村中的聚集，也促进了当代文化艺术事业在乡土中的茁壮成长。如苏州市昆山市锦溪镇祝家甸村乡村砖窑博物馆，以“轻介入”的现代设计手法表现了乡村工业遗产之美，展陈再现了传统金砖制作的文化魅力，成为广受年轻人喜爱的“网红”建筑，不仅推动了乡村历史遗存的当代创新利用，还带动了当地文化创意产业的同步发展，激发了村民建设乡村家园的自主积极性。③

---

① 习近平：《把乡村振兴战略作为新时代“三农”工作总抓手》，《求是》2019 年第 11 期。

② 赵久龙、郑生竹：《“‘小香包’成为我们致富的‘金荷包’”》，《新华日报》2022 年 7 月 5 日。

③ 崔愷、郭海鞍、张笛等：《江苏省苏州市昆山市锦溪乡祝家甸村砖厂改造》，《小城镇建设》2017 年第 10 期。

（四）特色生态型

优美的自然风光、清新的空气和生机勃勃的自然生态系统，是山水田园诗意栖居的重要禀赋。特色生态型乡村借助当地自然环境特征，配套完善公共服务设施，开展山水田林湖草沙生态保护和修复工程，使乡村焕然一新的特色生态映入千家万户的眼中。

自然环境的变换多姿、四时各异，造就了春赏百花夏观荷、秋看红叶漫山坡的宜人景观，是乡村旅游的特色名片。通过文旅融合、农旅联动、体旅结合等多元举措，特色田园乡村建设推动单季的乡村旅游向全季性的产业模式转变。例如，苏州常熟市董浜镇观智村天主堂自然村利用自身紧邻泥仓溇省级湿地公园的优势，在积极保护和修复湿地资源的基础上，发展以观鸟为特色的生态旅游业、生态摄影产业，同时带动了当地农产品销售。

经济相对落后、交通不便的边远农村地区，特色田园乡村建设从各村庄之间的关联性和互动性入手，“各司其职、各尽其责”，以特色资源活化作为纽带，强化组团耦合，合力塑造“空间连绵、相互关联、优势互动”的特色田园乡村整体示范区。如南京市高淳区三条垄—青山片区将小茅山脚村、垄上村、大仁凹村、周泗涧村四个个体面积小、人口少、产业基础差、文化辐射力弱的行政村整合规划，以道路基础设施建设为先导，统一配备教育、医疗、环保等公共服务，实现建设示范“点”连成旅游观光“线”，建成两山示范“区”。仅 2020 年国庆假期便吸引游客逾 10 万人次。[①]

三、特色田园乡村建设的典型案例

“实现乡村振兴是前无古人、后无来者的伟大创举，没有现成的、可照抄照搬的经验。”[②] 各地在千差万别的自然和社会经济发展条件基础上，

① 王飞：《践行“两山”理论的特色田园乡村建设路径探究——以高淳三条垄—青山片区为例》，《现代城市研究》2021 年第 8 期。

② 习近平：《把乡村振兴战略作为新时代“三农”工作总抓手》，《求是》2019 年第 11 期。

坚持改革创新、大胆探索，在生态文明、以人为本等思想指引下，同步推动环境美化、物质改善和乡村经济社会发展转型，实现了江苏农村的“大变样”。江苏始终将“中国要强农业必须强，中国要美农村必须美，中国要富农民必须富”[①]当作农村建设工作指引，为解决乡村发展问题提供了江苏经验。

案例8-1　“小渔村”的新生活——扬州市沿湖村渔旅融合发展之路

扬州市邗江区方巷镇沿湖村位于邵伯湖西岸，村域面积4 760亩，其中水域面积达1 820亩，耕地仅364.5亩，常住人口1 588人，人均耕地仅0.22亩，是区内唯一从事渔业生产的行政村。在实施渔民上岸工程和被选为特色田园乡村试点后，沿湖村已先后获评“国家级最美渔村”“中国特色村”“江苏省最美渔村”等荣誉称号。

沿湖村的居民大多是在荒乱年代逃难聚集于此的难民后代，曾主要依靠捕捞和养殖为生，村里交通出行极为不便，配套设施严重短缺。2017年特色田园乡村建设工作开始后，村庄利用域内丰富的湿地、水产、鸟类等自然资源，依托勾连纵横的水体设计多样化的人居空间，并发展以捕捞、养殖水产和坑塘农业为主的特色农业，将原本约束村庄发展的湖泊坑塘变为渔民创业增收的聚宝盆。2021年，沿湖村旅游收入达2 800万元，村集体收入达245万元，渔民人均收入从10年前的不足6 000元增加到3.4万元。[②]

沿湖村的发展之路是基于深化发掘自身“渔”文化基础对自然环境、产业布局进行科学规划治理，在改善生活环境的同时一二三产齐头并进，共融于精心设计的美丽景观中。村中各处荷叶轻摇，柳条飘飘，“渔旅”提携，往来不绝，一扫渔村脏乱差的刻板印象，实现了

① 《习近平主持农村改革座谈会：加大推进新形势下农村改革力度，促进农业基础稳固农民安居乐业》，《人民日报》2016年4月29日。

② 《扬州沿湖村：“退”出好生态，唱响“渔家傲”》，《新华日报》2022年11月8日。

从“以渔为生”到“以游为业”的华丽蝶变。①

案例 8－2 江苏省人居环境范例奖——苏州市万丰村村庄环境整治项目

万丰村地处苏州太仓市城厢镇最北端，全村在册人口 2 581 人，农户 801 户，是一个典型的农业大村，又具有“伴城伴乡”的优势区位条件。2022 年，万丰村村庄环境整治项目荣获江苏省人居环境范例奖。②

“进可入世，退可归田”是万丰村特色田园乡村建设工作的真实写照。“进可入世”是指万丰村产业兴旺。万丰村建立育种基地，建设循环农业，建成特色产业，培育民宿经济，带动农户参与自主经营。“退可归田”则来源于依托万亩稻田打造的“良田美池桑竹”的特色大地景观和邻里之间“鸡犬相闻，往来种作，黄发垂髫，怡然自乐”的和谐社会环境。

聚焦人居环境，在建设美丽乡村、优化农村人居环境的各项建设任务中，万丰村探索了“1 个办法，2 项机制，5 支队伍”（“125”工程）的模式。③ 制定并实施《人居环境积分管理办法》，将人居环境职责落实到户；结合正向激励和反向约束并重的“两项机制”，发放积分奖励，设置美丽庭院、文明家庭等荣誉；充分利用好村“两委”班子队伍、党员队伍、集体经济组织、村民组长和村民代表队伍共“五支队伍”，动员全村踊跃参与，打好人居环境整治提升“组合拳”。

案例 8－3 边远村庄的绿色转型——连云港市西棘荡村

西棘荡村原本是江苏和山东交界的边远村庄，自 1998 年发展循环经济以来，实现了由弱变强、由乱到治，成了人人欣羡的乡村振兴“样板村”，先后获评“全国文明村”“全国生态文化村”“江苏省最美乡村”。

① 马爱平、张洁茹：《扬州沿湖村：从“渔花子村”蜕变“最美渔村”》，《科技日报》2023 年 9 月 21 日。

② 《现代田园 魅力乡村——跟着地名看太仓乡村振兴发展》，苏州地名网，2023 年 7 月 17 日，www.szdmw.com/PgShow_381.html。

③ 《乡村如诗 田园入画柴塘绘就“安居乐业图”》，苏州市人民政府网，2023 年 2 月 14 日，www.suzhou.gov.cn/tetyxcjs/sdfc/202302/0e49dbcfa985460dad851c2840456f1c.shtml。

最初，西棘荡村荆棘丛生、交通闭塞，农民在土坷垃里刨食，靠天吃饭。20世纪八九十年代，西棘荡村吸引社会资本加入，建设了尼龙颗粒加工厂，为全村人提供了脱贫致富的机会，还吸引了其他村庄的村民前来务工。但工业生产带领村民致富的同时，也带来了生态环境恶化等问题。

2016年，在“绿水青山就是金山银山”的理念指导下，西棘荡实行“支部＋公司＋农户”模式，让废旧渔网加工迈上集聚化、园区化、集约化、绿色化发展之路，建设规范的产业园，整顿产能，寻求在价值链上的继续突破。村庄由此迈入低碳环保的新时期，并成长为全国最大的尼龙颗粒加工专业村，每年“吃”掉全国80％以上的废旧渔网，全村90％以上劳动力从事尼龙颗粒加工，吸引包括周边农民1 600人创业就业，成了片区的经济“强引擎”。乡村振兴，产业是基础，2023年西棘荡村尼龙颗粒加工产业年产值突破20.4亿元。①

从边远落后的苏鲁边界“胳肢窝”，到发展尼龙加工业走向富裕的工业村，再到环境宜人、村风优良的特色田园乡村，西棘荡村走出了一条创业富民、转型发展的特色乡村振兴道路。未来，西棘荡村将共同打造一个产业更强、村庄更美、百姓更富的乡村，带领乡亲们过更好的日子。

---

① 吉凤竹：《建强基层组织探索共富新路》，《新华日报》2024年1月16日。

第九章

“环境美”的良法善治

善治之美是“环境美”的重要组成部分，也是现代环境治理体系建设的本质要求。2020年，中共中央办公厅、国务院办公厅印发了《关于构建现代环境治理体系的指导意见》，明确要求，到2025年，建立健全环境治理的领导责任体系、企业责任体系、全民行动体系、监管体系、市场体系、信用体系、法律法规政策体系，落实各类主体责任，提高市场主体和公众参与的积极性，形成导向清晰、决策科学、执行有力、激励有效、多元参与、良性互动的环境治理体系。为此，江苏省积极探索“环境美”的良法善治，努力构建符合省情的生态环境治理现代化新机制。

第一节
守护好诗意栖居的“鱼米之乡”

“日出江花红胜火，春来江水绿如蓝。能不忆江南?”2013年3月，习近平总书记在参加十二届全国人大一次会议江苏代表团审议时，引用唐代诗人白居易的诗句盛赞江苏美景。守护好诗意栖居的“鱼米之乡”，既是最普惠的民生福祉，也是最深层的竞争力。十年来，江苏省委、省政府落实习近平总书记对江苏工作重要讲话重要指示精神，始终胸怀“国之大者”，切实增强“答卷意识”，坚决扛起生态文明建设的政治责任。

一、全省域试行生态环境治理能力建设

作为与生态环境部共建的生态环境治理体系和治理能力现代化试点省、全国生态环保制度综合改革试点省，江苏坚持用最严格制度最严密法治保护生态环境，不断提升生态环境治理体系和治理能力现代化水平，在全国率先出台《江苏省生态环境监测条例》《江苏省生态环境保护督察工作规定》，率先完成生态环境监测监察执法垂直管理制度改革，率先建立省级环境监察专员制度。着力推进环境基础设施提档升级，全面提升全省

城镇污水处理、危险废物处置能力；完善资源环境权益市场交易体系，推进排污权、用能权、用水权、碳排放权市场化交易，有效配置环境资源，建立生态产品价值实现机制，推行水断面双向补偿，激发各地治污动力；加快构建完善生态环境治理体系，切实把制度优势转化为治理效能。

通过一项项创新举措，江苏省探索出一条源头治理与集中攻坚并重、污染防治与生态修复并举、能力建设与制度创新并进的生态文明建设之路，努力把“环境美”新江苏打造成为美丽中国的生动注脚和现实样板，为现代化建设新征程上更高标准落实习近平生态文明思想、更高水平推进生态文明建设奠定坚实基础、积累宝贵经验、提供深刻启示。

二、 高质量完成美丽江苏建设阶段性答卷

省委、省政府高度重视美丽江苏建设，制定了《美丽江苏建设总体规划（2021—2035年）》，提出了美丽江苏建设的目标愿景、重点任务和关键举措。在美丽中国建设过程中，江苏有责任、有能力走在前列、争创典范，并取得积极成效。

擦亮“绿色”的底色，筑牢美丽江苏的自然生态本底。近十年来，江苏不断加大生态修复力度，严守自然生态安全边界：自然保护地面积占陆域国土面积的比例增长超过一倍；坚决打好污染防治攻坚战，生态环境质量明显好转：地级及以上城市空气质量优良天数比例、地表水水质优良（达到或好于Ⅲ类）比例均有明显提高；地级及以上城市细颗粒物（$PM_{2.5}$）浓度、地级及以上城市可吸入颗粒（PM_{10}）浓度明显下降；2022年，地表水劣Ⅴ类水体完全消除，受污染耕地安全利用率达到97.1%。

点亮“幸福”的暖色，提升美丽江苏的生活宜居指数。近十年来，江苏多措并举，积极打造宜居城市与美丽田园乡村，取得了明显成效：地级及以上城市集中式饮用水水源地水质达标率保持稳定；城市建成区绿化覆盖率有所提高；城镇常住人口保障性住房覆盖率显著提高；农村卫生厕所普及率有所提高。2022年，城镇生活污水集中收集率达到75.4%，农村生活污水处理和综合利用率达到42.3%，生活垃圾分类集中处理率达

到 94%。

刻画"流动"的线条，彰显美丽江苏的水韵人文特色。江苏之美，大半在于水。近年来，把传承"水韵江苏"独特生态文化作为担当新的文化使命的重要实践：湿地保护率与水土保持率有所提高；文化产业增加值占地区生产总值比重、全民阅读指数、社会文明程度测评指数均有提高；2022 年，人均接受公共文化场馆服务次数为 4.89 次/年，劳动年龄人口平均受教育年限为 11.5 年。

绘就"融合"的蓝图，突出美丽江苏的绿色发展之路。近十年来，江苏坚持生态优先、绿色发展，绿色已然成为江苏高质量发展的鲜明底色：2022 年化肥施用总量实现负增长；单位地区生产总值能源消耗、单位地区生产总值用水量大幅下降；2023 年农膜回收率为 89.5%；绿色防控覆盖率明显提高；高新技术产业产值占规模以上工业产值比重由 2013 年的 38.5%增长至 2023 年的 49.9%。

表 9-1　美丽江苏指标体系完成度对比

分类	序号	指标	单位	2013 年	2023 年
自然生态	1	森林覆盖率	%	15.80	15.20（2022 年）
	2	自然保护地面积占陆域国土面积比例	%	3.90	8.30（2022 年）
	3	重点生物物种种数保护率	%	—	—
	4	地级及以上城市空气质量优良天数比例	%	60.30	79.60
	5	地级及以上城市细颗粒物（$PM_{2.5}$）浓度	微克/立方米	73	33
	6	地级及以上城市可吸入颗粒（PM_{10}）浓度	微克/立方米	115	53（2022 年）
	7	地表水水质优良（达到或好于Ⅲ类）比例	%	45.80	92.40

续表

分类	序号	指标	单位	2013 年	2023 年
自然生态	8	地表水劣Ⅴ类水体比例	%	2.40	0 (2022 年)
	9	污染地块安全利用率	%	—	—
	10	受污染耕地安全利用率	%	—	97.10 (2022 年)
城乡宜居	11	地级及以上城市集中式饮用水水源地水质达标率	%	99.98	99.2 (截至 2023 年 11 月底)
	12	城镇生活污水集中收集率	%	—	75.40 (2022 年)
	13	农村生活污水处理和综合利用率	%	—	42.30 (2022 年)
	14	生活垃圾分类集中处理率	%	—	94.00 (2022 年)
	15	城市建成区绿化覆盖率	%	42.40	43.90 (2022 年)
	16	农村卫生厕所普及率	%	94.00	95.00 (2021 年)
	17	城镇常住人口保障性住房覆盖率	%	10.60 (2011 年)	26.79 (2022 年)
	18	美丽宜居镇村建成率	%	—	—
	19	养老助困服务保障水平	%	—	—
水韵人文	20	湿地保护率	%	36.5	47.60
	21	水土保持率	%	94.70	97.89 (2022 年)
	22	文化产业增加值占地区生产总值比重	%	4.57	5.10 (2022 年)
	23	全民阅读指数	—	71.83 (2019 年)	75.84 (2022 年)

续表

分类	序号	指标	单位	2013 年	2023 年
	24	人均接受公共文化场馆服务次数	次/年	—	4.89（2022 年）
	25	社会文明程度测评指数	—	86.25（2015 年）	90.48（2022 年）
	26	劳动年龄人口平均受教育年限	年	—	11.50（2022 年）
绿色发展	27	农膜回收率	%	—	89.50
	28	化肥施用总量	万吨	326.83（负增长）	270.14（2022 年）
	29	绿色防控覆盖率	%	24.0（2015 年）	54.1
	30	单位地区生产总值能源消耗降低	吨/万元	0.51	0.39（2022 年）
	31	单位地区生产总值二氧化碳排放降低	吨/元	1.19	—
	32	单位地区生产总值用水量降低	立方米/万元	84.30	33.60（2022 年）
	33	高新技术产业产值占规模以上工业产值比重	%	38.50	49.90

资料来源：《美丽江苏建设总体规划（2021—2035 年）》。

第二节

筑牢生态环境保护的“铁栅栏”

生态环境治理体系和治理能力现代化是完善和发展中国特色社会主义制度、推进国家治理体系和治理能力现代化的生态环境关切。[①] 十年来，

① 张静：《新时代生态环境治理体系视域下的共建共治共享研究》，《西南大学学报（社会科学版）》2023 年第 6 期。

江苏积极落实生态文明建设的各项要求，筑牢生态环境保护的“铁栅栏”，率先与生态环境部开展部省共建合作机制，探索出一条生态环境治理体系和治理能力现代化的“江苏路径”。

一、 率先探路生态环境领域部省共建

江苏人多地少、资源缺乏、环境容量小，加之长期粗放式发展，环境制约问题呈现早、爆发集中。在此背景下，2019 年 3 月，生态环境部与省政府签署《部省共建生态环境治理体系和治理能力现代化试点省合作框架协议》，江苏成为全国唯一的生态环境治理体系和治理能力现代化部省共建试点省，这也是全国首次在生态环境治理体系和治理能力建设方面的部省共建。①

（一） 为全国生态环境治理探路

生态环境部与江苏按照先行先试、共建共享、合作创新原则，建立部省合作机制，目标经过三到五年努力，江苏补短板、调结构、优环境取得积极成效，生态环境质量显著改善，生态环境监管、法治、经济政策、改革创新走在全国前列，成为全国最严格制度最严密法治保护生态环境的示范区、突出环境问题系统治理的标杆区、生态环境损害赔偿制度实践的引领区，为全国生态环境治理体系和治理能力现代化建设积累经验、提供示范。②

2019 年 11 月，生态环境部、江苏省政府召开部省共建生态环境治理体系和治理能力现代化试点省第一次联席会议，推动共建合作事项落地见效；2020 年 12 月，生态环境部、江苏省政府召开部省共建生态环境治理体系和治理能力现代化试点省第二次联席会议，进一步明确江苏“率先”的目标定位，积极为全国生态环境治理现代化探索“江苏经验”；2021 年，生态环境部与江苏省政府共同制定《部省共建生态环境治理体系和治理能

① 吴琼：《全国唯一，江苏如何先行先试》，《新华日报》2019 年 3 月 29 日。
② 吴琼：《全国唯一，江苏如何先行先试》，《新华日报》2019 年 3 月 29 日。

力现代化试点省合作任务清单》，明确 9 大类[①] 32 项合作任务；2023 年 11 月，生态环境部与江苏省政府签署《以高品质生态环境支撑高质量发展 加快推进人与自然和谐共生的现代化》合作协议，双方将在加强习近平生态文明思想宣传研究阐释和创新实践、加快推动绿色低碳高质量发展、深入打好污染防治攻坚战、高标准推进生态环境基础设施建设、提升生态环境治理能力等方面开展合作。

（二）现代环境治理体系走在全国前列

江苏牢牢把握部省共建生态环境治理体系和治理能力现代化重大机遇，形成了一批改革成果，为治污攻坚战提供了有力武器，也为进一步改善全省生态环境质量、更好服务高质量发展夯实了基础。2022 年第二轮中央生态环境保护督察充分肯定江苏工作，认为江苏现代环境治理体系建设走在全国前列。[②]

建立差别化激励机制，激发企业减排的内生动力。率先建立公开透明、自动评价、实时滚动的信用评价体系，以环保信用分级分类为抓手推动生态环境领域精细化管理，对于失信企业实施部门联合惩戒，倒逼企业承担环境保护主体责任；对守信企业给予激励政策，促进企业良性发展。[③] 2000 年，在全国首个开展企业环境行为评级，确立绿蓝黄红黑五色等级制度；2013 年，出台企业环保信用评价管理办法及标准；2015 年，率先实施环保信用差别电价政策；2018 年，出台《江苏省秋冬季错峰生产及重污染天气应急管控停限产豁免管理办法（试行）》，在全国率先将环保治理水平领先的企业纳入应急管控豁免名单，免予执行停限产措施；2021 年，在环境监管领域建立正面清单体系，对正面清单企业不主动进行现场调研

① 9 大类合作任务指：系统开展生态环境修复和保护、深入打好污染防治攻坚战、共抓长江大保护、切实抓好太湖等重点流域综合治理、坚定不移推动产业转型升级、扎实推进美丽江苏建设、不断健全生态文明体系、着力提升江苏生态环境治理体系和治理能力现代化水平。

② 王峻峰：《美好江苏　十年一新》，《江苏经济报》2022 年 7 月 2 日。

③《江苏：以环保信用分级分类为抓手推动生态环境领域监管更加精准化》，《新华日报》2022 年 1 月 24 日。

指导，做到“无事不扰”。

建立“厅市会商”机制，帮助地方解决难题。“厅市会商”机制是江苏省在全国率先建立、服务地方高质量发展的一项创新性举措。2018 年以来，江苏省生态环境厅聚焦地方发展中面临的重大项目落地、产业转型升级、基础设施建设等关键环节，先后与连云港、南通、盐城、常州、无锡等地通过共同研究、共同会商的方式，提出一系列的支持政策、措施，指导地方“减污扩容”，助力地方高质量发展。其中，与无锡市联合出台《关于支持江阴建设生态环境治理现代化县域示范的意见》，全力支持江阴印染、钢铁、化工等传统行业转型升级，解决绿色发展难题[①]；与盐城市签订绿色低碳发展示范区合作共建框架协议，支持盐城建设绿色制造之城、绿色能源之城、绿色生态之城、绿色宜居之城，推动生态文明建设在全省作出示范[②]。

建立“金环对话”机制，创新绿色金融模式。通过搭建政府部门、金融机构、企业以及行业协会间的沟通交流机制，架起生态环境保护和金融发展之间的桥梁，有效破解绿色金融产品不丰富、信息不对称等难题。[③]2018 年，在全国率先推出“环保贷”业务，设立 4 亿元风险补偿资金池；2022 年，对“环保贷”进行全面优化升级，通过扩大补偿资金池，增加合作银行数量，建立省市联动共享机制等一系列举措，将“环保贷”作为子产品纳入“江苏省普惠金融发展风险补偿基金”管理。为支持生态环境基础设施建设，充分发挥融资担保机构风险分担作用；2022 年 6 月，创新推出“环保担”政策，采取政府、再担保集团和金融机构三方风险共担的方式，实现与“环保贷”双轨并行、功能互补。[④]

（三）筑牢基底，治理能力再上新台阶

近年来，江苏从提高生态环境基础设施建设水平、提升生态环境监测

① 《共同支持江阴建设生态环境治理现代化县域示范》，《江阴日报》2023 年 2 月 8 日。

② 《省生态环境厅与我市签署绿色低碳发展示范区合作共建框架协议》，《盐阜大众报》2023 年 1 月 15 日。

③ 夏宁博：《金环对话：江苏的绿色金融模式》，《中国环境报》2022 年 2 月 22 日。

④ 夏宁博：《绿色金融赋能绿色发展 江苏生态环境系统惠企纾困稳经济出实招》，《新华日报》2023 年 1 月 15 日。

监控能力、服务高质量发展能力着手，主动思考、对接嵌入，实现服务集成，围绕补齐环境治理能力短板，谋划实施了一批重大环境基础设施项目，同时配套出台扶持政策，鼓励企业提升治污能力，实现生态环境治理能力跨越式提升。

完善生态环境基础设施建设。2020年以来，江苏在全国率先开展“绿岛”建设试点，按照“集约建设、共享治污”的理念，建设可供多个市场主体共享的环保基础设施，实现污染物统一收集、集中治理，帮助中小企业降低治污成本，截至2023年9月，累计建成154个项目，惠及3万多家中小企业，这一做法已被写入国务院印发的《“十四五”节能减排综合工作方案》。此外，江苏还积极开展生态安全缓冲区建设，将城镇污水处理厂尾水接入人工湿地，利用生态自净功能进一步降低污染排放，以最优成本改善环境质量。[①] 2022年4月，发布全国首个省级生态环境领域基础设施专项规划——《江苏省“十四五”生态环境基础设施建设规划》，加快生态环境基础设施建设。

加强生态环境监测监控系统建设。2020年，建成由4 331个测点组成的$PM_{2.5}$网格化监测系统，形成了覆盖全省的3千米×3千米的大气监测网络；累计建有联网的地表水水质自动监测站641个，实现全省重要水体、重点断面及各级行政单元水、气自动监测的全覆盖。2019年，江苏省环境监测中心获得“生态环境部卫星环境应用中心长三角分中心”授牌；建成泰州卫星生态环境应用示范基地，实现长江流域江苏段应用全覆盖。

服务高质量发展能力建设。2020年，江苏出台生态环境部门保护企业产权“23条”、畜禽养殖“9条”等系列文件，支持各类市场主体快速发展。2021年7月，印发《江苏省工业园区（集中区）污染物排放限值限量管理工作方案（试行）》，率先对168家省级以上工业园区实施污染物排放限值限量管理，实行环境质量、排放总量“双管控”，通过减存量、严

① 王天琦：《探出生态环境治理现代化的“江苏路径”》，《群众》2020年第22期。

增量等方式，助推园区实现“腾笼换鸟”，推动高质量项目落地。[①] 同年，印发《关于实施绿色发展领军企业计划的意见》，提出每年发展 100 家左右绿色发展领军企业的目标，相关企业可在财税政策支持、环境管理服务、包容审慎监管等方面获得激励。2022 年 10 月，出台《关于优化排污总量指标管理服务高质量发展的意见》，建立排污总量指标省市县三级储备库，指导地方腾出和盘活排污指标，支持优质重大项目建设。

二、 下好生态环境执法“先手棋”

制度是生态环境保护的根本遵循，法治是生态环境治理的重要基石。十年来，江苏始终坚持“立改废”并举，全面推进生态环境法规建设。

（一） 增强生态环境立法实效

江苏坚持问题导向，针对经济社会转型发展中亟须解决的突出环境问题，在生态环境立法领域深化“放管服”改革，为打好污染防治攻坚战和推动经济高质量发展提供法制支撑。

开展生态环境监测领域地方创制性立法。为有效推进生态环境监测从数量规模型向质量效能型跨越，提高生态环境监测现代化水平，江苏以创制性立法固化改革成果和实践经验。2020 年，江苏省十三届人大常委会第十三次会议审议通过了《江苏省生态环境监测条例》，有效破解了自动监测监控数据不能用于行政处罚等实践难题，成为生态环境监测领域全国第一部地方性法规，为全国生态环境监测条例的出台奠定了良好的基础。

开展水污染防治总纲性立法。针对地处长江、淮河流域下游的区位特征，面对流域环境容量小、排放强度高的双重压力，江苏从 20 世纪 90 年代开始结合水污染防治区域立法探索，分别制定了太湖、长江、通榆河等水污染防治条例，饮用水、湖泊、水库等保护以及农业农村、船舶港口、渔业养殖类污染治理等单项性法规。但随着水污染防治工作的深入推进，

① 《江苏推进工业园区污染物排放限值限量管理工作》，江苏省生态环境厅官网，2022 年 3 月 26 日，http://sthjt.jiangsu.gov.cn/art/2022/3/16/art_84025_10381088.html。

亟须出台一部综合性法规来总揽工作。为此，2020 年 11 月，颁布了《江苏省水污染防治条例》，围绕水污染防治体系和能力建设，进一步强调监管需要，在标准与规划、监管制度和措施、特殊水体保护以及区域环境协作等方面都作了明确规定。

率先开展生态文明宣传教育地方立法。党的十八大以来，国家高度重视生态文明教育工作。为进一步提高公众生态环境保护意识，在全社会树立生态文明价值观念和行为准则，2022 年 6 月，颁布《江苏省生态文明教育促进办法》，以生态文明教育立法的形式，推动构建生态环境社会行动体系，这也是全国首部以生态文明教育命名的地方立法，明确了生态文明教育是全社会责任，同时设立生态文明教育宣传周，为推进“环境美”建设筑牢社会基础。[①]

（二）深化生态环境损害赔偿改革

2018 年以来，江苏先行先试，积极开展生态环境损害赔偿制度改革试点，构建独具特色的生态环境损害赔偿“1＋7＋1”制度体系。截至 2022 年年底，全省累计受理生态环境损害赔偿案件 3 767 件，涉案总金额 11.32 亿元，[②] 案例数和赔偿总额均居全国前列；苏州高新区某企业渗排电镀废水生态环境损害赔偿案、苏州市昆山某纸塑公司非法倾倒废有机溶剂生态环境损害赔偿案先后入选全国“生态环境损害赔偿磋商十大典型案例”[③④]。

完善制度体系。制定《江苏省生态环境损害赔偿制度改革实施方案》及 7 部配套文件、1 部审理指南，出台全国首个省级层面政府贯彻实施民

① 《〈江苏省生态文明教育促进办法〉9 月 1 日起施行》，《新华日报》2022 年 9 月 1 日。

② 王静：《环境有价，损害担责，江苏出台新意见》，《新华日报》2023 年 2 月 27 日。

③ 《生态环境损害赔偿磋商十大典型案例》，中华人民共和国生态环境部官网，2020 年 4 月，https://www.mee.gov.cn/home/ztbd/2022/sthjpf/sthjshpcdxal/202206/P020220630449855916873.pdf。

④ 《生态环境部公布第三批生态环境损害赔偿磋商十大典型案例》，中华人民共和国生态环境部官网，2023 年 10 月 13 日，https://www.mee.gov.cn/ywgz/fgbz/sthjshpczd/202310/t20231013_1043094.shtml。

法典的专门性文件《关于贯彻实施〈中华人民共和国民法典〉的意见》等，建立健全生态环境损害赔偿制度体系。《江苏省土壤污染防治条例》则是在全国范围内首次将生态环境损害赔偿的磋商程序要求写入地方性法规。

强化部门联动。省生态环境厅、省检察院联合印发《关于加强生态环境损害赔偿与检察公益诉讼衔接机制的实施意见》，省自然资源厅、省农业农村厅等部门分别印发推进自然资源领域生态环境损害赔偿制度改革、加强农业领域生态环境损害赔偿工作的通知，通过部门间的有效衔接联动开展工作。如，2020 年 6 月，南通市水利局与非法采砂行为人达成 11 份生态环境损害赔偿协议，是全国水利系统首例长江非法采砂生态环境损害赔偿案例。①

丰富赔偿形式。截至 2022 年年底，江苏累计办结生态环境损害赔偿案件 2 683 件，其中已开展修复 1 310 件，涉案金额 4.56 亿元。如常州市创新提出以生态环境损害赔偿资金建设便民汽车充电桩的替代修复形式。

（三） 完善生态环境标准体系建设

生态环境标准是行政监管和技术理性的结合。2019 年 3 月，江苏在全国范围内首次提出百项生态环境标准的制定计划，印发了《江苏省生态环境标准体系建设实施方案（2018—2022 年）》，提出研究制（修）订环境质量标准、污染物排放标准、环境监测方法、管理规范、工程规范及实施评估等六类生态环境标准项目 100 项，包含了水、大气、土壤、固废污染防治，以及企业与工业园区监管、环境健康风险管控、自然生态保护、智慧监测监控等各个方面。

对包括池塘养殖等农业领域，化工、制药、铅蓄电池、水泥、燃煤电厂、生物制药、半导体等工业领域，以及农村和城镇污水处理等环境治理

① 《南通市水利局 2020 年“以案释法”案例（一）：非法采砂生态环境损害赔偿案》，南通市水利局官网，2020 年 6 月 1 日，http://slj.nantong.gov.cn/ntslj/gggs/content/adb3539c-ed7a-4583-8372-73c5224c8a97.html。

领域进行重点管控，在全国及长三角水平上进一步收紧新发布的部分污染物排放标准。例如，池塘养殖尾水排放限值中悬浮物、总磷较国家标准收紧20%左右；工业涂装工序大气污染物排放标准，非甲烷总烃、总挥发性有机物、苯、苯系物、颗粒物排放限值较浙江地方标准收紧17%—67%；苯、苯系物、非甲烷总烃排放限值较上海地方标准收紧17%—50%。据不完全统计，地方标准实施后，水污染物排放方面每年预计减排化学需氧量10.31万吨、氨氮2.15万吨、总氮0.39万吨、总磷0.049万吨；大气污染防治方面预计每年减排13.91万吨挥发性有机物、10.76万吨颗粒物、2.19万吨二氧化硫、3.94万吨氮氧化物，为改善环境空气质量和$PM_{2.5}$浓度达标提供了有力保障。[①]

三、 打好生态环境执法“组合拳”

2023年，在全国生态环境保护大会上，习近平总书记指出，要“统筹各领域资源，汇聚各方面力量，打好法治、市场、科技、政策‘组合拳’”[②]。这为江苏在新时代新征程上继续大力推进生态文明建设，统筹推进生态文明建设、生态环境执法提供了根本遵循。

（一） 率先建立省级生态环保督察制度

生态环保督察制度是我国生态文明建设领域的特色创新，是在习近平生态文明思想指引下的成功实践范例。[③] 2016年、2018年、2022年中央环境保护督察组分别对我省进行了第一轮中央环境保护督察、第一轮中央环境督察整改情况“回头看”、第二轮中央生态环境保护督察，系统指出了一批突出生态环境问题，开出具有针对性的整改“良方”。江苏则以壮士断腕的勇气直面问题与不足，在立查立改、即知即改中，坚定了“不要带

① 《下活法治一盘棋　深入打好污染防治攻坚战》，《新华日报》2022年1月20日。

② 《习近平在全国生态环境保护大会上强调　全面推进美丽中国建设　加快推进人与自然和谐共生的现代化》，《人民日报》2023年7月19日。

③ 刘细良、孙幼龄：《新时代生态环保督察制度的独创发展与价值意蕴》，《福建论坛（人文社会科学版）》2022年第6期。

污染的GDP”的鲜明导向和打好污染防治攻坚战的决心。借鉴中央生态环境保护督察工作模式，率先建立省级环保督察制度，分四批实现了全省13个设区市督察“全覆盖”，依托专员办理、强化派驻监察和专项督察，压紧压实生态环境保护责任。

（二）率先建立“2+N”重大案件联合查处机制，强化执法力度

2018年5月，习近平总书记在全国生态环境保护大会上指出：“要建设一支生态环境保护铁军，政治强、本领高、作风硬、敢担当，特别能吃苦、特别能战斗、特别能奉献。”① 为此，江苏省按照“全员、全年、全过程”要求，扎实开展生态环境保护执法大练兵活动，全面加强执法体系和执法能力建设，建立“2＋N”重大环境案件联合调查处理机制，着力锻造生态环保铁军“主力部队”。如，2020年4月，成立省级生态环境执法重案组，查处环境违法大案要案，实行“一案一组”，回应人民群众环境诉求，坚决打击严重破坏生态环境违法犯罪行为。② 2021年11月，省生态环境厅联合省公安厅印发《关于开展污染环境违法犯罪现场一体化联动执法的意见》，制定《江苏省保护和奖励生态环境违法行为举报人的若干规定》，调动全社会力量共同遏制生态环境违法犯罪行为；联合省委组织部、人社厅印发的《江苏省生态环境执法办案人员奖励实施办法》，激励执法人员“敢于执法、善于执法、高效执法”，执法力度明显增强，执法效能持续提升。

（三）创新实施生态环境非现场执法，提升执法效能

科技赋能，创新执法模式，深入推进非现场监管执法，打造江苏样板，提升监管执法效能。出台首部地方性监测法规《江苏省生态环境监测条例》，明确自动监测数据用于行政处罚的法律效力，为“非现场”执法

---

①《习近平：坚决打好污染防治攻坚战　推动生态文明建设迈上新台阶》，《人民日报》2018年5月20日。

②《江苏“一案一组”精准打击违法犯罪行为》，中华人民共和国生态环境部官网，2020年7月14日，https://www.mee.gov.cn/ywdt/dfnews/202007/t20200714_789234.shtml。

夯实法制基础。制定《关于加快推进生态环境非现场监管的意见》，建立“1＋N”制度体系[①]，对线索归集分析、远程问询调查、证据整理固定、数据执法应用、行政立案处罚等进行全流程改造。升级生态环境智慧监管平台，全面加强监测监控和溯源分析能力。2022年，全省查办的超标排放案件中，利用在线监测数据立案查处的达780件，占比超过50％。[②]

第三节

探索美丽江苏的社会共治

共治，即共同参与社会治理，生态文明建设和美丽中国建设离不开全社会共同参与。国家高度重视构建环境治理全民行动体系。党的十九大报告提出，要构建政府为主导、企业为主体、社会组织和公众共同参与的环境治理体系。2020年，中共中央办公厅、国务院办公厅发布《关于构建现代环境治理体系的指导意见》，明确提出要健全环境治理全民行动体系。在“环境美”的社会共治方面，江苏一直走在全国前列。

一、 率先探索保护与发展协调模式

江苏始终聚焦美丽江苏建设重点工作，率先探索环境保护与经济社会协调发展模式。充分发挥河长制多部门联动优势，全域推进幸福河湖建设，率先走出一条经济发展和生态文明相辅相成、相得益彰的河湖治理保护新路径。[③] 积极落实国家重大决策，实施长江十年禁渔，率先开展长江禁渔、长江干流江苏段禁钓等立法工作。紧抓京杭大运河沿线生态保护契

① “1＋N”制度体系：“1”是出台《关于加快推进生态环境非现场监管的意见》，“N”是配套出台若干个制度规范标准等。

②《科技助力执法 监管服务并举 江苏生态环境优化营商环境打造执法新格局》，江苏省生态环境厅官网，2023年1月16日，http://sthjt.jiangsu.gov.cn/art/2023/1/16/art_84025_10728197.html。

③ 许海燕、王静、吴琼等：《实干争先，让美丽江苏可触可感可享》，《新华日报》2023年9月15日。

机，以“生态+”模式带动经济发展，率先建立乡村振兴新模式。

（一）率先设立“河长制”推进河湖治理

单个河湖的生态环境治理是一个系统性工程。2008 年 6 月，江苏省政府在太湖流域全面推广无锡市首创的“河长制”。《关于在太湖主要入湖河流实行双河长制的通知》标志着江苏正式对 15 条入湖河流实行“双河长制”管理，每条入湖河流由省、市两级领导共同担任河长，[①] 取得积极成效。南通焦港、苏州吴江区长漾湖入选国家幸福河湖建设试点；苏州七浦塘获评第二届最美家乡河；常州等地推进幸福小微水体整村成片治理。[②] 2022 年，淮安市河湖长制工作经验——打造幸福运河“百里画廊”获水利部充分肯定，以专版简报形式在全国宣传推广。[③]

“河长制”是新时代中国特色社会主义治水道路和全面依法治国的有效探索。[④] 不过当前河长制与流域协同治理之间仍然存在不协调问题。我国流域治理主要以属地划分和分级管理原则为准绳，将流域自上而下逐级切割，将河流治理职责落实到地方的党政负责人身上，形成了由不同层级地方政府河长负责的流域单元，导致流域内不同区域间存在一定的利益冲突；此外，河长制在制度设计过程中从上而下实现“首长承包制”，也存在极大的“人治”隐患。河长制的未来创新需要强化河长制背景下流域协同治理收益，需要促进跨界水污染生态补偿与经济赔偿机制，同时建立健全跨域协同治理激励制度，建立正式协作治理规范以降低交易风险。同时加快建设跨域河长协同治理制度，促进河长绩效评估制度科学化；构建多方联动的流域治理网络以减少交易成本。进一步加强河长间的信息共享力度，建立更全面、更综合、更智能的信息共享平台，营造公众参与流域治

① 杭春燕：《江苏省首创“河长制”将在全国全面推行》，《新华日报》2016 年 12 月 14 日。

② 曹卢杰：《经济发展和生态文明相辅相成、相得益彰！江苏全域推进幸福河湖建设，走出河湖治理保护新路子》，《扬子晚报》2023 年 9 月 12 日。

③《水利部批示全国推广江苏省淮安市河长制经验》，《中国水利报》2022 年 1 月 20 日。

④ 陈美璇、傅晓华、孙名浩：《论河长制的理论基础与实践创新》，《中南林业科技大学学报（社会科学版）》2018 年第 2 期。

理的良好社会氛围。[①]

（二）率先立法推动长江禁渔

长江十年禁渔，是长江大保护的历史性、标志性、示范性工程。党的二十大报告强调，要“实施好长江十年禁渔”。长江禁捕退捕工作开展以来，江苏省人大修订《江苏省渔业管理条例》，在全国率先将长江禁渔、长江干流江苏段禁钓等写入地方性法规；通过《江苏省就业促进条例》，将“退捕渔民”群体纳入就业援助。不断强化长三角区域执法协作：安徽省、南京市联合开展长江禁捕省市联合执法检查暨苏皖联合执法行动，江苏联合上海、安徽和浙江开展长三角“三省一市”长江禁捕联合执法行动。[②]

2021 年 1 月 1 日起，长江流域重点水域渔民全部退捕上岸，正式开启“十年禁渔”，从区域协同、社会参与、渔政执法三方面完善禁捕管理长效机制。主要包括：增强区域协调治理和上下游协同共治，建立区域联动的执法监管体系和司法合作机制，加强长江上、中、下游主要干流、支流、湖泊的协调治理；持续做好退捕渔民转产就业、住房、医疗、养老等安置工作，充分保障渔民的合法权益；借助智能设备实现全时空、全覆盖、全过程、全方位的立体监管体系，进一步加强违法捕捞监管力度，构建群管群护监管格局。[③]

（三）构建“生态+”模式的经济发展新机制

良好生态是乡村振兴的重要支撑点。习近平总书记强调，乡村振兴要在产业生态化和生态产业化上下功夫，继续做强做大有机农产品生产、乡村旅游、休闲农业等产业，搞好非物质文化遗产传承，推动巩固拓展脱贫

---

① 卫雪晴：《河长制背景下流域协同治理问题探讨——基于共容利益理论》，《四川环境》2021 年第 1 期。

② 丁蔚文：《江苏长江禁捕交出年度成绩单》，《新华日报》2023 年 1 月 20 日。

③ 杨杨、吴娟、陈廷贵：《长江禁捕退捕政策的演进逻辑与实践路径——基于政策文本分析的视角》，《中国农业资源与区划》2023 年第 7 期。

攻坚成果同乡村全面振兴有效衔接。[①] 十年来，江苏坚持生态惠民、生态利民、生态为民，发展生态低碳农业，探索形成了以乡村旅游、休闲农业等为重要内容的生态产业。鼓励乡村依托山水林田湖草资源，不断拓展生态产品价值实现途径，推动生态资源转化为富民资本，让“绿水青山”底色更亮，“金山银山”成色更足。

扬州邗江区方巷镇沿湖村是扬州市唯一纯渔民居住的渔业行政村。2007 年，以保护京杭大运河沿线生态为契机，沿湖村大力推进渔民上岸工程，通过政府、企业、社会等多方共同参与和协同努力，沿湖村积极开展“退养还湖”等生态保护修复工作，以“渔业＋”模式丰富生态旅游业态，延长生态产业链，实现了生态保护与渔民脱贫双赢，成了一个“绿富美”乡村，获得“国家级最美渔村”“全国乡村旅游重点村”等称号，为其他地区的乡村振兴提供了有益的参考。

二、 构筑生态环境保护社会共治大格局

多元主体共同参与的治理格局是生态环境治理能力现代化的社会基础，也是生态环境治理体系和治理能力现代化的必然要求。[②] 近年来，江苏从制度建设到科学普及多措并举，积极整合政府的带头引领优势、企业的市场竞争优势、社会组织的服务供给优势以及群团组织的群众动员优势，全力构筑生态环境保护的良好社会共治环境，全面推进生态文明建设，不断加快美丽江苏建设。

（一）政府主导，制度引领

江苏一贯注重环保理念和制度在生态环境工作中的引领作用。在全国率先划定省级生态保护红线，配套出台监管考核和生态补偿办法；率先开展排污权有偿使用和交易试点，发挥市场机制有效调配环境资源的

---

① 《习近平在海南考察时强调　解放思想开拓创新团结奋斗攻坚克难　加快建设具有世界影响力的中国特色自由贸易港》，《人民日报》2022 年 4 月 14 日。

② 孔凡斌、王苓、徐彩瑶等：《中国生态环境治理体系和治理能力现代化：理论解析、实践评价与研究展望》，《管理学刊》2022 年第 5 期。

作用；率先实行水断面“双向补偿”，运用经济杠杆工具激发各地治污动力；率先推进企业环保信用评价，配套实施差别水价电价政策；率先启动生态环境损害赔偿制度改革，累计启动赔偿案件数量居全国前列；率先建成污染防治综合监管平台，实现省市县乡四级贯通，政府相关部门全联通。[①] 此外，江苏各地还结合实际情况，实现了地方生态环境制度的创新。例如，南通市率先出台生态环境损害惩罚性赔偿规定，受理生态环境损害赔偿案件数居全国地级市之首，以法润绿，探索多类别、跨区域、有特色的案件办理模式，并强化部门联动，以检察机关力量助推惩罚性赔偿要求落实到位。

（二）企业响应，绿色转型

企业是生态环境保护的重要责任主体。为了构筑一个更加宜居、可持续发展的社会，当前绿色低碳转型成为企业履行社会责任的必答题。江苏省内企业积极增加新技术、新装备和新型服务的供给，探索新的合作模式与交易类型，攻克碳捕捉、碳封存和碳利用等绿色低碳技术，推动江苏绿色低碳产业发展。如江苏国信集团开展了百万千瓦机组扩建项目以节能和提高能效；中储智运通过智能配对算法模型构筑循环运输网络，降低碳排放，促进绿色可持续发展；国家能源集团江苏公司完成绿电交易成交电量创历史新高，有效满足了下游用户绿电需求，为建设绿色智慧能源企业打下基础。

（三）以绿育人，知行合一

青少年是生态文明教育的重点对象。《江苏省生态文明教育促进办法》明确规定了生态文明教育是全社会的责任。2022 年 9 月 1 日起，江苏省各地中小学将课堂作为主阵地，通过建立科学、完备的学校生态教育系统，让中小学生在潜移默化中形成生态自觉，逐步提升生态文明素养。同时，

① 朱达：《“两个唯一”“六个率先”　江苏生态环境保护制度机制建设全国领先》，人民网，2021 年 5 月 27 日，http://js.people.com.cn/n2/2021/0527/c360304-34748556.html。

在江苏各高校也日益加强生态文明教育力度。南京大学、南京信息工程大学等约40所省内高校开设了生态学、环境生态工程等80多个生态文明相关的专业，其中20多个专业入选了国家级一流专业。

（四）社会参与，共建共享

紧抓部省共建生态环境治理体系和治理能力现代化试点省的重大机遇，江苏省生态环境厅、文明办、教育厅、文化和旅游厅等四部门共同评选“江苏省生态文明教育实践基地”，通过共建共享共学，加强各实践基地间的联系与交流，丰富实践基地的作用和功能。除了生态文明教育实践基地，其他生态景区、社会组织也积极参与到生态文明宣传教育活动中。如淮安市白马湖国家湿地公园持续丰富宣教功能，打造独具特色的白马湖湿地科普馆和自然教室，让生态文明教育与农耕劳作、非遗体验等传统文化有机结合，并与淮安市图书馆、市少儿图书馆、中小学联合开展“生态文明教育”公益课堂。

三、立足“三问于民”，共建宜居家园

2023年3月13日，国务院总理李强在出席记者会并回答中外记者提问时要求，“推动各级干部多到一线去，问需于民、问计于民，向人民群众学习，真正帮助基层解决实际问题”。民生连着民心，民心凝聚民力。民生实事承载着人民群众对美好生活的向往，办好民生实事是践行以人民为中心的发展思想的实际行动，也是提升人民群众获得感、幸福感、安全感的重要举措。[①]

（一）问需于民，居民是环境的“决策者”

问需于民，要了解群众的疾苦和期盼，要站稳人民立场，善听民声，聚焦“痛点”“堵点”“难点”，主动担当作为，切实帮助群众解决“急难盼愁”问题。政府应当通过多种渠道广泛征求民众对居住环境和社区建设

① 孟亚生：《民生实事要问需于民办民所需》，《新华日报》2022年11月4日。

的意见和建议。如“江苏环保网”开设教育实践活动网页，增设网上专栏，畅通群众反馈意见的路径；围绕群众反映强烈的问题，有针对性地开展座谈会；此外，还特别委托新华社江苏分社开展手机短信问卷调查。围绕群众反映的城市“黑臭”河道问题，对全省各市县 1 627 条城市河道进行了系统排查，梳理筛选 313 条河道作为治理重点，并将公众感受作为评价各地工作成效的重要指标。[①]

问需于民，要耐心倾听群众心声，收集好群众的心愿；要用心解决群众困难，落实好群众的心事。通过多种途径收集群众的需求和诉求，梳理出亟须解决的生态环境问题，时刻把群众的困难和诉求装在心中，落实在行动中。推进“环境美”建设，主动问需于民，了解人民群众对生活环境的期盼，方能聚焦人居生活环境，在治理环境污染和增绿扩绿上下功夫，努力擦亮生态文明建设的人民底色。

（二）问计于民，居民是环境的“建设者”

问计于民，就是把群众当作老师，汲取工作智慧，使居民成为环境的“建设者”，凝聚广泛共识，交出江苏“环境美”的最佳答卷。如组织召开《江苏省太湖流域水环境综合治理规划（2021—2035 年）》公众参与座谈会，就规划内容面对面征求太湖流域五市公众代表的意见。与会代表就流域协同治理、企业转型升级和优化布局、农村污水长效治理、环保与法制宣传、信息公开等方面提出了意见和建议。泰州市马桥镇人大主席团针对江平路（水洞港—六圩港）建设污水管网项目，邀请选民代表参加项目议事会，合力解决部分路段存在的管线交叉和污水管道施工迁移沿线绿化两大难题，切实增强群众的获得感、幸福感、安全感。

要想真正做到问计于民，需要注意以下几点：一是完善公众参与的途径。畅通问计于民的渠道，建立问计于民的平台，积极主动向群众公布问计电话热线、电子邮箱或交流网页，安排专人受理社会各界反馈意见。二

① 范圣楠：《问渠那得清如许，江苏城市河道整治“进行时”》，《江苏环境》2014 年第 4 期。

是扩宽群众参与的广度。生态环境治理涉及不同群体，为此要注意广泛征求不同群体对“环境美”建设工作的意见与建议。三是重视群众意见采纳的时效性。事前公开听取建议，事中征求意见，事后做好反馈，不断提升服务群众的能力和水平。

（三）问效于民，居民是环境的“评卷人”

问效于民，就是把群众当裁判，检验工作实效，实现生态环境治理和群众满意的“共进共赢”。生态环境保护工作中充分考虑群众的需求和意见，不仅有利于发挥优势、弥补不足，更有助于做好后续工作，巩固改善环境的成果。如苏州大运河流域此前因码头违建、废水直排等问题，造成大运河水体悬浮物浓度过高等问题，造成环境的严重污染。对此，整治行动结束后公开听证接受专家和群众评议，经过检察机关与政府职能部门间的协同合作以及所涉企业的积极配合，相关水环境问题整治行动及时、精准、成效明显，涉案区域水质达到了相关标准的要求。

坚持问效于民，是使“环境美”建设与群众形成利益共享、建立良好互动关系的重要途径。一是要积极鼓励群众参与，充分调动群众的积极性、主动性、创造性，构筑起共建共治共享的环境治理新格局。二是要敢于接受群众监督，促使生态环境保护工作提质增效、补齐短板。三是要时刻以群众的满意度为评价标尺，特别是在与群众关系密切的生态环境等领域，主动将群众满不满意作为检验工作成效的根本标准，并在实践中“对症下药”、攻坚克难。

第四节
创新美丽江苏的市场机制

生态文明建设，不仅要依靠法治手段和行政手段，经济手段也非常关键。生态产品作为生态文明建设精神的具象化抓手，其价值市场化是使资源环境由外生变量转变为内生动力的重要途径，能够有效突破传统资本运营的思维局限。近年来，江苏积极创新生态产品的市场化供给方式，在生态资源权益交易、生态产品产业化经营等方面进行了一系列有益探索。

一、全面实行排污权交易制度

排污权交易是指在污染物排放总量控制指标确定的条件下，利用市场机制，建立合法的污染物排放权利即排污权，并允许这种权利像商品那样被买入和卖出，以此来控制污染物的排放，从而达到减少排放量、保护环境的目的。近年来，在污染排放水平仍处于高位、减排潜力进一步收窄的压力下，充分发挥排污权交易制度的市场调节作用、提高排污权交易制度的活力和效率变得更为迫切。① 江苏是全国范围内最早开展排污权交易试点的地区之一。1999 年，原国家环保总局与美国环保局选定南通市为试点基地之一，开展“运用市场机制减少二氧化硫排放研究”的合作项目。②二十多年来，江苏以点带面，积极推进排污权交易，在减少全省排污总量方面发挥了积极作用。

---

① 田欣、刘露迪、闫楠等：《我国排污权交易制度运行进展、挑战与对策研究》，《中国环境管理》2023 年第 2 期。

② 赵春玲、杨桐彬：《江苏排污权交易理论实践与对策研究》，《南京财经大学学报》2016 年第 2 期。

（一）试点先行，探索排污权多元化交易

2007年，太湖蓝藻环保事件发生后，在原国家环保总局的支持下，江苏在太湖流域的无锡、常州、苏州，镇江的句容、丹阳，以及南京的高淳县（今高淳区）开展主要水污染物排放指标初始有偿使用和交易试点。在试点示范带动下，江苏各地探索排污权多元化交易，在排污权交易方式上尝试了从行业内部交易到跨行业交易，从区域内交易到区域间交易，从单一交易到组合交易的多种交易方式，为进一步优化排污权交易方式作出了有益探索。南京通过制度创新和“互联网＋”，在全省率先将排污权交易与公共资源交易进行有机融合，大力推进了排污权交易的平台建设和市场化运行，使排污权交易呈完全市场化态势，竞争异常激烈，历次成交价均较挂牌价增长1倍以上，形成了独特的“南京模式”，走在了全国前列。[①] 南通在江苏率先探索总量指标跨区交易，为排污权交易从县域小循环迈向市域大循环打开了新局面。[②]

（二）完善排污权交易制度

近年来，坚持完善排污权交易制度。一是建立制度框架完善顶层设计。2008年，原省环境保护厅联合省财政厅和省物价局印发了《江苏省太湖流域主要水污染物排放指标有偿使用收费管理办法（试行）》《江苏省二氧化硫排放指标有偿使用收费管理办法（试行）》《江苏省太湖流域主要水污染物排污权有偿使用和交易试点方案细则》。2009年，进一步出台试点排放指标申购、核定、排污许可证管理以及在线监测等一系列配套文件，规范了排污权交易流程。2018年，印发《关于进一步完善排污权有偿使用与排污收费问题的通知》《关于印发江苏省排污权有偿使用和交易实施细则（试行）的通知》《关于明确排污权有偿使用与交易收费有关事项的通知》，规范了排污权的收费标准、收费范围、资金使用。2020年，出

① 徐小怙、王莎：《资源有价值意识　倒逼企业转型》，《中国环境报》2018年4月11日。
② 蔡梦玉、李媛媛：《南通如皋这样补短板》，《中国环境报》2023年11月9日。

台《江苏省排污权抵押贷款管理办法（试行）》，鼓励企业将排污权作为抵押物向银行申请获得贷款。二是逐步扩大交易标的涵盖面。交易标的从最初工业废气中的二氧化硫扩展到如今的二氧化硫、氮氧化物、挥发性有机物，还包括工业废水中的化学需氧量、氨氮、总磷等多种主要污染物，涵盖了大气环境治理和水环境治理所涉及的主要污染物，为进一步细化排污权交易标的物设定积累了宝贵经验。[①] 三是成立省级管理机构。2015年，设立省排污权登记与交易管理中心，负责开展排污许可证、排污权有偿使用和交易制度研究，建设、管理、维护全省排污权交易网络及交易平台，提供环保法规、政策、技术咨询服务。

（三）建立全省线上交易平台

排污权交易应完善信息公开制度，建立排污权交易信息公开平台。将排污权交易纳入公共资源交易体系，对企业排污权核查、分配、使用、交易、定价全过程进行监督和信息公开，接受公众监督。[②] 2021 年 2 月，完成全省统一的排污权交易与管理平台建设，并下发《关于全省排污权交易平台上线运行的通知》，明确全省排污权交易均需在平台中完成，并同步下发了平台使用规范，实现全省排污权交易“规则、平台、管理”三者统一。

二、 建立健全生态产品价值实现机制

生态产品价值实现是推动“绿水青山”转化为“金山银山”、促进人与自然和谐共生的关键路径和有效举措，对加快生态文明建设具有重要意义。[③] 步入新的历史交汇期，加快推进生态产品价值实现机制既是建设“人与自然和谐共生”的中国式现代化的必然之路，也是解决我国新时代

① 赵春玲、杨桐彬：《江苏排污权交易理论实践与对策研究》，《南京财经大学学报》2016 年第 2 期。

② 田欣、刘露迪、闫楠等：《我国排污权交易制度运行进展、挑战与对策研究》，《中国环境管理》2023 年第 2 期。

③ 景晓栋、田贵良、程飞：《“人与自然和谐共生”愿景下生态产品价值实现机制与路径研究》，《中国环境管理》2023 年第 4 期。

社会主要矛盾、加快实现共同富裕的创新性举措。[①]

近年来，初步探索生态产品价值实现机制，积累了一定经验。2022 年 3 月，发布《江苏省建立健全生态产品价值实现机制实施方案》，积极推动生态产品“难度量、难抵押、难交易、难变现”问题的有效解决，促进了生态环境保护者受益、使用者付费、破坏者赔偿的利益导向机制的有效形成，从源头上推动了生态环境领域治理体系和治理能力现代化。

（一）建立生态产品调查监测机制，摸清基数底数

推进自然资源确权登记。在全国省级层面率先制定《自然资源领域生态产品分类目录编制指引（试行）》和《自然资源领域生态产品基础信息调查指引（试行）》，为推进试点工作提供了规范化、标准化、清单化指导。《自然资源领域生态产品分类目录编制指引（试行）》以生态产品为呈现形态，分为物质性和非物质性 2 个大类，物质供给、调节服务、文化服务、生态资源权益 4 个中类，农林牧副渔产品等 25 个小类，为各地自然资源领域生态产品分类目录制定的基本原则、制定流程及方法、成果应用等方面提供了指引。[②]

开展生态产品信息普查监测。创新运用“网格化”“星地一体化”“三维化”等手段，开展生态产品基础信息调查监测，摸清省域全境各类生态产品数量、质量等底数。[③] 江阴市开展生态资源精细化摸底调查工作，进行统一确权登记，编制形成生态产品名录，并通过定期监测、对比监测、价格监测三方面实现生态产品的全方位动态化监管，形成生态资源资产可视化动态“一本账”。此外，江阴市还采用“立体化数据处理—情景模拟方法核算—生态产品功能评估—生态产品价值量核算”的创新技术路线，

① 景晓栋、田贵良、程飞：《“人与自然和谐共生”愿景下生态产品价值实现机制与路径研究》，《中国环境管理》2023 年第 4 期。

② 《江苏率先出台生态产品相关指引》，《新华日报》2023 年 7 月 22 日。

③ 《江苏印发〈江苏省建立健全生态产品价值实现机制实施方案〉》，中共江苏省委新闻网，2022 年 3 月 15 日，https：//www.zgjssw.gov.cn/fabuting/shengweiwenjian/202203/t20220315_7464858.shtml。

搭建了生态产品智能化核算平台。[1]

（二）建立生态产品价值评价机制，推进价值核算应用

建立生态产品价值评价机制。针对生态产品价值实现的不同路径，构建行政区域单元生态产品总值和特定地域单元生态产品价值评价体系，探索具有省域特色的省内跨行政单元的区域生态产品价值评价方法，将生态产品价值核算基础数据纳入国民经济核算体系。

开展生态产品价值核算。鼓励各地因地制宜开展行政区域单元生态产品总值、特定地域单元生态产品价值核算，探索不同类型生态产品经济价值核算，丰富价值核算成果、提高价值核算质量。率先在沿江特色示范段、环太湖、里下河、南水北调调水输水区、沿海森林和滩涂湿地、苏南低山丘陵等相关地区，推进跨区域生态产品总值核算或重要生态功能地域单元生态产品价值核算。南京市高淳区推动生态系统生产总值（GEP）核算，2020 年 9 月发布全省首个县域 GEP 核算标准体系。2021 年 7 月，高淳主导起草的《生态系统生产总值（GEP）核算技术规范》已作为南京市地方标准正式发布，成为全省 GEP 核算领域的首个地方标准。[2]

推进生态产品价值核算结果广泛应用。鼓励地方先行先试，积极探索各类生态产品价值核算结果的应用场景，以核算结果应用促进自然生态保护修复和合理利用。推进生态产品价值核算结果在政府决策和绩效考核评价中的应用。南京市高淳区出台的《2021 年度生态系统生产总值（GEP）考核意见（试行）》将 GEP 提升及转化研究、自然资源制度改革、生态建设和绿色发展指标、创设应用场景及案例、环境质量改善工程等融入高淳区部门、街镇、园区的工作要求中，把 GEP 指标全面应用于政府绩效考核中，与每年的全区绩效考核同步进行，解决"重 GEP 核算评价、轻考核 GEP 应用"的问题；同时出台一批创新和激励性的绿色发展、价值

---

① 柯灵灵：《江苏积极探索生态产品价值实现路径》，《中国环境报》2023 年 10 月 11 日。

② 刘金民、杜莹、蔡伟等：《江苏省首次，南京高淳开展 GEP 考核》，《南京日报》2022 年 2 月 10 日。

提升转化政策，致力于 GDP 与 GEP“双核算、双考核、双提升”，为生态产品价值实现提供制度保障。[1]

（三）健全生态产品经营开发机制，丰富价值实现路径

明确生态产品经营开发导向，引导自然资源优势突出的地方，守牢自然生态安全边界，提升生态产品的价值实现，实现生态优势向经济优势的多元化路径转化。提升生态产品调节服务功能，加强山水林田湖草系统性保护修复，围绕水源涵养、土壤保持、岸线防护、固碳释氧等重点方面，有效提升各类生态系统提供的生态产品调节服务功能。加强品牌培育和保护，促进生态产品增值，将各类生态产品纳入品牌范围，鼓励打造特色鲜明的生态产品区域公用品牌。

无锡江阴市依托国土空间规划和生态修复规划，发布《江阴市生态券交易办法》，积极推进生态券入市，将生态券融入工程项目建设，引导企业践行社会责任。生态券除了购买获得，还可以通过打造专家评估认定的生态产品获取，以此调动全社会参与生态文明建设的积极性，构建生态产品开发者受益、占用者付费、破坏者受罚的制度体系。生态券交易所得资金将专门用于当地生态环境建设，形成经济发展和生态保护的良性循环。[2]

（四）健全生态产品保护补偿机制，完善损害赔偿制度

完善纵向生态保护补偿制度。江苏省级、市级财政部门参照生态产品价值核算结果、生态管控区域面积等因素，完善重点生态功能区转移支付资金分配机制。探索通过发行企业生态债券、社会捐助等方式，拓宽生态保护补偿资金渠道。在守住生态保护红线方面，根据省政府划定的国家级生态保护红线区域面积、生态空间管控区域面积，统筹考虑市县财政综合保障能力分档情况等因素给予生态空间保护补助，推动各地严守生态红线。在加强区域生态补偿上，统筹考虑南水北调东线工程水源地和沿线地

① 柯灵灵：《江苏积极探索生态产品价值实现路径》，《中国环境报》2023 年 10 月 11 日。
② 柯灵灵：《江苏积极探索生态产品价值实现路径》，《中国环境报》2023 年 10 月 11 日。

区相关保护区域面积、生态环境保护投入、财政保障能力等因素给予补助，支持相关地区涵养生态，高质量完成年度调水任务；对长江沿线地区给予一定补助，支持相关地区“共抓大保护”。同时，江苏加大资金统筹力度，督促引导各地不断提升资金使用效益，助力“强富美高”新江苏建设迈上新台阶。[①]

完善横向生态保护补偿机制。探索建立生态产品价值实现机制和横向生态补偿机制，推行污水资源化利用激励措施、支持优质优价再生水交易。《江苏省水环境区域补偿工作方案》以“谁达标、谁受益，谁超标、谁补偿”为原则，实行“双向补偿”。当断面水质达标时，由下游地区对上游地区予以补偿；当水质超标时，由上游地区对下游地区予以补偿。对重点国控断面、县级及以上集中式饮用水水源地进行水质达标提优奖励，引入“上游无过错举证”的仲裁方式。省财政净受偿资金有结余时，根据县（市、区）地表水环境质量排名情况和排名进位情况，适时进行奖励。2018 年 12 月，江苏省政府与安徽省政府签署了《关于建立长江流域横向生态保护补偿机制的合作协议》，双方约定以两省跨界、流经滁州的滁河陈浅断面作为考核断面，若该断面年度水质达标，下游的江苏就补偿安徽；如不达标，安徽则补偿江苏。[②] 双向补偿机制从省内延伸至省外，区域生态补偿探索初显成效。

健全生态环境损害赔偿制度。结合生态产品价值核算规范和核算结果，开展生态环境损害评估，健全生态环境损害鉴定评估方法和实施机制。推进生态环境损害成本内部化，加强生态环境修复与损害赔偿的执行和监督。

三、 拓展生态产品价值实现模式

近年来，江苏着力畅通生态价值实现市场化路径与模式，寻找产业生态化、生态产业化的突破口，鼓励地方政府依托生态岛试验区建设的 EOD

---

① 《省财政下达 22.88 亿元推动实施纵向生态补偿》，江苏省财政厅官网，2023 年 7 月 25 日，http://czt.jiangsu.gov.cn/art/2023/7/25/art_8064_10962378.html。

② 罗孝海、王琮：《皖苏两省建立滁河流域生态保护补偿机制》，《江苏经济报》2019 年 4 月 30 日。

模式试点项目等，挖掘当地闲置生态资源，构建湿地银行、森林银行、水银行等特色化生态银行，推动生态环境治理项目与乡村旅游、森林康养、文化创意等相关产业项目“肥瘦搭配”，实现生态资源、环境效益最大化增值，不断拓展生态产品经营开发模式，逐步打通“绿水青山”和“金山银山”双向转化通道，走出一条生态产品价值可量化、能变现的绿色发展新路。

2022 年，印发《江苏省生态岛试验区建设方案》，在关键区域先行先试、与时俱进、创新发展，开展生态岛试验区建设，协同推动生物多样性保护水平、生态系统质量和生态产品价值转化能力持续提高，全面提升自然生态系统的多样性、稳定性和持续性。2023 年，发布《江苏省生态环境导向开发模式（EOD）实施工作方案（试行）》，发展壮大生态经济，培育绿色增长点，协同推进减污、降碳、扩绿，形成可复制、可推广的生态环境导向开发模式示范样板。

第十章

努力建成美丽中国省域范例

在全面开启第二个百年奋斗目标征程中，人与自然和谐共生的现代化是实现绿色发展的关键。2023年，习近平总书记在全国生态环境保护大会中提出：必须以更高站位、更宽视野、更大力度来谋划和推进新征程生态环境保护工作，谱写新时代生态文明建设新篇章。[①] 江苏需锚定美丽江苏这一“环境美”建设新目标，充分体现“在改革创新、推动高质量发展上争当表率，在服务全国构建新发展格局上争做示范，在率先实现社会主义现代化上走在前列”总要求，[②] 努力建成美丽中国省域范例，为实现人与和谐共生现代化提供江苏样本。

第一节 生态环境保护态势

在高质量发展上继续走在前列，是习近平总书记着眼现代化建设全局赋予江苏的重大任务，是当前和今后相当长一个时期江苏发展的总目标。建设“强富美高”新江苏是我们要不断赋予新内涵、展现新形态的实践指引，是推进中国式现代化江苏新实践的总蓝图。[③] 推进实现美丽江苏，就是实现总蓝图、助力总目标的重要内容。

一、 新形势新挑战

（一） 新阶段生态文明建设使命任务

面向人与自然和谐共生现代化的阶段性任务。大自然是人类赖以生存

① 本报评论员：《谱写新时代生态文明建设新篇章——论学习贯彻习近平总书记在全国生态环境保护大会上重要讲话》，《人民日报》2023年7月20日。

②《习近平在江苏考察时强调 在推进中国式现代化中走在前、做示范 谱写“强富美高”新江苏现代化建设新篇章》，《人民日报》2023年7月8日。

③ 群仲平：《凝聚牢记嘱托、感恩奋进的磅礴力量》，《群众》2023年第6期。

发展的基本条件。尊重自然、顺应自然、保护自然，是全面建设社会主义现代化国家的内在要求。必须牢固树立和践行绿水青山就是金山银山的理念，站在人与自然和谐共生的高度谋划发展。① 绿色低碳发展将成为高质量发展和全面建设社会主义现代化国家的关键点、支撑点和发力点。新征程上，继续推进生态文明建设，必须正确处理好“高质量发展和高水平保护、重点攻坚和协同治理、自然恢复和人工修复、外部约束和内部动力、‘双碳’承诺和自主行动”② 五个重大关系，全面推进美丽中国建设，以高品质生态环境支撑高质量发展。

担起现代化进程中江苏的生态文明建设使命。2023 年 8 月 15 日，在首个全国生态日到来之际，习近平总书记作出重要指示，强调“生态文明建设是关系中华民族永续发展的根本大计，是关系党的使命宗旨的重大政治问题，是关系民生福祉的重大社会问题”③。党的十八大以来，习近平总书记为江苏擘画了“经济强、百姓富、环境美、社会文明程度高”的新江苏宏伟蓝图，赋予了江苏“在改革创新、推动高质量发展上争当表率，在服务全国构建新发展格局上争做示范，在率先实现社会主义现代化上走在前列”的光荣使命。④“在高质量发展上继续走前列”的总目标、“在推进中国式现代化中走在前、做示范”的重大要求、“四个走在前”“四个新”的重大任务，都体现了习近平总书记对江苏的期望与期待，也体现了高质量发展是中国式现代化江苏新实践的一贯要求。习近平总书记曾针对生态保护和发展的关系作出深刻阐述，包括“发展经济是为了民生，保护生态环境同样也是为了民生”⑤，“生态环境投入不是无谓投入、无效投入，而是关系经济社会高质量发展、可持续发展的基础性、战略性投入”⑥，“加

---

① 习近平：《高举中国特色社会主义伟大旗帜 为全面建设社会主义现代化国家而团结奋斗——在中国共产党第二十次全国代表大会上的报告》，《求是》2022 年第 21 期。

② 黄润秋：《加强生态环境保护 全面推进美丽中国建设》，《新安全》2023 年第 7 期。

③《习近平在首个全国生态日之际作出重要指示强调 全社会行动起来做绿水青山就是金山银山理念的积极传播者和模范践行者》，《人民日报》2023 年 8 月 16 日。

④ 盛励：《持续绘就“强富美高”新图景》，《群众》2022 年第 12 期。

⑤ 习近平：《论坚持人与自然和谐共生》，中央文献出版社 2022 年版，第 11 页。

⑥ 习近平：《论坚持人与自然和谐共生》，中央文献出版社 2022 年版，第 141 页。

强生态文明建设，是贯彻新发展理念、推动经济社会高质量发展的必然要求，也是人民群众追求高品质生活的共识和呼声”① 等一系列重要论断，为江苏在推进人与自然和谐共生的现代化中走在前、做示范提供了根本遵循和行动指南。

省委十四届四次全会将“聚焦美丽江苏建设、加快推进绿色低碳发展”作为牵引中国式现代化江苏新实践的重点工作之一，提出更大力度协同推进降碳减污扩绿增长、持续深入打好污染防治攻坚战等重点工作内容。江苏积极探索能耗双控逐步转向碳排放双控机制，从源头上保障天更蓝、地更绿、水更清、生态环境更美好，率先走出一条经济发展和生态文明相辅相成、相得益彰的路子，在促进人与自然和谐共生上走在前列。

（二） 新阶段经济社会发展形势

2021 年，江苏人均 GDP 达到 2.13 万美元，成为中国大陆首个人均 GDP 突破 2 万美元的省份。自 2007 年以来，江苏年 GDP 增速呈波动下降态势。经济增速变缓是由高速增长阶段转向高质量发展阶段的必然过程。面向 2035 年，全省经济仍需稳中求进，通过绿色低碳转型，加快形成新质生产力，增强发展新动能、新优势。

二、 生态环境改善的国际对标

（一） 能源结构对标

能源结构调整是推进碳减排的重要举措。发达国家经验表明，碳达峰的核心路径是“一控一增一减”。“一控”指严格控制能源消费总量，“一增”指大幅增加非化石能源供给，“一减”指持续减少以煤炭（含焦炭）为主的化石能源消费。② 目前，江苏能源结构调整仍面临较大压力。2022 年，江苏煤炭消费量占能源消费总量的 54%，与世界先进国家水平仍有差距。

---

① 习近平：《论坚持人与自然和谐共生》，中央文献出版社 2022 年版，第 272 页。

② 孙忠英、何玉健、高亮：《以实现碳达峰碳中和为目标导向推进生态文明建设——基于镇江市的实践研究》，《环境保护与循环经济》2022 年第 10 期。

（二）空气质量对标

发达国家从政府集中开展空气质量大规模治理到环境质量取得阶段性改善，基本经历了30年甚至更长时期。在打好污染防治攻坚战的策略下，江苏仅仅用10年时间就基本走完了发达国家20—30年的治理进程。2022年，江苏$PM_{2.5}$年度平均浓度为31.5毫克/立方米，十年间降幅56.8%，大气$PM_{2.5}$治理取得阶段性成效。世界卫生组织基于污染物对人类健康影响的分析，发布了《全球空气质量指南》，明确了$PM_{2.5}$年均浓度低于5毫克/立方米的准则值以及35毫克/立方米、25毫克/立方米、15毫克/立方米和10毫克/立方米的四个过渡时期目标值。目前，世界上发达国家大多处于第三、第四过渡期目标值，个别甚至达到准则值。英国$PM_{2.5}$年均浓度于2017年步入5毫克/立方米以内，美国、日本等国$PM_{2.5}$年均浓度目前都已步入5—15毫克/立方米区间内，韩国处于15—20毫克/立方米区间内。而江苏省目前$PM_{2.5}$水平与《全球空气质量指南》的准则值相比还有差距。

（三）单位产值碳排放对标

单位GDP二氧化碳排放是引导能源清洁低碳高效利用和产业绿色转型的重要参考。“十三五”时期，我国单位GDP二氧化碳排放降低18.8%，2020年比2005年降低48.4%。按照2030年单位GDP二氧化碳排放比2005年下降65%以上的新承诺目标倒推，“十四五”和“十五五”时期，我国单位GDP二氧化碳排放需要实现降低35.2%的目标。对标国际，江苏“十三五”时期单位GDP二氧化碳排放与英国等国相比仍有较大差距，新时期江苏仍需要着力促进节能减排，实现低碳生产。

三、生态文明建设的目标叠加

2023年7月，习近平总书记在全国生态环境保护大会上指出，我国生态环境保护结构性、根源性、趋势性压力尚未根本缓解。我国经济社会发展已进入加快绿色化、低碳化的高质量发展阶段，生态文明建设仍处于压力叠加、负重前行的关键期。[①] 江苏在实现高质量发展路途上仍面临来自多方面的挑战。

（一）经济结构调绿调优与结构偏重难调现状的矛盾依然存在

2022年，江苏省生铁、粗钢、钢材等产值占全国产值的10%左右；水泥、火力发电等产值占全国产值的8%，化学农药产值占全国产值的20%以上。钢铁、火电、石化等工业生产仍处于达峰缓增阶段，因而带来的污染排放仍处于高位水平且短期内难以改变。虽然，我国水泥行业产量于2014年达到峰值，化学农药原料药行业产量于2016年达到峰值，但生铁、钢材、原油加工与火力发电行业产量仍处于稳步增长平台期。依据国家重点工业产品产量发展趋势，并充分考虑经济下行压力和不确定因素等，短期内江苏偏重的产业结构不会发生根本改变。因此，传统产业占比高、资源环境约束趋紧的状态将依然存在，美丽江苏建设阶段的减污降碳任务依然繁重。

（二）部分生态环境指标与美丽江苏目标的矛盾依然存在

虽然近年来江苏生态环境质量持续改善，但距离迎来根本性改善的“拐点”还有差距。从全国来看，江苏主要生态环境指标仍处于中等位次，2022年$PM_{2.5}$浓度位列第21位、国考断面优Ⅲ比例位列第19位，Ⅱ类水拥有比例仍然偏低。

（三）生态环境基础能力供给与治理需求的矛盾仍然存在

虽然生态环境基础设施建设取得明显成效，但由于治理需求较大，历史欠账较多，污染防治能力仍需加强。当前江苏生态环境基础能力水平与

---

① 本报评论员：《谱写新时代生态文明建设新篇章——论学习贯彻习近平总书记在全国生态环境保护大会上重要讲话》，《人民日报》2023年7月20日。

先进地区还有差距，还不足以支撑释放潜在容量空间。以污水处理能力为例，2022年江苏城市生活污水集中收集率为75.4%，提前完成了2025年的规划目标（70%），但距离发达国家水平仍存在差距，例如韩国的城市生活污水收集率2003年就达到了78.8%。

此外，一些国家和地区还普遍把减量化和资源化作为优先手段，美国逐步将生活污水回用为直接饮用水，德国50%以上大型污水处理厂实现了能源自给，欧盟固体废物循环利用量占总处理量的38.6%。江苏现阶段再生水实际利用量仅占污水处理排放量的19.4%；农村生活污水治理方面，江苏2022年农村生活污水治理率为42%左右，与2025年规划目标（85%）相比仍有较大差距。

第二节
打造生态环境根本好转的“环境美”

江苏要坚持以人民为中心，牢固树立和践行绿水青山就是金山银山的理念，把建设美丽中国摆在强国建设、民族复兴的突出位置，推动城乡人居环境明显改善、美丽中国建设取得显著成效，以高品质生态环境支撑高质量发展，加快推进人与自然和谐共生的现代化。[①] 江苏就必须保持高品质的生态环境，积极推进高质量发展。

一、 生态环境根本好转的内涵及特征

如何处理好发展和保护的关系，是一个世界性难题，也是人类社会发展面临的永恒课题。习近平总书记曾提出“绿水青山就是金山银山”[②]，

① 生态环境部：《以美丽中国建设全面推进人与自然和谐共生的现代化》，《求是》2023年第15期。
② 习近平：《论坚持人与自然和谐共生》，中央文献出版社2022年版，第10页。

“保护生态环境就是保护生产力、改善生态环境就是发展生产力”[①] 等重要论述，科学阐明了保护与发展的辩证关系，表明了高质量发展和高水平保护是相辅相成、相得益彰的。高水平保护是高质量发展的重要支撑，生态优先、绿色低碳发展的高质量发展只有依靠高水平保护才能实现。[②] 落实以高品质生态环境支撑高质量发展的要求，保护生态环境、实现生态环境根本好转就是该要求的基础和内在要求。江苏生态环境根本好转应具有以下四方面特征：

生态环境质量好转程度大、覆盖面广。江苏全省生态环境质量稳定越过拐点，摆脱气象、换水周期等外部条件影响，出现了根本性、转折性改善，不再依赖“运动式”监管、“突击式”治理。水、气、土、生态、环境健康等各领域、各要素实现全覆盖，市、县（区）、镇、村四级生态环境质量实现整体性根本好转。

生态环境“旧账”得到有效解决。臭氧污染、黑臭水体、湖泊富营养化、河口海湾污染、生态退化等突出生态环境问题得到有效解决；饮用水安全、违规填埋、土壤污染等累积性污染问题基本解决，生态环境“旧账”全部还清。

生态环境质量需与社会经济发展水平相适应。全省“重化型”产业结构、“煤炭型”能源结构持续朝着有利于缓解生态环境压力的方向转变，生产生活方式发生根本性变革，主要污染物排放削减至生态环境承载能力的范围内。能源资源利用水平、污染物排放强度、生态环境基础设施建设水平等达到国内领先、国际先进，为率先基本实现社会主义现代化增光添彩。

公众对生态环境认可度高。污染防治措施从环境质量导向型向风险防控型和健康导向型拓展升级，公众反映强烈的噪声污染、水体恶臭等环境问题得到全面解决，公众难以感知但危及公众健康和福祉的生态环境问题也得到有效治理，公众能够享受到安全的饮水、清洁空气等优质充裕的生

① 习近平：《论坚持人与自然和谐共生》，中央文献出版社2022年版，第26页。
② 习近平：《推进生态文明建设需要处理好几个重大关系》，《当代广西》2023年第22期。

态产品，环境健康得到保障。[①]

二、 绿色发展形势

当前，江苏全省污染排放指标已到达“拐点”并持续削减，进入环境质量由量变到质变的关键期尤其是将全面开展以人体和生态系统健康为重点的美丽江苏新阶段。根据《江苏省环境统计年报》与《江苏省统计年鉴》，江苏二氧化硫排放峰值出现在 2005 年，2022 年较 2005 年下降 94.6%；氮氧化物排放峰值出现在 2011 年，2021 年较 2011 年下降 71.1%。由于环境污染具有一定的累积效应，虽然全省常规污染物排放拐点已经到来，但环境容量还没有得到积极释放。在未来，江苏的生态环境改善工作将面临差异化带来的困难与不确定性。

（一） 面向 2035 年，江苏大气治理面临新挑战

“十三五”以来，江苏大气主要污染物排放增长得到控制，并呈现持续下降趋势。基于《2022 年度江苏省生态环境状况公报》，2022 年江苏各地平均日二氧化硫浓度为 7 毫克/立方米，已经远优于世界卫生组织在 2021 年制定的《全球空气质量指导值（2021）》（AQG 2021）中对于平均日二氧化硫浓度的要求（40 毫克/立方米）。但江苏省在重点地区、重点领域仍然存在大气污染问题，例如苏北区域 $PM_{2.5}$ 浓度仍然处于高位；全省臭氧污染日益严重，已经成为省内部分城市空气质量不达标的主导因素；造成氮氧化物主要排放的移动源尚未得到有效治理。江苏省大气污染与防治工作任重而道远。

（二） 面向 2035 年，江苏城镇化发展带来新的环境压力

城市是现代化的重要载体，也是人口产业密集、污染排放集中的地方。[②]

---

① 万军、王倩、李新等：《基于美丽中国的生态环境保护战略初步研究》，《环境保护》2018 年第 22 期。

② 沈彦君：《基于全寿命周期“十四五”背景下绿色建筑的经济效益分析》，《智能建筑与智慧城市》2022 年第 4 期。

2022 年，江苏常住人口城镇化率达 74.4%，已接近部分发达国家水平，若持续保持此趋势，将有望达到更高水平。

随着城镇人口规模不断扩张，城市生态环境承载约束趋紧。已有研究指出，城市化发展可能会带来公共基础服务设施与城市化需求不匹配[①]、城市生活垃圾及废弃物增加[②]、城市生活污水量激增[③]等问题。未来一段时期是江苏城镇化发展成熟稳定、质量提升的关键阶段，预计到 2025 年，江苏常住人口城镇化率将达到 75%，2035 年达到 80%左右。在生活垃圾方面，江苏生活垃圾清运量在 2000—2022 年呈现不断增加趋势。基于相关数据预测，如果不采取相应措施，江苏生活垃圾清运量将于 2035 年达到 5 238 万吨。

（三）面向 2035 年，面临新的绿色贸易壁垒

2022 年 12 月 13 日，欧盟理事会和欧洲议会就欧盟碳排放交易体系（EU-ETS）改革方案达成了协议，同时确定了碳边境调节机制（CBAM）实施细节。目前，CBAM 覆盖的重点产业包括钢铁、铝、水泥等行业。根据测算，如果对中国相关产业落实 CBAM，将会对中国出口的钢铁产品造成 174 美元/吨的额外税赋，对铝产品造成 1 230 美元/吨的额外税赋。以 2022 年上半年江苏出口产品量为基准进行计算，江苏仅钢铁行业就需要缴纳约 10.05 亿美元的额外税赋[④]，因此，江苏需要进一步提高产品生态环境标准，从而提升出口竞争力。

---

① 王伟、吴培培、巩淑敏等：《超大城市快速城市化地区社区生活圈宜居性评估及治理——以北京市四环至六环地区为例》，《城市问题》2021 年第 10 期。

② 兰梓睿：《人口数量与消费结构对城市生活垃圾减量的影响》，《西北人口》2021 年第 6 期。

③ 张擎翰、孙景昆：《城市化发展中水污染控制与水环境综合整治技术研究》，《低碳世界》2021 年第 2 期。

④ 妙盈研究院：《一文读懂欧盟碳关税》，妙盈研究院网，2022 年 6 月 24 日，https://www.miotech.com/zh-CN/article/62b57e2e4d40e40042e5960d。

三、勾勒“环境美”的新愿景

（一）面向2025年，重点领域走在“第一方阵”

面向2025年，美丽江苏展现新风貌，生态环境质量持续改善，主要污染物排放总量持续下降，生态系统服务功能不断增强，长江和太湖水生态质量稳步提升，城乡人居环境不断改善，生态环境治理体系更加健全，绿色低碳发展深入推进，绿色发展动力持续增强，能源资源利用效率大幅提高，单位地区生产总值能源消耗降低水平继续保持全国领先，碳排放强度持续降低，应对气候变化能力明显增强。以“五个之美”为规划蓝图，以高品质生态环境支撑高质量发展，生态文明建设走在全国前列，美丽江苏建设成效显著。

充分彰显“自然生态之美”。到2025年，要做到环境质量明显改善，空气质量全面改善。江苏已提前完成了$PM_{2.5}$浓度达到35微克/立方米的既定目标，目前仍需向环境空气质量优良天数比例达到82%左右的目标努力，做到基本消除重污染天气。水环境质量稳步提升，国考断面水质优Ⅲ类比例达到90%以上，基本消除城乡黑臭水体，海洋生态环境稳中向好。主要污染物减排完成国家下达任务。江苏地表水体已有91%（2022年）达到优良标准（Ⅲ类以上），提前完成了2025年达到87%[①]的规划目标。生态系统服务功能不断增强，山水林田湖草沙系统修复稳步推进，全省生态空间得到有效保护，生态系统更加稳定，逐步提升重点区域生物多样性水平，不断完善生态保护制度，生态产品价值实现路径更加清晰，巩固提升生态文明建设示范成效。

充分彰显“绿色发展之美”。到2025年，实现二氧化碳排放增量和化石能源消费增量有效控制，减污降碳协同管理机制有效建立，清洁低碳安全高效的能源体系加快构建。实现单位工业增加值二氧化碳排放比2020

① 87%的目标值为《江苏省国民经济与社会发展第十四个五年规划和二〇三五年愿景目标纲要》中的目标值。

年下降 20%，单位国内生产总值能源消耗比 2020 年下降 14%，非化石能源占能源消费总量的比重提高到 18%左右，煤炭（不含焦炭）占能源消费总量的比重下降至 50%左右。① 城镇新建民用建筑全面按照超低能耗标准设计建造，公共机构单位建筑面积碳排放比 2020 年下降 7%。城区常住人口 100 万以上的城市绿色出行比例达到 70%以上。碳汇能力进一步增强，林木覆盖率保持在 24%以上。非二氧化碳温室气体排放得到有效控制。全省碳普惠体系全面建成。

充分彰显“城乡宜居之美”。进一步推进美丽宜居城市建设和城市更新行动，持续推动生态宜居美丽乡村示范建设和特色田园乡村建设。城市方面，提升城市规划设计水平，扎实推进新型城镇化，完善区域城镇体系，形成大中小城市和小城镇协调发展的城镇格局；推进城市水资源利用与保护，到 2025 年实现地级及以上城市集中式饮用水水源地水质达标率达到 96%、城镇生活污水集中收集率达到 70%的目标；推进美丽宜居住区建设，积极发展绿色建筑，到 2025 年要将城市建成区绿化覆盖率提升到 40%以上。农村方面，进一步提升农村人居环境水平，到 2025 年实现农村生活污水处理和综合利用率达到 85%以上、农村卫生厕所普及率达到 99%以上的目标；坚持“沟渠田林路”综合规划整治，持续推进农业基础设施建设，兴修农田水利，大规模建设高标准农田，提升农田林网建设水平；深入推进特色田园乡村建设，制定村庄规划编制指南，因地制宜编制“多规合一”的实用性村庄规划，调整完善镇村规划布局，在 2025 年实现美丽宜居镇村建成率达到 70%的约束性目标。完善城乡居住区配套服务功能，进一步加快城乡基础设施现代化，进一步完善垃圾分类与无害化处理机制，到 2025 年实现生活垃圾分类集中处理率达到 95%以上的目标。

充分彰显“水韵人文之美”。要进一步彰显地域文化特色，扎实推进

---

① 李亮、齐康、金颖等：《关于长三角区域碳达峰目标及路径的研究》，《上咨章思：上咨智库成果汇编（2022 年度）》。

文化强省建设，丰富优质文化产品供给，打造文化标识工程，着眼提升江苏文化影响力和竞争力，努力满足城乡居民日益增长的精神文化需求。坚持对传统地域文化创造性转化、创新性发展，持续推进江苏文脉整理与研究工程，加强自然遗产、文化遗产的保护和传承。推进乡村文化振兴，延续耕读文明，保留乡村风貌，重塑乡村魅力。推进文化和旅游融合发展，依托红色资源、自然风光、人文底蕴等，大力发展红色旅游、文化遗产旅游等业态。强化水文化建设，全面展现“河畅、水清、岸绿、景美”的水韵特色。打造文化标识工程，积极推进大运河文化带和大运河国家文化公园建设，加快建设中国大运河博物馆、大运河国家文化公园数字云平台等标志性项目，办好世界运河城市论坛、大运河文化旅游博览会，打造大运河文化保护、传承、利用的“江苏样板”。倡导健康文明新风，注重提升公民道德素质，倡导知礼重仪文明习惯，加强社会诚信建设，鼓励开展群众性精神文明创建活动，到2025年所有设区市和一半以上县（市）创成全国文明城市，70%的行政村创成县级以上文明村。坚持移风易俗，弘扬科学精神，广泛动员群众参与爱国卫生运动，倡导简约适度、绿色低碳的生活方式，引导全社会养成节水节电节气、垃圾分类投放等健康文明生活习惯。

充分彰显“区域善治之美”。全省建成布局合理、功能完备、安全高效、绿色低碳的现代化生态环境基础设施体系，深入推进生态文明制度改革；加快补齐生态环境基础设施短板，生态环境监管能力得到明显提高，建成陆海统筹、天地一体、上下协同、信息共享的生态环境监测监控网络，实现环境质量、污染源与生态质量监测监控的全面覆盖和深度融合，生态环境治理效能显著提升，环境风险得到有效管控。危险废物与新污染物环境风险防控能力明显增强，全面建成突发水污染事件应急防范体系，环境应急物资储备也得到全面加强。

（二）面向2030年，基本建成美丽江苏

面向2030年，生态环境实现根本好转，生态系统多样性、持续性、

稳定性显著提升，“水韵江苏”多姿多彩，将太湖打造成为全国湖泊治理标杆，基本建立完整的能源绿色低碳发展基本制度和政策体系，形成非化石能源既基本满足能源需求增量又规模化替代化石能源存量、能源安全保障能力得到全面增强的能源生产消费格局。绿色发展活力显著增强，绿色生产生活方式广泛形成，现代生态环境治理体系基本形成，全社会生态文明观念深入人心，以高品质生态环境支撑高质量发展，成为全国示范，基本建成美丽江苏。

（三）面向2035年，绘就更加美好的现实图景

面向2035年，生态文明得到全面提升，经济社会发展与碳排放“脱钩”，碳排放提前达峰后持续下降，持续发展绿色低碳的现代化能源体系、工业体系、建筑体系和交通体系，绿色可持续的空间布局、产业结构、生产生活方式全面形成，生态环境健康优美，城乡人居品质显著提升，将太湖打造成为世界级生态湖区，生态环境根本好转，气候治理体系和治理能力现代化基本实现，蓝天白云、绿水青山成为常态，基本满足人民对优美生态环境的需要，全面绘就处处充满美丽元素、和谐氛围、人文气息的“水韵江苏”新画卷，全面建成人与自然和谐共生的美丽江苏。

第三节
全面巩固提升生态文明建设成果

当前及今后一段时间，江苏生态文明建设都会呈现新的阶段特征：经济社会发展已进入全面绿色转型、高质量发展与高水平保护良性互动的新阶段；污染防治事业已进入“逆水行舟、不进则退”的关键时期，生态环境改善事业来到了从量变到质变的新阶段；美丽江苏建设已迎来积厚成势、多点突破、全面提速的新阶段。面临机遇与挑战并存的新形势，江苏

必须进一步坚持习近平生态文明思想，巩固生态文明建设成果。

一、 在人与自然和谐共生的现代化中“走在前、做示范”

习近平总书记赋予江苏“争当表率、争做示范、走在前列”的光荣使命，强调江苏有能力也有责任在中国式现代化中走在前、做示范，这是江苏推动改革发展各项工作都必须贯彻的核心要求。[①] 人与自然和谐共生的现代化是中国式现代化的重要特征和本质要求，是生态文明建设的目标愿景和价值追求，也是走在前、做示范的应有之义。江苏历来是全国改革开放的前沿阵地，是全国唯一部省共建生态环境治理体系和治理能力现代化试点省、全国生态环保制度综合改革试点省份，是勇于创新发展的排头兵。“走在前、做示范”意味着更高标准、更高标杆，要把生态文明建设和生态环境保护工作摆在更加突出位置、全面融入经济社会发展大局，下更大功夫、花更多精力谋划美丽江苏建设，让“环境美”成为“强富美高”新江苏现代化建设最鲜明的标识。

二、 把绿色低碳高质量发展作为治本之策

生态环境问题归根结底是发展方式的问题，必须依靠发展方式、生活方式的变革才能得到根治。绿色低碳发展是潮流所向，也是价值观念、生产方式、生活方式的变革。必须牢固树立和践行“绿水青山就是金山银山”的理念，站在人与自然和谐共生的高度谋划发展，[②] 坚持协同推进高质量发展与高水平保护，既要通过减污降碳协同增效和提升环境标准，推动产业结构、能源结构、交通运输结构转型升级，[③] 促进高质量发展；又要通过增加财政投入、开发绿色金融、推行生态补偿机制等政策工具，推

① 《习近平在江苏考察时强调　在推进中国式现代化中走在前做示范 谱写“强富美高”新江苏现代化建设新篇章》，《人民日报》2023 年 7 月 8 日。

② 习近平：《高举中国特色社会主义伟大旗帜 为全面建设社会主义现代化国家而团结奋斗——在中国共产党第二十次全国代表大会上的报告》，《求是》2022 年第 21 期。

③ 黄润秋：《加强生态环境保护　全面推进美丽中国建设》，《新安全》2023 年第 7 期。

动生态环保工程建设和环保产业发展，助力高水平生态环境建设。

三、 以过硬举措打好污染防治攻坚战

良好的生态环境是最公平的公共产品，是最普惠的民生福祉，[①] 也是检验高质量发展的重要标准。因此，要坚定不移地把污染防治攻坚战打下去，持续深入打好蓝天、碧水、净土保卫战，下更大力气提升本质治污能力水平，聚焦重点区域、重点领域、关键环节和人民群众身边的突出生态环境问题，巩固治理成效，把生态环境持续改善的势头保持好、发展好，不断增强人民群众的获得感、幸福感、安全感。

四、 激发全社会共同呵护生态环境的内生动力

习近平总书记强调，要激发起全社会共同呵护生态环境的内生动力。[②] 生态文明建设和生态环境保护既需要强有力的外部制度约束，也需要全社会人人尽责。要强化生态环境保护的制度和法治保障，保持常态化外部压力，增强不同责任主体的思想自觉和行动自觉；要深入宣传习近平生态文明思想，增强全民节约意识、环保意识、生态意识，培育生态道德和行为准则，动员全社会共同参与生态文明建设，形成人人、事事、时时崇尚生态文明的社会氛围。要立足新形势、新要求，以美丽江苏建设为牵引，以生态优先、绿色发展为导向，更大力度推进绿色低碳高质量发展，更大力度打好污染防治攻坚战，更大力度加强山水林田湖草沙系统治理，更大力度激发全民生态环保意识，走出一条经济发展和生态文明相辅相成、相得益彰的路子，以更高质量的生态环境支撑经济高质量发展，为人民群众提供高品质生活环境。

---

① 习近平：《论坚持人与自然和谐共生》，中央文献出版社2022年版，第26页。

② 生态环境部：《准确把握新征程上推进生态文明建设需要处理好的重大关系》，《求是》2023年第22期。

第四节
开启美丽江苏建设的新篇章

江苏紧跟习近平总书记对江苏工作重要讲话重要指标精神，在推进中国式现代化中走在前、做示范，谱写“强富美高”新江苏现代化建设新篇章。新时代背景下，江苏将进一步深入落实《中共中央国务院关于全面推进美丽中国建设的意见》，牢固树立和践行“绿水青山就是金山银山”的理念，处理好高质量发展和高水平保护、重点攻坚和协同治理、自然恢复和人工修复、外部约束和内生动力、“双碳”承诺和自主行动的关系，统筹产业结构调整、污染治理、生态保护、应对气候变化，协同推进降碳、减污、扩绿、增长，维护国家生态安全，抓好生态文明制度建设，以高品质生态环境支撑高质量发展，[①] 加快形成以实现人与自然和谐共生现代化为导向的美丽江苏建设新格局。

一、 夯实人与自然和谐共生的坚实基础

持续深入打好蓝天保卫战。聚焦沿江、大运河沿线等重点区域，大力推进 $PM_{2.5}$ 和臭氧协同控制，有效降低工业、交通运输、城市面源等重点领域污染物排放，让蓝天长驻、空气长新。全面提升重点企业清洁生产先进性，严格落实产业结构指导目录，高标准推进钢铁、水泥、焦化等重点行业超低排放改造和深度治理，强化挥发性有机物全过程、全环节综合治理，推动全省工业企业整体治理和排放水平达到国内国际领先。加大货物运输结构调整力度，加快“公转水”“公转铁”，推动形成大宗货物及集装箱中长距离运输以水路和铁路为主的格局，实施“绿色车轮”计划，大力

① 王金南：《全面推进美丽中国建设》，《红旗文稿》2023 年第 16 期。

推广新能源车船、工程机械，提升清洁运输先进性。开展“清洁城市行动”[①]，推进城市扬尘污染精细化管理，城市主要道路基本实现机械化清扫和冲洗。

持续深入打好碧水保卫战。统筹水资源、水环境、水生态治理，大力推进美丽河湖、美丽海湾保护与建设，促进人水和谐。坚持陆海统筹协同治理，加快推进全域排污口整治并建立长效管理机制，深入开展强降雨期间水质保障、重点断面水质达标攻坚、工业园区水污染整治等专项行动。深入打好长江保护修复攻坚战，统筹推进“4＋1”污染治理工程[②]，持续推进长江生态环境保护修复，有效控制磷污染负荷，防范化解沿江环境风险，扎实开展长江“十年禁渔”，落实长江流域水生态考核评价制度，确保长江江苏段干流水质稳定在Ⅱ类以上，有效提升生物多样性保护水平。加强淮河流域和沂沭泗流域重点河流湖泊水环境治理，持续推进重点河口海湾“一湾一策”[③] 整治。加强河湖生态缓冲带保护修复，健全布局合理的河湖水系连通体系，着力保障河湖生态水位（流量）。持续推进新建水源地达标建设，推进集中式饮用水源地规范化建设。

全面推进新一轮太湖综合治理。聚焦重点片区、氮磷污染，进一步强化源头治理、系统治理、协同治理，努力建成全国首个美丽湖泊群、世界级生态湖区，成为全国湖泊治理标杆。对照新一轮太湖综合治理的目标要求，实施主要入湖河流“一河一策”[④] 综合治理，全面完成流域涉磷企业标准化、规范化整治任务，加快研究建立入湖氮磷污染通量考核机制，从源头降低入湖污染负荷。严格执行生态环境准入制度，按规定完成太湖一级保护区内工业企业关闭搬迁、改造提升任务。加快构建太湖陆域沿岸拦截圈、水域湖滨消纳圈，因地制宜开展太湖湖体水生植被生境修复，有序

① “城市清洁行动”旨在着力改善城市环境秩序存在的问题，不断推动城市面貌改善和功能提升，努力打造干净、整洁、有序、宜居的城市环境。

② 该工程指城镇污水垃圾污染、化工污染、农业面源污染、船舶污染和尾矿库污染等5方面污染治理工程。

③ “一湾一策”是针对重点河口海湾采用差异化的治理政策。

④ “一河一策”是针对重点入湖河流采用差异化的治理政策。

推进生态清淤，积极探索淤泥资源化利用出路。

持续深入打好净土保卫战。推进重点监管单位隐患排查整治，健全重点监管单位、化工集中区的土壤和地下水环境监测预警体系。深入推进农用地分类管理，推动安全利用类和严格管控类耕地安全利用。加强高风险遗留地块风险管控，分类推进污染地块风险管控和修复，探索“土壤修复＋工程建设”的创新模式，强化土地复垦和污染地块再开发利用联动监管。严格地下水污染防治分区管理，加强地下水环境保护。

全面提升生态环境安全保障水平。以实施生态环境安全与应急管理“强基提能”行动计划为抓手，加快推进生态环境安全与应急管理体系和能力现代化建设。完善省市县三级环境应急管理体系，健全跨区域、跨部门的突发生态环境事件联防联控机制，建成区域环境应急物资储备库，强化资源统筹共享。完成重点园区河流突发水污染事件“一园（河）一策一图”，常态化推进环境风险企业、重点园区环境隐患排查治理和风险防控。构建具有江苏特色的辐射安全风险防范体系，加强放射性废物、伴生放射性废渣安全监管，保障核与辐射安全。推进气候适应性城市建设，加强消耗臭氧层物质和氢氟碳化物环境管理。深化环境健康管理试点，推动试点成果应用。

二、 擦亮江苏高质量发展的亮丽名片

系统优化空间保护发展格局。积极推进“一带一路”建设、长江经济带发展、长三角一体化发展等重大战略规划，更高水平推动“1＋3”重点功能区建设，沿江八市形成江苏发展的“金色名片”，沿海三市构筑向海发展的“蓝色板块”，淮安、宿迁、扬州、泰州等共筑江淮湖群生态绿心，南京、无锡、常州等优化太湖丘陵生态绿心，徐州打造江苏高质量发展的“强劲支点”，形成各具特色、各展所长、各显其美的美丽江苏区域空间格局。充分发挥《江苏省国土空间规划（2021—2035 年）》的战略引领作用，建立健全国土空间动态监测评估预警机制、生态环境承载力约束机制，给产业布局、城乡发展、人类活动划出框子，为永续发展留出空间。

加快推进产业绿色转型升级。加强生态环境分区管控，严格执行准入清单，坚决遏制“两高一低”项目盲目发展，依法依规淘汰落后产能和化解过剩产能，持续推进“危污乱散低”综合治理。实施生态环境准入先进性评价，对化工、石化、钢铁、建材、印染等重点传统行业，强化能效、水效、污染物排放标准的引领和约束作用，推动一批重点企业达到国际领先水平。积极发展节能环保、资源循环利用、清洁能源等绿色低碳产业，加快推动战略性新兴产业融合集群发展，实施清洁生产水平提升工程、绿色技术研发重大项目和示范工程，培育一批绿色技术创新龙头企业和绿色工厂。发展生态低碳农业，推动农业绿色发展走在全国前列。

增强绿色低碳发展创新能力。聚焦新型电力和新能源装备集群、工程机械和农业机械集群、物联网集群等 16 个先进制造业集群和特高压设备、晶硅光伏等 50 条优势产业链，整合下游各类创新资源，开展绿色低碳前沿引领技术和共性关键技术攻坚。支持新能源、生物医药、科技环保等绿色低碳产业发展，支持盐城建设绿色低碳发展示范区，里下河地区发展绿色低碳产业。加大科技创新支持力度，对战略性新兴产业、“卡脖子”项目、重大科技示范项目实施正面清单管理，强化在能评、环评、用地、资金等方面的保障，推动更多优质科技创新重大项目落地。完善绿色技术全链条转移转化机制，建立一批绿色技术转移、交易和产业化服务平台，推进绿色科技成果的转化、示范和应用。

推动资源节约集约利用。实施全面节约战略，把节约纳入经济社会发展的全过程、各环节，转变资源能源利用方式。以“双碳”工作为引领，实施节能和能效提升计划，组织实施城市、园区、重点行业节能降碳重点工程，瞄准国际先进水平，开展节能降碳示范改造。强化水资源刚性约束，实施最严格的水资源管理制度，深入实施节水行动，强化高耗水行业用水管理，大力推进农业节水增效、工业节水减排、城镇节水降损，积极推进污水资源化利用，提高中水、雨水、海水利用占比。健全土地节约集约利用制度，更大力度推进存量换增量、地下换地上、资金技术和数据换空间，以较少资源消耗支撑更多优质发展增量，坚持“亩均论英雄”[①]，全方位推进工业用地提质增效。

积极稳妥推进碳达峰碳中和。落实好碳达峰碳中和“1＋N”政策体系[②]，实施“碳达峰八大专项行动”[③]，积极稳妥推动能耗“双控”逐步转向碳排放“双控”。在保障能源安全的前提下，严格控制非电行业用煤，推进煤炭减量使用，提高煤炭清洁集约利用水平，构建清洁低碳、安全高效的新型能源体系；发展光伏发电、海上风电，安全有序发展核电，强化能源储备调节。开展城市、园区、企业等多层次减污降碳协同创新试点。积极参与全国碳排放权市场交易，加强碳市场数据质量管理、配额分配和清缴履约工作。增强省域森林、湿地、土壤、海洋等生态系统固碳作用，支持里下河地区提升生态系统碳汇能力。

三、 打造自然生态底蕴的江南风景

强化生态保护修复监管。全面实施重点生态功能区建设，推进自然保护地整合优化，加快全省自然保护地体系建设。常态化开展“绿盾”、生态保护红线生态破坏问题监督、生态空间管控区域监督管理评估等专项行动。加强生态状况监测评估，开展生态保护修复成效评估，强化自然保护地、生态空间管控区域督察执法，严肃查处生态破坏行为，动态更新并监督落实全省自然生态保护修复行为负面清单，坚决杜绝生态保护修复中的形式主义。

推进生态系统保护修复。按照“五区三带”生态保护和修复总体格局，统筹沂沭泗流域、淮河—里下河湖荡、长江干流、太湖流域、海洋“五区”的综合保护修复，加强长江沿线、运河沿线、滨海沿岸“三带”

---

① “亩均论英雄”是以提高“亩产效益”为核心，围绕节约集约用地、节能降耗减排等重点，促进经济增长方式从粗放到集约、从量的扩张到质的提高。

②《中共中央 国务院关于完整准确全面贯彻新发展理念做好碳达峰碳中和工作的意见》与《2030年前碳达峰行动方案》为“1”，重点领域、重点行业实施方案及相关支撑保障方案为“N”。

③ 该行动包括支撑能源生产绿色低碳转型行动、推动能源消费节能降碳增效行动、电网转型升级行动、抽水蓄能与新型储能协同发展行动、科技创新行动、体制机制创新行动、国际合作深化行动、企业主动引领行动。

的生态治理。[①] 持续践行山水林田湖草沙一体化保护和系统治理，深入开展国家级和省级“山水工程”，启动山水林田湖草沙一体化保护和修复创新试验区建设，构建形成从陆域到海域、山峰到海洋的保护治理大格局。深入实施国土空间生态整治，提高生态系统质量和稳定性。分级分类推进“生态岛”试验区建设，统筹生态安全缓冲区项目建设布局，增强生态系统服务功能。深入开展国土绿化行动，加强退化湿地生态修复，严守湿地资源总量，扩展湿地生态功能，提高湿地生态质量。

提升生物多样性保护水平。加快修订江苏省生物多样性保护战略与行动计划，实施生物多样性保护重大工程，加强热点区域物种栖息地保护，筑牢全省“两心两带两屏多廊”[②] 生物多样性保护格局。建立生物多样性调查、监测与评估长效工作机制，健全生物多样性观测网络，加快实现生物多样性本底调查全覆盖。全面实施物种名录管理制度，持续发布珍稀濒危物种、指示物种、外来入侵物种名录，鼓励地方建设各具特色的生物多样性科普展示馆。严防外来入侵物种风险，强化风险预警和应急处置能力。到 2035 年，生物多样性保护政策、法规、制度、标准和监测体系全面完善，形成统一有序的全省生物多样性保护空间格局。

推动生态产品价值实现。进一步健全生态产品价值实现机制，完善生态保护补偿、生态环境损害赔偿制度，拓宽“绿水青山就是金山银山”的转化路径。强化重要生态空间自然资源确权登记，推动构建生态产品监测、评估、核算和交易体系。积极推广生态环境导向的开发（EOD）模式[③]，积极培育“两山”转化新业态，大力发展“生态＋文旅”“生态＋金融”产业，提升生态产品增值变现能力。

---

① 佴玲莉、王旭雁：《江苏国土空间生态保护修复规划印发实施》，《中国自然资源报》2023 年 12 月 19 日。

② 太湖丘陵、江淮湖群生态绿心（两心），沿江、洪泽湖—淮河入海水道生态涵养带（两带），沿海生态屏障、西部丘陵湖荡生态屏障（两屏），沿京杭大运河等主要生态廊道（多廊）。

③ 该模式是一种创新性的项目组织实施方式，以生态保护和环境治理为基础，以特色产业运营为支撑，以区域综合开发为载体，推动公益性较强、收益性差的生态环境治理项目与收益较好的关联产业有效融合、统筹推进、一体实施，将生态环境治理带来的经济价值内部化。

四、 彰显城乡宜居的江苏魅力

持续打造美丽宜居城市。要把保护城市生态环境摆在更加突出位置，正确处理好城市生产生活和生态环境保护的关系，因城施策、因城保护。以绿色低碳、环境优美、生态宜居、安全健康、智慧高效为导向，规划引领新时代美丽宜居城市建设，着力推动特大城市发展方式绿色转型，提高大中城市生态环境质量，彰显小城市和县城生态环境特色。统筹美丽宜居城市建设和城市更新行动，促进城市发展向内涵提升、功能完善、品质提高转变。加快补齐公共服务设施短板，积极发展绿色建筑，健全城市“10分钟公园绿地服务圈”“10分钟体育健身圈”“5分钟便民生活圈”，全面完善城市功能，提高城市品质。大力推动绿色住宅建设，扎实推进海绵城市建设、城市雨污分流，打造与美丽宜居城市建设相匹配的支撑体系。因地制宜开展城市河道驳岸生态化改造，实施城市活水循环工程，全面巩固城市黑臭水体整治成效。

全面推进美丽乡村建设。实施乡村建设行动，统筹推动乡村生态振兴，加快村庄规划编制。推动农村基础设施提档升级，有力有序改善农村住房条件。持续推动生态宜居美丽乡村示范建设和特色田园乡村建设，立足地域差异，分类推进传统村落保护利用和乡村风貌引导，保护自然肌理和传统建筑，展现新时代“鱼米之乡”的崭新风貌。加强农业面源污染治理，尽快实现全省畜禽养殖污水“零直排”，到2025年，基本消除较大面积的农村黑臭水体，确保每年农村生活污水治理率提升5个百分点以上。在高标准农田建设过程中一体化推进农田排灌系统生态化改造，推动农业农村绿色发展各项指标走在全国前列。

加快重大环境基础设施建设。实施环境基础设施水平提升行动，尤其是组织实施一批补短板、强基础、利长远的重大环境基础能力项目，全面提升本质治污能力。推动城镇污水处理厂尾水生态化利用，加快城镇污水处理厂新一轮提标改造，积极稳妥推进工业废水与生活污水分类收集、分质处理。持续增强固危废资源化利用和安全处置能力，推进工业固体废物收贮运一体化中心建设，着力提升特殊种类危险废物处置能力。抓住国家扩大内需政策机遇期，紧盯国家新一轮基础设施投资重点领域，争取将更多符合条件的环境基础设施项目纳入国家重大项目建设库，积极争取开发性、政策性金融机构中长期贷款融资支持，引导社会资本参与环境基础设施项目建设。

五、 塑造绿色经济发展的江苏典范

培育弘扬生态文化。深化习近平生态文明思想新实践，高标准建设习近平新时代中国特色社会主义思想研究中心江苏省生态环境厅基地，推进思想理论研究、传播普及和实践创新。统筹推动长江、大运河国家文化公园建设，做好文化遗产保护、沿线名城名镇保护修复和生态环境保护治理，推进文化创造性转化、创新性发展，促进文化和旅游深度融合，形成“水韵江苏”的重要地标。实施生态文化建设工程，加大生态文明题材文艺作品创作力度，推出一批文学、戏曲、影视、音乐等作品。建设一批美丽江苏建设教育实践基地，增强全民生态文明意识。

践行绿色低碳生活方式。深入开展反过度包装、反粮食浪费、反过度消费、“减塑”行动，引导全社会养成节水节电节气、垃圾分类、“光盘行动”、绿色出行等健康文明生活习惯。持续推进系列绿色生活创建活动，广泛动员园区、企业、社区、学校、家庭和个人积极行动起来。探索建立“碳普惠”[①] 等公众参与机制，积极引导绿色消费，引导企业开展绿色产品和服务认证，培育一批有较强市场影响力的“苏字号”“国字号”绿色品牌，促进社会绿色消费。

加强国际交流合作。积极承办国际环境会议主场活动，组织优秀环保企业参加国际专业展会和论坛，引进先进生态环境技术，推广绿色产品和绿色技术。建设国际生态环境技术合作基地，广泛开展应对气候变化、生物多样性保护、海洋环境治理等方面的国际合作。引导有条件的企业采取国际先进标准开展生产活动，开展绿色、节能、低碳产品认证以及能源管

① 该项目是未来家庭用电减排量创造收益的创新模式。经过一定积累后，市民可利用这些减排量兑换公益权益。

理体系认证等相关认证，主动应对国际碳边境调节机制。

六、 深化生态环境治理现代化江苏探索

强化生态环境法治建设。完善生态环境、资源能源等领域的地方性法规和规章，推动生态环境保护条例、生物多样性保护条例、固体废物污染环境防治条例等相关法规制修订，在现实急需、制度成熟的领域积极探索开展“小快灵”立法[①]。完善公益诉讼，加强生态环境领域司法保护。加快构建严于国家标准的江苏生态环境标准体系，更新节能标准，完善可再生能源标准，建立更高标准的绿色产品、低碳产品、碳足迹、碳中和等绿色认证体系。严格执行环境保护税法，根据国家统一部署加快将挥发性有机物纳入征收范围。开展生态环境领域涉企行政合规全过程指导工作试点，完善包容审慎监管执法模式，推行建议指导式、提醒教育式等非强制性监管方式。

强化生态环境经济政策激励。强化财政支持，将生态环境资金投入作为基础性、战略性投入予以重点保障，确保投入规模同建设任务相匹配。创新和完善价格机制，综合考虑企业绿色环保、能源高效利用、资源循环利用水平，完善差别化水电价政策。大力发展绿色金融，加快制定省内统一的绿色金融标准，探索区域性项目的金融支持模式，引导开发性、政策性金融机构和社会资本投入。深化污染物排放总量管理改革，加快推进碳排放权、用能权、用水权、排污权等市场化交易。进一步规范环境治理市场，促进环保产业和环境服务业健康发展。

强化生态环境保护科技支撑。加快推进绿色低碳科技自立自强，实施生态环境科技创新重大行动，统筹谋划生态环境领域科技攻关，加快太湖治理、应对气候变化、新污染物治理等重点领域的前瞻性应用基础研究和关键核心技术攻坚突破。争创更多生态环境领域国家实验室、绿色技术领

① “小”是精准立法，选取小切口，针对具体问题设计规范，使切口更深更准更实；“快”是高效立法，化繁为简，管用几条制定几条，加快立法速度，提升立法效果；“灵”是形式灵活，不分章节，短小精悍，聚焦需求，突出特色，力求管用好用。

域国家技术创新中心等国家级平台，建设生态环境领域重大科学装置，不断增强生态环境战略科技力量。以企业为科技创新主体，支持企业整合高校、科研院所、产业园区等力量建设绿色技术创新联合体，承担重大科技项目；支持环保龙头企业、成长性强和科技含量高的科技型环保企业发展，不断提高科学成果转化和产业化推广水平。

推动生态环境治理数字化转型。构建以生态环境分区管控为基础架构的高水平生态环境智慧管理平台，深化人工智能等数字技术应用，实现生态环境决策科学化、管理精准化、服务高效化。深入推进以非现场为主的生态环境智慧执法体系。推动数字技术向绿色环保等重点行业深度拓展。

后记

本书为“中国式现代化江苏新实践研究丛书”之“环境美”，按照江苏省哲学社会科学界联合会统一部署开展研究，得到中共江苏省委宣传部的直接指导和大力支持，列入江苏省习近平新时代中国特色社会主义思想研究中心的“新时代理论研究文丛”，为2023年江苏省社会科学基金、江苏省习近平新时代中国特色社会主义思想研究中心重大项目“中国式现代化江苏新实践中的生态环境建设研究”（项目编号：23ZDW009）研究成果。

2024年，“强富美高”新江苏建设的宏伟蓝图迈入第十年。这十年，江苏人民不懈努力，把“强富美高”从“大写意”一笔一笔绘制成“工笔画”。“环境美”是“强富美高”新江苏建设的鲜明标识。这十年，江苏在推动生态文明建设和生态环境保护方面取得突破性进展，形成了高质量发展与高水平保护协同并进的良好局面，一幅人与自然和谐共生的新画卷徐徐展开。本书力求透过这幅十年画卷，总结“环境美”的理论与实践如何相互依存、相互促进，为建设人与自然和谐共生的现代化先行探路。

本书将“环境美”置于生态文明思想和可持续发展理论的发展历程中，探讨了“环境美”在省域现代化进程中协调发展与保护的关系所具有的理论价值。处理好发展与保护的关系，是人类社会可持续发展面临的永恒课题。避免或缩短西方发达资本主义国家“先污染、后治理”的现代化老路，开辟人与自然和谐共生的中国式现代化崭新道路，既要通过理论创新找到发展与保护的互利共赢机制，更要在实践中探索形成具有引领性和示范性的建设模式。“环境美”在省域层面上，为江苏协调发展与保护的关系提供了具体的理论演绎。

本书将“环境美”置于江苏深入推进中国式现代化的历史进程中，梳理了“环境美”在省域现代化实践中内涵不断得到丰富的趋势，及其历史连续性与阶段性的辩证统一。从保护环境于1983年被确定为一项基本国策开始，江苏的生态环境保护与治理工作就开始了多方面的先行探索。“环境美”指引下的建设实践既是对已有基础的继承和发扬，也是为适应新阶段、瞄准新问题、实现新目标而开展的攻坚克难，更是为后续“美丽江苏”建设奠定的坚实基础。在承前启后的历史进程中，江苏的“环境美”实践逐步形成了自然生态之美、绿色发展之美、城乡宜居之美、水韵人文之美、区域善治之美的系统认识，为推进人与自然和谐共生的现代化建设提供了生动的省域样板。

本书从筹划、编撰到成书，历时近半年，主要由江苏省习近平新时代中国特色社会主义思想研究中心（南京大学基地、江苏省生态环境厅基地）、南京大学、江苏省环境科学研究院、南京审计大学、南京农业大学、苏州大学、江苏省发展和改革委员会、江苏省自然资源厅、江苏省住房和城乡建设厅、南京江宁环保技术创新研究院等单位组成的团队合作完成。编撰团队汇聚了来自地理学、生态学、环境科学、经济学、国土空间规划、城乡规划学等多学科背景的写作力量，同时拥有丰富的环境规划、国土空间规划、区域发展规划等方面的相关实务经验，是一支多学科分工协作、理论与实践相结合的编写队伍。在有限的时间内描摹“环境美”的壮美图景殊非易事，感谢为此付出艰辛努力的全体编撰人员。

本书由黄贤金、朱德明、刘伟京、姜海、毛熙彦等著。主要编撰人员如下：导论，黄贤金、毛熙彦、曹晨；第一章，黄贤金、吴珍、庞宝鑫、朱德明、边天夏；第二章，毛熙彦、刘伟京、孙力、郭颖、邵少将、刘露、李宇辰；第三章，赖力、贾铠阳、易则宇；第四章，张磊、王梦成、张姗姗、袁鑫、侯宜杉；第五章，姜海、朱凤武、王怀利；第六章，陈婷、刘福强、胡羽晴、巫丹、张旭、徐尧、李保菊、钟苏娟；第七章，李龙、陈婷、李升峰、朱敏、李伟迪、林娜娜；第八章，尹海伟、彭玖琅、沈舟、吴立群、董又铭；第九章，刘伟京、曹晨、巫丹、高玉洁、李美平、苏丽娟；第十章，黄贤金、张磊、王淑芬、石家豪、罗丹琦、王佩玉。

特别需要感谢的是江苏省哲学社会科学界联合会对编撰团队的信任，以及对编写工作给予精心组织与积极指导的各位专家，尤其是曲福田教授对于本书大纲、内容安排、案例遴选等提出了指导性意见，洪银兴、郭广银、公丕祥等先生以及来自省委研究室、省政府研究室、省文明办、省发展和改革委员会、省生态环境厅、省委党校、省社会科学院、《群众》杂志社、南京大学、南京师范大学、苏州大学、南京艺术学院、江苏开放大学等的众多专家给予了指导。感谢江苏省生态环境厅、省发展和改革委员会、省自然资源厅、省住房和城乡建设厅等单位对编撰过程的指导与支持，使得本书内容不断趋于成熟。感谢南京、无锡、徐州、苏州、镇江、南通、扬州等地所提供的大量关于“环境美”的实践素材。

感谢江苏省社会科学基金、江苏省习近平新时代中国特色社会主义思想研究中心重大项目（项目编号：23ZDW009），国家社会科学基金重大项目（23&ZD099），国家自然科学基金创新群体项目（71921003）以及教育部首批新文科研究与改革实践项目（2021090039）的资助。感谢江苏人民出版社在书稿从写作到出版每个环节所做的精细工作，使得本书日臻完善。

2023年7月，习近平总书记在全国生态环境保护大会上强调："今后5年是美丽中国建设的重要时期，要深入贯彻新时代中国特色社会主义生态文明思想，坚持以人民为中心，牢固树立和践行绿水青山就是金山银山的理念，把建设美丽中国摆在强国建设、民族复兴的突出位置，推动城乡人居环境明显改善、美丽中国建设取得显著成效，以高品质生态环境支撑高质量发展。"期待在"环境美"的基础上，美丽江苏建设不负"为全国发展探路"的光荣使命，为"全面推进美丽中国建设、加快推进人与自然和谐共生的现代化"交出一份满意的答卷。期待在本书调研、研讨、编撰等过程中形成的团队，在"环境美"的理论、方法及实践研究中，继续保持活力，并持续开展合作研究，为"环境美"建设持续增添理论力量。

2024年4月